教育部人文社会科学重点研究基地
黑龙江大学俄罗斯语言文学与文化研究中心　学术丛书

教育部人文社会科学重点研究基地重大项目成果丛书

语言文学类 Linguistics and Literature

概念分析的理论与实践

——以"语言的逻辑分析"课题组研究为例

陈 勇 著

Theory and Practice of Conceptual Analysis:
A Case Study on the "Logical Analysis of Language"
Research Group

中国社会科学出版社

图书在版编目（CIP）数据

概念分析的理论与实践：以"语言的逻辑分析"课题组研究
为例／陈勇著．—北京：中国社会科学出版社，2018.5
ISBN 978-7-5203-2624-7

Ⅰ.①概…　Ⅱ.①陈…　Ⅲ.①语言哲学-研究　Ⅳ.①H0

中国版本图书馆 CIP 数据核字（2018）第 112020 号

出 版 人	赵剑英
责任编辑	任　明
责任校对	周　昊
责任印制	李寡寡

出　　　版	中国社会科学出版社
社　　　址	北京鼓楼西大街甲 158 号
邮　　　编	100720
网　　　址	http：//www.csspw.cn
发 行 部	010-84083685
门 市 部	010-84029450
经　　　销	新华书店及其他书店

印刷装订	北京君升印刷有限公司
版　　　次	2018 年 5 月第 1 版
印　　　次	2018 年 5 月第 1 次印刷

开　　　本	710×1000　1/16
印　　　张	20
插　　　页	2
字　　　数	330 千字
定　　　价	85.00 元

凡购买中国社会科学出版社图书，如有质量问题请与本社营销中心联系调换
电话：010-84083683

序　言

　　俄罗斯本土语言学源远流长，十月革命后在编纂语言详解词典和科学院语法、确立现代俄罗斯标准语规范、制定少数民族语言文字、创立各民族语言的教学语法体系等方面作出了重要贡献，大规模的语言社会实践工程推进了语言科学研究的迅猛发展。自 20 世纪五六十年代起，语言信息的自动化处理对语言学研究的内容和形式提出了新的时代要求。引进自西方的结构主义、逻辑分析哲学、日常语言分析哲学的观念促使俄罗斯语言学发生了深刻变革。以梅利丘克（И. А. Мельчук）、Ю. Д. 阿普列相（Ю. Д. Апресян）为代表的莫斯科语义学派"意思↔文本"转换模式理论，以阿鲁久诺娃（Н. Д. Арутюнова）为代表的逻辑语义句法学、自然语言逻辑分析，以帕杜切娃（Е. В. Падучева）为代表的词汇语义动态模式理论等，标志着现代化的俄罗斯语言学已经步入当代世界语言学的前沿行列。

　　西方语言哲学与俄罗斯本土语言学的结合推进了俄罗斯语言学现代化的进程。张家骅教授主持的教育部人文社会科学重点研究基地重大项目"西方语言哲学与俄罗斯当代语言学"（项目批准号：05JJD740181）旨在从若干侧面反映这一进程。本项目对西方语言哲学持广义理解，包括以摩尔（G. E. Moore）、后期维特根斯坦（L. Wittgenstein）、赖尔（G. Ryle）、奥斯汀（J. L. Austin）、斯特劳森（P. F. Strawson）等为代表的日常语言分析哲学和以弗雷格（F. L. G. Frege）、罗素（B. Russell）、前期维特根斯坦等为代表的逻辑分析哲学，部分课题内容涉及欧洲大陆哲学。

　　项目研究包含四个阶段性子课题成果。

　　（1）分析哲学与俄罗斯语义学（张家骅、杨家胜），包括指称理论、词汇意义、预设理论、语义元语言、评价理论、体貌语义等。成果的基本内容和创新观点构成张家骅《俄罗斯语义学——理论与研究》一书的主要章节。

（2）语言自我中心成分及其文本解释（王晓阳），包括语言哲学对自我中心成分的研究、语言自我中心成分研究述评、语言的自我中心性、语言自我中心成分、自我中心成分的解释机制、自我中心成分与叙事学研究等章节。成果的新意是，将国外语言学理论与汉语语料研究相结合，从语言哲学的视角研究语言自我中心成分，把指示语和主观情态等范畴统一到语言自我中心成分范畴之内，全面系统地揭示语言自我中心成分的功能特征和形式标记、叙事文本中语言自我中心成分编码与解释的特殊性、自我中心成分与叙事学主要范畴之间的关系等。

（3）西方语言哲学与俄罗斯的语用学研究（许宏），包括西方语言哲学简论、语用学的兴起与发展、俄罗斯语用学研究、俄语语用分析举隅等。成果贯穿子课题作者本人的研究心得和理论见解，通过对俄语对偶体言语行为动词，陈述言语行为、阐释言语行为、祈使言语行为的意向结构，俄语话语词等的系统描写，具体展示了近年来俄罗斯以俄语为语料的语用学研究现状。

（4）概念分析的理论与实践——以"语言逻辑分析"课题组研究为例（陈勇），包括走向概念分析的"语言逻辑分析"课题组，概念分析的本体论、认识论、方法论等理论问题探索，概念分析的发端概念、背景概念、核心概念及其他个体概念的分析实践研究等章节。成果全面回顾了俄罗斯"语言逻辑分析"课题组自身研究20多年来从逻辑分析向概念分析的转向、历程，系统阐述了概念分析的理论特色，整体展示了课题组概念分析的实践研究，并对汉语言文化关键概念的分析问题做了一些理论思考。

逻辑分析哲学对代换悖论的讨论深入普通名词指物与概念语义双重属性的方方面面，促进了指称理论的产生和发展。指称理论的语用化是从批评罗素摹状词理论开始的，后者的错误根源是把语言意义和言语指称混为一谈，用指称代替意义。将指称与实施指称的说话人及其意图联系起来，这是指称理论语用化十分重要的一步。指称被塞尔纳入言语行为结构，成为命题行为的组成部分。而因果指称理论否认名称借助其语义中介而指称客体的观点，认为指称机制中发挥作用的不是符号的意义，而是说话人关于世界的知识、表象等各种语用因素。

有定摹状词属性用法理论是指称理论语用化的具体表现之一，俄罗斯当代语言学在两个方面丰富和发展了源于西方语言哲学的这一理论：①为了正确解读命题态度谓词从句语义，需明确的不仅是名词短语的指称主体是命题态度主体还是言语主体，而且是指称主体/称名主体、命题态度主体/言语主体的多种错综组合关系；②即使在交际双方已知所指客体的语境中，有定摹状词仍可保留属性用法的一些特点。

俄罗斯当代语言学继承和发展了密尔（J. S. Mill）、弗雷格等学者的名称语义双重性思想。语词的概念意义在内容上相当于概念内涵，是在意识和语词中反映的同类事物的概括属性和本质属性；其指物意义则是以语词符号或语词符号及其概念意义为一方，以能够被其所指的同类事物为另一方的相互关系。

最早揭示预设现象的是逻辑分析哲学的奠基人弗雷格。其中，语用预设与语义预设是并列的两种本体有别的预设，二者可能重合，也可能不重合。语义预设是说话人的常识背景知识，未必一定是受话人已知的，其领有主体是说话人，因而可以说是一个语用学学科领域的概念，但这不等于说，语义预设就是语用预设。

莫斯科语义学派用来进行义素分析的元语言与笛卡尔（R. Descartes）的天赋观念，莱布尼兹（G. W. von Leibniz）的概念单子，罗素、维特根斯坦的原子命题，维也纳学派的记录句等思想是一脉相承的。该元语言建立在缩略、统一的对象语基础上，较之经典义素分析语言，有一系列重要区别。以这种语义元语言为基础形成的义素分析释文，将广义谓词单位置于特定的题元框架中进行解读，具有多维结构性质，是确定词汇单位意义聚合关系、揭示词汇单位意义组合规则和集成描写语言的有效手段。

概念分析是英美逻辑分析哲学、日常语言分析哲学所普遍采用的一种语言分析方法。以俄罗斯科学院通讯院士阿鲁久诺娃为核心的"语言逻辑分析"课题组从选取的相关概念出发，分析同场域概念的内部形式、隐喻搭配、同义差异、民族文化、场性关系、句法行为等，进而深刻地揭示出概念的文化、认知内涵，自1986年至今，已出版专题论文集30余部。

语言学中的"自我"概念是从哲学和心理学中引进的。语言自我中心性表现在从语素到文本的各个层面，包括言语主体、认知主体、指示主体和感知主体。文本中的自我中心成分在表达叙述者主观情态、建构文本等方面具有不可替代的作用。

西方语言哲学主要关注两类语言事实：日常会话和实践推理，在此基础上相应地形成了语言哲学的两个基本研究方向：日常语言分析和道德语言分析。俄罗斯语言学评价理论以道德语言分析和评价逻辑为基础，在评价的属性、评价谓词及价值谓词、评价的语言表达手段、价值标尺与标准等方面作出了重要的学术贡献。

陈述言语行为区分为事实和非事实两类。在事实陈述言语行为语句中，言语行为主体有关于命题 P 为真的预设，它是这一言语行为的真诚条件。客观命题内容 P 本身置于交际结构的中心位置，是语句的交际述位、陈说部分。非事实陈述言语行为语句中，没有"P 为真"的成功条件预设，只包含语用预设：P 的内容本身为言语行为参加者双方所共知，是表述的语义主位。交际焦点落在 P 的真实性上。

概括体范畴的常体意义涉及内在界限/外在界限的概念含义、达到界限/受界限限制的表达角度、界限特征/整体特征的相互关系、词汇意义/体貌语义的制约机制、未完成体动词/完成体动词的对立类型等比较重要的理论问题。

本项目成果的新意体现在理论探讨和个案研究两个方面，理论探讨方面主要体现在作者对于已有理论，如有定摹状词的属性用法、词汇意义、义素分析、语用预设与语义预设、体貌范畴意义等问题所作的阐释、补充、修正、完善上；个案研究方面主要体现在作者的实证研究中。例如：

有定摹状词属性用法理论的意义不仅仅在于它揭示了有定摹状词的有指/无指用法的对立关系，更重要的是，该对立关系显示，有定摹状词指称用法的关键不是罗素谈及的所指个体存在和所指个体的唯一性，这是指称用法和属性用法都蕴含的，而是所指个体的确定性、具体性、说话人已知性，这是指称用法蕴含但属性用法不蕴含的。

在组合层面上，词汇的指物意义和概念意义区分为正规体现和非正规体现。指物意义和概念意义兼具的名词在言语中具有主要体现指物意义、指物意义和概念意义同时体现、二者没有主次之分这三种意义正规体现类型。非正规体现涉及的则不是词汇在聚合体系中的潜在意义。

词汇单位基于义素分析释文中特定层次的共同义素，常常可以集结为有共同语法属性的类别。例如，义素分析释文陈说位包含"知识"/"信念"成分的汉语动词"知道、晓得、猜到、了解、忘记/认为、以为、觉得、想、估计"等，就分属于在句法上有一系列对立特征的不同类别的命题态度谓词。

　　语义预设与语用预设是并列的两种本体有别的预设，二者可能重合，也可能不重合。语义预设是经语言学家重新定义的逻辑语义预设，指语句中蕴含的说话人的常识背景知识；语义预设的值如假，则语句荒唐。语用预设与语义预设的区别是，说话人立足于受话人有相同的当下信息，也知道 P；语用预设的值可能既非真，亦非假，是未置可否的。

　　根据详解词典释文中核心动词的词汇语义和体范畴变体意义的类别，可以将具体事物名词（标题词）的体貌语义相应地区分为具体事实、具体过程、无限次数或恒常属性、结果存在、结果状态、概括事实、恒常持续等类别；释文中的核心动词分别用于相应变体意义。具体事物名词的体貌类别属性制约着它们的句法功能，试比较：这本书的作者/＊这本书的作家。

　　大量第一手语料显示，俄语现行详解词典有关动名词与动词语法体范畴对应关系的标志常常与言语运用的实际情况不符：很多持续—结果动名词被不恰当地认为在体范畴语义上只与完成体动词对应；一些单纯结果动名词被不恰当地认为在体范畴语义上只与完成体或未完成体动词对应。作者提出了对完善名词体范畴语义成素词典释义的意见。

　　俄罗斯学界认为，俄语完成体言语行为尝试动词只有取效意义，但他们忽略了一个事实：这些动词还可像对应的未完成体动词那样，用于表示意向意义。俄语完成体言语行为尝试动词的意向言语行为意义有两种变体：①用于导出引语的变体；②用于表示预期行为的变体。

　　本书是教育部人文社会科学重点研究基地重大项目"西方语言哲学与俄罗斯当代语言学"的子课题成果，得到了教育部社会科学司、黑龙江省教育厅、黑龙江大学的资助，在此谨致谢忱。

张家骅

2012 年 2 月

前　言

现代哲学界一般公认西方哲学史的发展分为三个阶段，即古代的本体论时期、近代的认识论时期和现代的语言哲学时期。古典哲学家对存在问题广泛但又缺乏判定标准的争论，使得近代哲学家们开始转向对人类意识世界，即思维结构的研究，而哲学术语理解和使用上的混乱又提示哲学家们：哲学争论的本源在于语言的混乱不清。由此可见，"本体论→认识论→语言哲学"这样一条西方哲学的发展线索本是一个自然发展的过程。正所谓，"要认识世界的结构，就要去认识人类思维的结构，因为前者反映在后者之中，而要认识思维的结构，其途径是去研究语言的结构"①。语言哲学就其实质来说，是通过对语言问题的探讨来回答有关本体论和认识论的问题，它以对语言与思维的关系、语言与实在的关系、意义理论、真理理论等基本问题卓有成效的研究而逐渐奠定了其在哲学界的主导地位，也从哲学思维和逻辑思维的高度为语言学研究指明了总体方向，诞生了以英美分析哲学和欧洲大陆哲学为代表的西方语言哲学主流派别。在俄罗斯，语言哲学思想发端于莱蒙诺索夫（М. В. Ломоносов），经循旧派与创新派的争论，逐渐演化成形式主义、心理主义和本体论这三个俄罗斯经典语言哲学的主要方向。在英美分析哲学和俄罗斯传统语言哲学思想的影响下，1986 年年初，阿鲁久诺娃（1923—2018）在俄罗斯科学院语言研究所倡导成立了"语言的逻辑分析"课题组。

"语言的逻辑分析"课题组自成立至今，在 30 余年的时间内始终能将俄罗斯语言学界最活跃、最有成就的学者聚集在自己的周围，定期举行各种专题讨论会，召开相当规模的学术研讨会，并不间断地出版学术论文集，而不受制度更替、外部环境变化的影响，这本身就是一个十分值得研

---

① 周昌忠：《西方现代语言哲学》，上海人民出版社 1988 年版，第 2 页。

究的现象。①

总体来看，课题组前期（1990 年之前）集中于对语言现象进行逻辑—语用分析，这种分析拓展了逻辑学方法对于语言研究的适用范围，其对语言中的命题真值、命题意向、言语行为、指称、评价等问题的持续关注丰富和深化了语言逻辑分析的内容，这主要体现在课题组最初的七本论文集（见附录所列书目之 1—6、8）中。但随着研究的不断深入，纯粹的逻辑—语用分析无法解释与民族文化、民族心理等相关的语言现象，尤其是与词和概念的多样性和深层含义相关的现象，不对概念和词义进行深入的分析而仅凭逻辑—语用规则已经无法阐释语言的实际运用现状。在这种情况下，1990 年 5 月 28—30 日，课题组组织了关于文化概念的大型学术研讨会，并于 1990 年和 1991 年先后出版论题集和论文集各一部。课题组的研究随即转向了概念分析（концептуальный анализ）领域，该领域的研究由弗雷格（1848—1925）、维特根斯坦（1889—1951）、海德格尔（M. Heidegger，1889—1976）、伽达默尔（H. -G. Gadamer，1900—2002）等语言哲学家开创，在俄罗斯则有别尔嘉耶夫（Н. А. Бердяев）、费多托夫（Г. П. Федотов）、弗洛连斯基（П. А. Флоренский）、斯捷蓬（Ф. А. -Степун）、洛谢夫（А. Ф. Лосев）等哲学家参与。1991 年 12 月，课题组同世界文化史学术委员会（隶属科学院主席团）一起组织了"不同语言和文化语境中的命运概念"大型学术研讨会，与会的语言学家、哲学家、逻辑学家和语文学家围绕着中心概念"命运"分析了一系列概念，如 рок（厄运，劫数）、фатум（厄运，劫数）、доля（幸运，好运）、удел（命运）、жребий（命运）、случай（偶然，侥幸）、фортуна（幸福，好运）、предопределение（命运，定数）等，分析面向的是各种语言的材料，针对的是不同的哲学和宗教体系、不同的文化语境。自此，课题组真正转向了概念分析，即从选取的世界观相关概念出发，探讨表达同一场域概念（观念）的语法形式、语词（词源、构词、搭配、词频等）、词组、语句、

① 能与之进行比照的是莫斯科—塔尔图符号学派的学术活动，该学派本身也是一个松散的学术组织，但在 30 多年的时间内始终能让众多优秀的语言学家、文学理论家、符号学家远离政治纷争和意识形态斗争，吸引他们定期或不定期地在塔尔图专心讨论学术问题，并经常性地举办夏季研讨班，定期出版论文集《符号系统论著》。这本身就是一个值得深入研究的文化现象。事实上，自领军人物洛特曼（Ю. М. Лотман）去世后，许多符号学家就将该学派的学术组织、学术活动和学术观点视为一种独特的符号现象加以研究。

篇章（如相关的文学作品）的特点及概念在其中的具体体现，进而揭示概念的文化、认知内涵。

纵观课题组成立以来20多年的研究历程，西方语言哲学所关注的许多主要问题，如"真理与意义""言语行为""指称与摹状词""名称与指示词""命题态度""可能世界与境况""隐喻"等问题在课题组的研究中都有充分体现，而课题组本身也发生了"逻辑分析→概念分析"的研究方向转向。对此，我们应该认真思考课题组成立和发展的语言哲学背景以及课题组研究方向发生转向的原因。面对课题组在概念分析领域孜孜不倦的理论探索和实践研究及其以至今仍没有中断出版的系列论文集为代表的丰硕成果，本书旨在深入总结课题组概念分析的理论特色，系统、宏观地把握课题组概念分析的实践研究历程。

本书为教育部人文社会科学重点研究基地重大项目"西方语言哲学与俄罗斯当代语言学"（项目批准号：05JJD740181）的一个子课题研究成果，得到了教育部社会科学司的资助，在此深表谢意。

目　　录

第三篇　概念分析：实践研究

引　言

本书为教育部人文社会科学重点研究基地重大项目"西方语言哲学与俄罗斯当代语言学"（项目批准号：05JJD740181）的一个子课题研究成果，旨在通过考察俄罗斯科学院语言研究所"语言的逻辑分析"课题组在概念分析方面的探索来揭示西方语言哲学对俄罗斯当代语言学研究的影响。本书除引言和结语外，分为三编共计十章。

第一编"走向概念分析的'语言的逻辑分析'课题组"主要论述课题组成立的学术背景及研究方向发生转向的原因，分为三章。第一章"西方语言哲学思想的发展"分古典本体论、近代认识论和现代语言哲学三个时期概述了西方语言哲学思想的整体发展历程。第二章"俄罗斯语言哲学的兴起和发展"从莱蒙诺索夫的奠基者角色、循旧派与创新派之争、形式主义的研究方向、心理主义的研究方向、本体论的研究方向五个方面整体梳理了俄罗斯语言哲学的发展路径。第三章"关于'语言的逻辑分析'课题组"涉及的则是该课题组成立的背景、语言学研究中的逻辑观念、课题组从"逻辑分析"到"概念分析"的研究转向及概念分析的开端等几个问题。

第二编"概念分析：理论探索"全面考察了课题组在概念分析领域进行的理论思考，分为三章。第一章"概念分析的本体论"主要厘清了概念的定义及其与相关术语的区别、概念的结构、概念的选择等本体论问题。第二章"概念分析的认识论"通过把握概念分析在哲学出发点、符号学立场和目的论特点三个方面呈现的共性特征，总结了概念分析在认识论方面的理论诉求。第三章"概念分析的方法论"总结了分析内部形式、分析抽象名词的隐喻搭配、同义辨析、民族文化对比、场性分析、句法表现分析等概念分析常用方法的特点及具体操作。

第三编"概念分析：实践研究"梳理了课题组针对近 20 个具体概念

的实践分析，分为四章。第一章"概念分析的发端概念"阐述了课题组最初所选 судьба（命运）、действие（行为）、истина（真理）三个概念的语言表现及文化认知特点，认为这些概念可视为课题组概念分析实践的发端概念。第二章"概念分析的背景概念"分析了 время（时间）、про-странство（空间）、человек（人）、движение（运动）等概念的语言表现及其文化认知特点，认为这些概念可视为课题组概念分析实践的背景概念。第三章"概念分析的核心概念"从 истина（真）、добро（善）、красота（美）这一三位一体性概念场角度，考察了这些概念的语言表现及其文化认知特点，认为这些概念是最能体现俄罗斯民族语言文化特征的关键概念。第四章"概念分析的边缘概念"则分别观照了 начало（始）／конец（终）、космос（宇宙）／хаос（混沌）、число（数）、игра（游戏）、ложь（谎言）／фантазия（幻想）、ассерция（肯定）／негация（否定）等个体性概念的语言表现及其文化认知特点，认为二元对立思想始终贯穿课题组的概念分析实践。

概念分析目前已成为俄罗斯语言学界的一个热点方向，不同理论背景甚至不同学科背景的学者都投身于概念分析的理论和实践。从这个意义上讲，本书有助于国内学界系统了解以"语言的逻辑分析"课题组为典型代表的俄罗斯学界在概念分析领域的探索和实践，能够为学界开展类似研究提供理论参照和方法指导，同时对于学界开展俄汉关键概念的对比分析具有一定启发意义。此外，本书对于俄语学习者从文化和认知深层掌握俄语各层面表达手段和语言现象的内在实质、提高俄语阅读能力和写作能力具有一定的现实指导意义。

第一篇

走向概念分析的"语言的
逻辑分析"课题组

进入 20 世纪以来，随着本体论问题和认识论问题的讨论面临的困境日益加剧，作为哲学第三次转向的产物，语言哲学随之兴起。语言哲学另辟蹊径，"把存在的事实和已有的知识作为前提来接受，从分析描述事实和表达知识的语言表达式入手，解决困扰着传统的本体论和认识论问题"①，从而开始在 20 世纪的西方哲学界占据统治地位②，引领哲学研究在语言研究领域开荒拓疆，诞生了一大批语言哲学家，也孕生了大量影响深远的语言哲学思想。无论是英美的分析哲学，还是以现象学—解释学为主导的欧洲大陆哲学，对于语言与思维的关系、语言与实在的关系、意义理论、真理理论这样一些基本的语言哲学问题都给予了普遍关注。欧洲大陆哲学对语言的本质和功能问题，意向和意向性问题，语言的结构问题，语言、言语和文字的区别和联系问题，理解、解释和说明的区别和联系问题等提出了许多有益的观点。而英美分析哲学更是对专名、通名、摹状词、语句的指称、意义的检验标准、言语行为理论、必然性和可能世界问题等作了深入的探讨。语言哲学研究的发展深化了语言学家对语言本质的认识，并从哲学思维和逻辑思维的高度为语言学研究指明了总体方向。语言哲学就其本身来讲，是通过语言问题的探讨来揭示我们如何理解语言以及如何通过语言来理解作为认识对象的实在、作为认识主体的人和认识活动本身，换言之，可以说，语言哲学是在语言和概念层面上关心现实和人。如果接受陈嘉映关于"大致可以把哲学理解为对重要观念的概念考察"的观点③，语言哲学大致上是沿着逻辑语言的思路开始的，语言的逻辑分析是语言哲学形成和发展的基础④。

主要受英美分析哲学和俄罗斯传统语言哲学的影响，阿鲁久诺娃偏重

---

① 车铭洲：《现代西方语言哲学》，四川人民出版社 1989 年版，第 4 页。

② 夏皮尔（V.C.Chappen）说道："专心研究语言是 20 世纪哲学的一个突出特征"；布格曼（A.Borgmann）认为："语言哲学在本世纪占据了第一哲学的地位"；维特根斯坦甚至认为："全部哲学就是语言批判"。利科（P.Ricoeur，1913—2005）也认为："当今各种哲学研究都涉及一个共同的研究领域，这个研究领域就是语言"；"今天，我们都在寻求一种包罗万象的语言哲学，来说明人类的表示行为的众多功能以及这些功能之间的相互关系。"（涂纪亮，1994：2）

③ 陈嘉映：《语言哲学》，北京大学出版社 2003 年版，第 4 页。

④ 这一点可以从词源上得到部分解释，古希腊斯多噶学派提出的"逻辑"一词正是表示思想的言辞表达，即"逻各斯"（logos）。而且，在早期的希腊语法中，逻辑范畴和相关的语言范畴采用的是同样的术语，如 onoma 既指名词也指判断的主体（句子的主语），rhema 既指动词也指判断的谓词（谓语）。

于用逻辑学的态度来进行语言研究,这在她早期描写句子逻辑语义的专著《句子及其意思:逻辑语义问题》(1976)中得到了明显的体现。无论是分析句子意义所采用的术语 пропозиция (命题)、глаголы пропозицио-нального отношения (命题关系动词)、референция (实指)等,还是在研究句子的组合内容时对构成意思链条的逻辑规律的重视,以及对作为句子逻辑句法基础的四种关系(存在关系、证同关系、称名关系、述谓关系)的揭示,都显示出阿鲁久诺娃对逻辑分析方法的偏好。阿鲁久诺娃由此坚定地走上了对语言进行逻辑分析的学术道路。1986 年,在阿鲁久诺娃的倡导和主持下,俄罗斯科学院语言研究所成立了"语言的逻辑分析"课题组。该课题组的成立及研究主题的确立不是孤立的现象,而是在西方语言哲学和俄罗斯语言哲学的双重影响下而出现的一个具有广泛影响力的学术事件。因此,沿着西方语言哲学和俄罗斯经典语言哲学的发展线索,我们就能够找到"语言的逻辑分析"课题组研究方向的真正由来,也能找到概念分析何以最终成为课题组最为重要的研究方法和研究方向的原因。

第一章

西方语言哲学思想的发展

现代哲学界一般公认西方哲学史的发展分三个阶段，即古代的本体论时期、近代的认识论时期和现代的语言哲学[①]时期。但事实上，在哲学发生语言转向之前的各个发展阶段都不乏对语言问题的大量讨论。别兹列普金（Н.И.Безлепкин）指出："语言虽然不是哲学发展的源头，但它却赋予了哲学发展的基本线索以独特的'弯曲度'。"[②]

在欧洲传统中，语言哲学起源于古希腊罗马时期，后者同时也是随后语言科学得以独立出来的源头。在从苏格拉底（Socrates，公元前469—前399）之前到斯多噶派学者和亚历山大学派学者，从亚里士多德（Aristotle，公元前384—前322）思想在欧洲的复兴到拉丁中世纪结束的时间内，语言几乎是纯粹哲学思辨的对象。思想家们对语言表现出来的兴趣具有非常浓厚的哲学特征。这一时期的语言哲学是在解决哲学中心问题——事物、思想和词间的相互关系——的过程中产生的。随后，语言哲学在欧洲文化中是在哲学、神学、逻辑学、语言学的轨道中发展起来的，并在20世纪哲学中达到了发展的高峰。目前普遍承认的是，语言问题在现代哲学中占据着一个半世纪以前思维问题曾经占据的那种主导地位。尽

---

① 面对语言哲学并没有统一的基本原理作为理论基础，也没有十分明确的研究范围和界限，涂纪亮先生（1996：18）指出："可以把语言哲学看作哲学中的这样一个分支学科或研究领域，它着重从哲学角度研究语言的一般性质和基本功能，研究语言的各种成分，研究语言的结构和类型，研究语词或语句的意义，研究语言与实在、语言与意识、语言与真理的关系，研究对语言的理解和解释，研究语言与人类社会生活的关系，等等。换句话说，语言哲学不仅包括对语词和语句的分析，对意义理论、指称理论和真理理论的探讨，还包括对语言结构的分析，对言语行为理论的研究，对语言的使用和语境的研究，对语言与意向、信念等心理因素的研究，对各种隐喻和标志词的研究，以及对语言与思想、文化等等的相互关系的研究。"

② Безлепкин Н. И., *Философия языка в России : К истории русской лингвофилософии*, СПб. : Искусство-СПБ, 2001, с.6.

管语言研究问题在哲学中并不是最基本的问题，而具有第二性特征，但该问题即使在哲学框架中也从来不仅仅只是众多问题中的其中一个。但正如法国哲学家德里达（J.Derrida，1930—2004）认为的那样，这个问题还从来没有像今天这样"包括如此普遍多样的研究领域、异质话语、不同的范围，而且各自还带有自己的意图、方法和意识形态"①。

第一节　古典本体论哲学时期

在古典哲学时期，哲学家们侧重于研究形而上学的本体论问题，试图找出世界的本原和基质、现象背后的本质和规律，对于语言问题也同样如此。

1.古希腊罗马时期

早在作为哲学起源的古希腊时期，语言问题就是众多哲学家关注的焦点问题之一，并以对"逻各斯"（logos）的探讨为先声。Logos 源于希腊文 λόγος，在希腊语中的原意指的是与语言相关的谈话，大致含有言谈，思考，所思、所谈、所写的东西，公式，理性，论证，尺度，原则等义。② 逻各斯一词最初由赫拉克里特（Heraclitus，公元前 530—前 470）引入哲学，赫拉克里特特别重视逻各斯的公共性，并且用它来说明理性和规律，他时而将逻各斯比作清醒人的理智，时而将其比作法律，充满了海德格尔式的玄思。苏格拉底是提出普遍性定义，并为此运用归纳推理法的第一人，而所谓下定义，就是语言问题和逻辑问题，苏格拉底强调语言必须有意义，强调语言与知识的密切关系。③ 而在有关"约定说"和"自然说"的争论中，苏格拉底所持的立场是：如果语词能够完全模仿事物的本性，我们就得到完善的语言，然而实际语言却总是由约定来加以补充的。④ 遵循非超越性的现世原则和实用主义的智者派所信奉的道德原则及其所使用的语言不断受到苏格拉底的诘难，但他们极力将语言与存在区分

---

① 这里的引文引自俄罗斯网上百科"кругосвет"的"Язык и философия"词条，网址为 http://www.krugosvet.ru/articles/76/1007619/1007619a1.htm。

② 陈嘉映：《语言哲学》，北京大学出版社 2003 年版，第 5 页。

③ 车铭洲：《现代西方语言哲学》，四川人民出版社 1989 年版，第 5 页。

④ 陈嘉映：《语言哲学》，北京大学出版社 2003 年版，第 7 页。

开来的努力则为后人所称道。柏拉图（Plato，公元前427—前347）的各种对话录中包括不少有关语词和记号问题的片段，如在《高尔基亚篇》中有关充作记号的言语、声音、身体、事物、词和其所指的灵魂、神、存在和真理的讨论①。《克拉底鲁篇》对语言问题的丰富讨论充分显示出从苏格拉底较为直观和拟人式的"逻各斯"概念到柏拉图作为理念②形式的"逻各斯"概念的演变轨迹。在此基础上，柏拉图研究了定义、命名、同名、异名等问题，并把对理念的研究以及理念与具体事物关系的研究同语

---

① 李幼蒸：《理论符号学导论》，社会科学文献出版社1999年版，第57页。

② 柏拉图哲学的核心概念是"理念"，他的哲学因此而被称为"理念论"。所谓"理念"，柏拉图使用的原文是idea和eidos（多数时候用的是前者），它们均出自动词idein（看），本义指"看见的东西"，即形状，转义指"灵魂所见的东西"。希腊人从事哲学思考的过程也是哲学概念的形成过程，这些概念不仅大多有其感性的来源，而且具有非常丰富的含义，这些含义是后来被逐渐抽象化了的概念所无法表达的。因此，有的学者主张将这一概念汉译为"相"。"理念"是从苏格拉底关于"是什么"的定义而来的，它的基本规定之一就是"由一种特殊性质所表明的类"，但"理念"并非单纯的抽象概念，而是超越于个别事物之外并且作为其存在根据的实在。一类事物有一个理念，它作为其自身是永恒不变的自我完善的整体。所以，理念不仅不会受事物的影响，而且理念与理念之间也没有任何联系，因为理念是绝对的自身存在，不可能变为他物。个别事物始终处在生灭变化之中，它们是个别的、相对的和偶然的，而理念则是永恒不变的，它们是普遍的、绝对的和必然的存在。因此，个别事物是感觉的对象，而它们的类是知识的对象。关于理念与事物之间的关系，柏拉图认为，可知的理念是可感的事物的根据和原因，可感的事物是可知的理念的派生物。柏拉图曾经通过两种方式来说明理念是如何派生事物的。一是"分有"。具体事物之所以存在，是因为它们分有了同名的理念。"如果在美自身之外还有美的事物，那么它之所以美的原因不是别的，就是因为它分有美自身。每类事物都是如此。"所谓"美自身"或"某某自身"，意指美的理念或某某理念。二是"摹仿"。造物主是根据理念来创造具体事物的，所以事物因摹仿理念而存在。"木工是根据理念来制造我们所使用的床和桌子，按床的理念制造床，按桌子的理念制造桌子。其他事物也同样如此。就此而论，有三种桌子存在：作为理念的桌子自身、因摹仿理念而存在的可感的桌子，以及因摹仿可感的桌子而存在的画家所描绘的桌子。"亚里士多德认为，柏拉图的"摹仿"源自毕达哥拉斯学派关于万物摹仿"数"的思想，只有"分有"是新的概念。不过，"分有"与"摹仿"实际上并无本质差别，不同之处只在于有无造物主。因此可以说，"摹仿"是有造物主的"分有"，"分有"是无造物主的"摹仿"。由此可见，柏拉图的理念具有多重含义：首先，理念是事物的共相，理念是通过对事物的抽象而形成的普遍共相，亦即事物的类概念或本质；其次，理念是事物存在的根据，个别事物是由于分有了理念而成为这一事物的，离开了理念就没有事物；再次，理念是事物摹仿的模型，理念是事物之完满的模型，事物则是理念不完满的摹本，事物是因为摹仿了它的理念而成其为事物的；最后，理念是事物追求的目的，理念是事物的本质，事物存在的目标就是实现它的本质，从而成为完满的存在。

言分析结合起来，认为定义的对象不是感性事物，而只能是理念，感性事物是按理念来命名的。亚里士多德以折中性的实质论代替柏拉图唯心主义的理念论，认为实质是形式与质料结合的综合体，是具有本质的个体存在物，在此基础上对语言问题做了系统的探讨，是古希腊先哲们中对语言问题认识和论述最为深刻、最为充分的学者。在哲学名著《工具论》中，亚里士多德专门讨论了语言结构问题：《范畴篇》论述了实体、数量、性质、关系、处所、时间、状况、姿态、动作、承受等十种范畴及同音异义词、同形异义词、同音同形异义词等问题；《解释篇》则结合对语词和语句的分析，对命题及其相互之间的逻辑关系进行了阐述。亚里士多德之后的希腊哲学出现了柏拉图学园派、斯多噶派（芝诺等）、犬儒主义（伊壁鸠鲁等）等新学派，他们在哲学和逻辑学框架内对语言学问题的探讨也颇具特色。如斯多噶派代表人物芝诺通过对包括语言和逻辑在内的逻各斯学的系统研究，首次比较明确地提出了记号理论和语义学，现代语义学研究者认为其对语义学的讨论要比亚里士多德的讨论更为精密。

古罗马人在思辨水平上远逊于古希腊人，同时，罗马时期的学术也更趋于实用化。罗马人不仅思考作为人的本质的语言，尤其重视作为人之自我发展一部分的语词的效果。因此，罗马人对语言问题的探讨集中于修辞学领域。如西塞罗（M.T.Cicero，公元前 106—前 43）在《论演说家》一书中明确提出了修辞学与哲学的区别，坦承自己"不打算追求最接近真理的哲学，而是考察最接近演说家的事务"[①]；理论修辞学家昆提良（M.F.Quintilianus，约 35—约 100）为语言修辞学提出了系统的理论，其实用性倾向表现在相关探讨集中于司法辩论和演说等领域。

2. 基督教哲学和中世纪哲学时期

基督教哲学形成于早期基督教向希腊化地区传播的过程中，是一种融基督教思想与希腊哲学[②]于一体的神学—哲学理论，两者的结合源于《圣经》与希腊哲学具有可比性。[③] 基督教哲学对语言问题的关注以奥古斯丁（F.Augustin，354—430）的思想为典型代表。虽然奥古斯丁的绝对真理论、信仰论、善恶论和认识论均是现代西方哲学界的批评对象，但他对语

①　李幼蒸：《理论符号学导论》，社会科学文献出版社 1999 年版，第 64 页。

②　应该强调的是，希腊哲学与基督教本来是分属两种文化传统的不同文化形态。

③　赵敦华：《西方哲学简史》，北京大学出版社 2001 年版，第 115 页。

言问题的全方位思考则对后期的语言哲学研究具有重要影响。如他将《约翰福音》开篇一句理解为"太初有言"，明确提出了言语创生万物的认识，认为声音因人和时间的不同而不同，而意义则具有同一性①；他首次将语言问题与时间意指问题相联系，对思维内界的记号、所指者、直接与间接的意义、过去对象与现在对象、意识界层次及其意指关系等均加以研究，这种内省心理学式的考察与其倡导的伦理价值论密切关联起来，成为后来内省论、意义论、价值论等许多不同方向的哲学发展的根源。

中世纪哲学对语言问题的关注除了在七艺中的三艺领域中——语法、辩论术和修辞学——所取得的成就外，以11世纪开始的经院哲学内部唯名论和唯实论的争论为典型代表，这场争论的实质是关于语词的意义和所指问题。以奥卡姆（W.Ockham，约1285—1349）为代表的唯名论者认为，共相、普遍的东西只是名词、概念、词义，而以阿奎纳（T.Aguinas，约1225—1274）为代表的实在论者认为，共相、普遍是独立于个别事物之外的实体。唯名论和唯实论之间的论争一直延续到20世纪的语言哲学界，在这一问题上，大多数重要的语言哲学家持唯名论观点。此外，中世纪哲学家对指代理论、词项、推论、悖论以及句子和词哪一个在先等语言哲学问题也表现出了深厚的兴趣。

第二节　近代认识论哲学时期

随着笛卡尔（1596—1650）理性方法论和心的哲学等思想体系的逐渐成熟，近代哲学进入了认识论时代，以认识论转向为宏观特征的近代哲学的一个显著特征是始终伴随着经验主义和理性主义的斗争和妥协。作为哲学史上认识论的两大主要思想来源和理论框架，经验主义和理性主义二者之间互相对立，但又常常表现出统一的一面。在近代时期，"面对语言的多样性和复杂性，经验主义学派强调各种语言的特殊变化，根据日益丰富的资料修改自己的语法范畴和语法描写，而理性主义学派则是要寻求千

① 陈嘉映：《语言哲学》，北京大学出版社2003年版，第10页。

差万别的表面现象所掩盖的共同原则"①。对 20 世纪语言哲学的发展有着深远影响的洛克（J. Locke，1632—1704）、莱布尼兹（1646—1716）、贝克莱（G. Berkeley，1685—1753）、休谟（D. Hume，1711—1776）、康德（I. Kant，1724—1804）、密尔（1773—1836）等近代哲学家都可以归为这两大阵营。

近代经验主义的真正发展，得益于文艺复兴后期采用实验和分析方法进行研究的欧洲自然科学的发展。从 17 世纪的培根（F. Bacon，1561—1626）、洛克到 18 世纪的贝克莱、休谟的英国经验论传统在近代西方哲学史上扮演着重要角色。② 经验论强调感觉经验的重要性，认为一切知识都来自感觉，否认天赋观念，赞成"白板说"，倾向于对事物进行孤立的分析研究，强调客观依据，强调实用价值。英国经验主义影响下的语言学研究的成就主要表现在以布赖特（T. Bright）为代表的现代速记学和密码学研究、以霍尔德（F. Holder）为代表的描写语音学研究、以默里（L. Murray）和科贝特（W. Cobbett）为代表的英语形式语法学研究等几个方面。作为唯物主义经验论者，培根以知识论为哲学的中心问题，将其拟定的经验主义方法作为哲学语法的基础，认为建立在物质本质之上的感觉经验是一切知识的源泉，语言是交际、表达思想的工具，应该对语言进行经验性的研究，其语言学观点在其著作《新工具论》和《论科学的优势和完善》中得到了论述。而洛克将词义问题同语言的本质问题结合在一起，认为词的功能在于表达思想，而思想是不能直接通过感觉被理解的，因此需要用能为感官所接受的符号——词进行包装。词是思维能被感知的符号，而词义则是概念、印象的替换能力。③ 其著作《人类理智论》第三卷专门讨论"词语及其一般问题"。贝克莱和休谟关于因果关系的认识论讨论则直接关系到语言符号学中的意指性理论。另一个值得一提的经验主义语言学研究的代表人物是 18 世纪英国著名语言学家图克（H. Tooke），他在攻击同时代普遍语法哲学杰出代表、持理性主义立场的英国另一著名语言学家哈里斯（J. Harris）的普遍语法理论的过程中建立了自己的语法理论。图克的语法理论在一些方面同现代的形式理论一致，例如他认为语法

①　刘润清：《西方语言学流派》，外语教学与研究出版社 1995 年版，第 34 页。

②　同上书，第 32 页。

③　Березин Ф. М.，*История лингвистических учений*，М.：Высшая школа，1984，c.25–27.

范畴中的性首先是具有性范畴的语言中名词性词类句法结构的一种表现形式，其观点来自洛克的经验主义方法论。图克从经验主义立场出发，推动了语言的起源和发展、词的分类、词形变化的历史渊源等语言学问题的深入研究。①

　　西方近代理性主义的开创者是法国的笛卡尔，除了笛卡尔学派的马勒伯朗士（N.Malebranche，1638—1715）外，西方近代理性主义的主要代表人物还有荷兰的斯宾诺莎（B.Spinoza，1632—1677）和德国的莱布尼兹及其继承者沃尔夫（B.L.Whorf，1679—1754）。② 笛卡尔认为思想可以怀疑外在对象，也可以怀疑思想之内的对象，但却不能怀疑自身，进而提出了"我思故我在"这一普遍原则。笛卡尔要求以观念的"清楚"、"明白"作为真理性认识的标准，认为只有从"自明"的公理出发，依靠人天赋的理性认识能力，运用理性的演绎法才能得出可靠的知识。与根据丰富的语料来制定和改写语法范畴、进行语法描写的经验主义不同，以笛卡尔为代表的理性主义者致力于寻求千差万别的语言表面现象所掩盖的普遍规则。因此，近代理性主义者试图从语言的起源和历史中发现语言发展的普遍原则，讨论普遍语法的可能性。莱布尼兹认为人的知识不是由感官所得到的，而是作为"倾向、禀赋、习性和自然的潜在能力而天赋在我们的心中"。据此，他提出了历史语言学原则，如地名和河流名字是研究语言史的重要线索；他主张研究词源，编写各种语言的语法、词典、语言地图，还特别鼓励俄国人调查俄国境内的非欧洲语言，搜集其词汇和文字记录等。③ 英国的哈里斯于 1751 年发表了《对语言和普遍语法的哲学探讨》，他反对经验主义的观点，主张天赋观念，强调语法的普遍性，认为概括共同思想的能力是上帝赋予人类的。维尔金斯（J.Wilkins）则提出了他所说的人类知识的全面图式，并据此设计了一种世界通用语，并提出了世界通用语法。近代理性主义者在语言学研究中最突出的贡献当属于波尔—罗瓦雅尔唯理论语法学派。该学派以拉丁语和法语等语言为材料来阐述语法的一般理论，试图揭示不同语言各自的语法在交流思想（包括概

---

① 陈勇：《论经验主义和理性主义之争——关于西方语言学研究中的认识论》，《外语学刊》2003 年第 3 期。

② 《中国大百科全书》总编辑委员会哲学编辑委员会：《中国大百科全书·哲学卷》，中国大百科全书出版社 1987 年版，第 904 页。

③ 刘润清：《西方语言学流派》，外语教学与研究出版社 1995 年版，第 46 页。

念、判断和推理）的过程中所隐含的语法同一性。① 波尔—罗瓦雅尔唯理论语法学派与经院哲学时期的摩迪斯泰学派尽管都坚持理性主义立场，强调各种语言的普遍特征，但不同的是，前者所设想的普遍性基础是人类的理性和思维，而后者更多关注的是外部世界的存在方式同思维中用来观察、解释存在方式的理解方式之间的复杂联系。

第三节　现代语言哲学时期

古典哲学家对存在问题广泛但又缺乏判定标准的争论，使得近代哲学家们开始转向对人类意识世界，即思维结构的研究，而哲学术语理解和使用上的混乱提示哲学家们：哲学争论的本源在于语言的混乱不清。这样，进入 20 世纪以来，随着本体论问题和认识论问题的讨论面临的困境日益加剧，随着现代逻辑学和现代语言学取得了一系列重大成果，作为哲学第三次转向的产物——语言哲学②随之兴起，成为与逻辑哲学、心智哲学、道德哲学、科学哲学、政治哲学、伦理哲学、宗教哲学、社会哲学、文化哲学、历史哲学等并驾齐驱的哲学研究领域。由此可见，本体论——认识论——语言哲学这样一条西方哲学的发展线索，本是一个自然发展的过程。正所谓，"要认识世界的结构，就要去认识人类思维的结构，因为前者反映在后者之中，而要认识思维的结构，其途径是去研究语言的结构"③。

除了上述哲学发展的内在原因之外，从产生的背景来看，语言哲学的出现还源于下述三种因素的共同作用。第一，对包括康德和黑格尔（G. W.F.Hegel，1770—1831）在内的形而上学的批判渐成一股浪潮。随着传统哲学空泛而无实质内容的形而上学特征为越来越多的学者们所诟病，以19 世纪占据主导地位的黑格尔哲学和新黑格尔主义为代表的思辨哲学受到了实证主义、实用主义、新实在论、现象学、结构主义和后结构主义等思潮的冲击。摩尔（1873—1958）、罗素（1872—1970）、维特根斯坦、

---

① 罗宾斯：《简明语言学史》，中国社会科学出版社 1997 年版，第 140 页。

② 在现代人文思想中，语言哲学可以被定义为这样一种对语言的态度，即"哲学原理用来解释最普遍的语言规律，而语言材料反过来用来解决一些具体时代提出来的哲学问题"。

③ 周昌忠：《西方现代语言哲学》，上海人民出版社 1988 年版，第 2 页。

石里克（M.Schlicklisten，1882—1936）、卡尔纳普（R.Carnap，1891—1970）等众多哲学家纷纷对形而上学哲学进行批判，形成了一种排斥形而上学的明显倾向。第二，现代数理逻辑学和现代结构主义语言学的理论成果为语言哲学的诞生和发展提供了重要的理论和方法论依据，两者分别成为逻辑分析学派和日常语言学派两大语言哲学流派的重要理论来源。前者以弗雷格、皮亚诺（G.Peano，1858—1932）、罗素在数理逻辑方面的研究成果为代表，以塔尔斯基（A.Tarski，1901—1983）、卡尔纳普、赖欣巴赫（H.Reichenbach，1891—1953）、欣梯卡（J.Hintikka，1929—2015）、克里普克（S.Kripke，1940—）、赖特（G.H.von Wright，1916—2003）等学者的研究为补充；后者以洪堡特（B.von W.Humboldt，1767—1835）、索绪尔（F. de Saussure，1857—1913）、本维尼斯特（E.Benveniste，1902—1976）等人的结构主义语言学观点为代表，欧洲大多数结构主义和后结构主义哲学家都受到了现代结构主义语言学的深刻影响。第三，对精确表达和精确知识的追求渐成科学界和哲学界的普遍倾向。随着自然科学研究的不断深入，自然科学的一些基本概念、基本定义和定理存在的逻辑问题开始被人们所认识，从而造成了许多科学知识的"基础危机"①，而问题往往可以追溯到语言表达的混乱上来。分析语言表达式有助于消除科学概念的混乱，因而语言分析受到了哲学家们的重视。

正是在这样的背景下，语言哲学应运而生，并开始在西方哲学界占据主导地位。一般而言，西方语言哲学可以分为英美分析哲学流派和欧洲大陆语言哲学流派。在研究课题上，两个流派除了都重视研究语言与思维、语言与实在的关系等一些基本语言哲学问题之外，英美分析哲学侧重于研究意义理论、指称理论和真理理论，具体来说，着重于专名、通名、摹状词、语句的指称、意义的检验标准、言语行为理论、必然性和可能世界等问题的研究。而欧洲大陆语言哲学则侧重于语言的功能、语言的结构、语言与意识、语言与理解、语言与社会等方面的问题。②英美分析哲学流派大致可分为逻辑分析学派和日常语言分析学派。前者以弗雷格的含义与指称学说、罗素的摹状词理论和前期维特根斯坦的"图像论"为代表，之后又涌现出了石里克、卡尔纳普、塔尔斯基、艾耶尔（A.J.Ayer，1910—

① 王健平：《语言哲学》，中共中央党校出版社2003年版，第51页。
② 涂纪亮：《现代西方语言哲学比较研究》，中国社会科学出版社1996年版，第19页。

1989）、赖欣巴赫、蒯因（W.V.O.Quine，1908—2000）、戴维森（D.Davidson，1917—2003）、亨普尔（C.G.Hempel，1905—1997）、普特南（H.Putnam，1926—2016）、克里普克等一大批杰出的语言哲学家。后者由摩尔①开创，经后期维特根斯坦、奥斯汀（1911—1960）、塞尔（J.Searle，1932—）、赖尔（1900—1976）、斯特劳森（1919—2006）、达米特（M.Dummett，1925—2011）、乔姆斯基（A.N.Chomsky，1928—）、罗蒂（R.Rorty，1931—2007）等语言哲学家的发展，形成了比较完整的理论。

　　按照涂纪亮先生的观点，欧洲大陆语言哲学的发展则基本上是沿着三条基本线索：一是从新康德主义、现象学到存在主义；二是从古典释义学、释义学理论到哲学释义学和批判释义学；三是从普通语言学、结构主义语言学、结构主义到后结构主义②。与欧洲大陆语言哲学流派联系在一起的理论和学说有：洪堡特的普通语言学理论、布伦塔诺（F.Brentano，1838—1917）的意向性理论、迈农（A.von Meinong，1853—1920）的对象理论、卡西尔（E.Cassirer，1874—1945）的符号形式理论；现象学框架下胡塞尔（E.Husserl，1859—1938）的意义理论和意向性理论、梅洛—庞蒂（M.Merleou-Ponty，1908—1961）的语言现象学；存在主义框架下海德格尔的存在论语言观、萨特（Jean-Paul Sartre，1905—1980）的存在主义语言观；释义学框架下施莱尔马赫（F.Schleiermacher，1768—1834）关于理解和解释的一般原则、狄尔泰（W.Dilthey，1833—1911）的古典释义学语言观、贝蒂（E.Betti，1890—1968）的释义学解释理论、伽达默尔的哲学释义学、利科的哲学释义学语言观、哈贝马斯（J.Habermas，1929—）的批判释义学语言观、阿佩尔（Karl-Otto Apel，1922—2017）关于说明和理解的理论、赞库勒（H.J.Sandkuhler）关于语言的历史重建的理论、洛伦泽尔（A.Lorenzer，1922—2002）关于语言与交互感应的理论；结构主义和后结构主义框架下索绪尔的结构语言学理论、叶尔姆斯列夫（L.Hjelmslev，1899—1965）的语符学理论、雅各布森（P.O.Якобсон，1896—1982）的结构语音学理论、列维—斯特劳斯（C.Lévi-Strauss，1908—2009）的结构人类学语言观、福柯（M.Foucault，1926—1984）的话语理论、拉康（J.Lacan，1901—1981）的精神分析语言观、

---

①　摩尔尤以概念分析理论著名。

②　涂纪亮：《现代欧洲大陆语言哲学》，中国社会科学出版社1994年版，第3页。

皮亚杰（J. P. Piajet，1896—1980）的发生论结构主义语言观、巴尔特（R. Barthes，1915—1980）的符号学语言观、德里达的消解主义语言观。

　　相比较而言，对阿鲁久诺娃及课题组的研究影响最深的是英美分析哲学，包括逻辑分析学派和日常语言学派，这不仅体现在课题组成立本身的背景及阿鲁久诺娃早先的语言研究中，还体现在课题组自身研究方向的发展变化上①。从课题组出版的论文集来看，英美分析哲学家的名字不断出现在各位学者的论文中（如论文前面的题注引述的常常正是一些语言哲学大家的经典名言），相应的语言哲学观念渗透到了学者们对所有语言材料的分析和把握之中。

---

①　关于这一点，我们在第一编第三章第三节有详细的论述。

第二章

俄罗斯语言哲学的兴起和发展

在语言逐渐在西方哲学研究中占据主导地位的同时，俄罗斯现实主义宗教语言哲学对语言也表现出了特别的兴趣。俄罗斯宗教语言哲学是 20世纪初在关于上帝名称（Имя Божие）的本质、积极作用以及对它的崇拜的神学争论中产生的。这场争论发生在 20 世纪初的希腊旧圣山，争论的双方是赞名派（имяславцы）与唯名论者（имяборцы）。在名字的理解问题上，前者相信上帝就存在于祈祷时所使用的上帝的名字当中，后者认为上帝的名字是人祈祷时称谓上帝的工具手段。在未写完的书稿《事物和名称》中，洛谢夫写道："新哲学的历史……以活跃的唯名论为特点，如同整个新欧洲哲学一样。这种哲学……努力消除以将语言理解为特殊领域为基础的语言理论，因为语言正是任何聋哑心理学的对立面。最终得以确立现代哲学中真正的专名学路线，而这毫无疑问是正在到来的新文化和还未形成的新哲学的征兆……时代的精神事实上已经改变。可以说……语言哲学还从来没有占据过像今天这样的重要地位。"①

事实的确如此，在源于科学、宗教、文学、艺术、道德、政治等多种多样的民族精神表现形式，包括历史学说、哲学人类学学说、道德宗教哲学、政治法律理论和哲学—文化学理论等在内的众多俄罗斯哲学流派和方向中，语言哲学占据着重要地位，它的形成经历了从批判"三语邪说"（трёхъязычная ересь）到 19—20 世纪俄罗斯语言学家和哲学家的语言哲学学说的漫长道路。② 别兹列普金认为："俄罗斯语言哲学的形成和发展大体上复现的是人们对掌握人类语言起源秘密和揭示语言的整个能力范围

---

① 这里的引文引自俄罗斯网上百科"кругосвет"的"Язык и философия"词条，网址为 http：//www.krugosvet.ru/ articles/ 76/1007619/1007619a1.htm。

② Безлепкин Н. И.，*Философия языка в России：К истории русской лингвофилософии*，2001，СПб.：Искусство-СПБ，c.5.

的渴望。该过程随着对形成民族语言的需求性的增长及伴随而来的创建俄语语法工作的展开而逐渐现实化。"① 俄语语法的创建实践证实了以理性导向语法和不符合俄语本质特征的逻辑图式为基础来构建俄语理论的不足。对俄语史的哲学思考，如同解决语言与思维的关系问题一样，使得在民族文化传统的框架内创建独特的语法系统成为可能。研究语法学说时对哲学基础的依赖在很大程度上决定了语法学说的特点。

第一节 莱蒙诺索夫的奠基者角色

在俄罗斯语言哲学的形成过程中扮演着关键角色的是统一民族共同语②的形成。在彼得大帝字母改革等文化政策的影响下，面对俄语与教会斯拉夫语这一新旧语言形式的对立问题，即为了克服基于文本诵读的识字教育传统在普及教育上的局限性，17 世纪末 18 世纪初马卡里都主教（Митрополит Макарий）、乌萨乔夫（М. И. Усачев）、I. 利胡德（I. Likhud）、S.利胡德（S.Likhud）等早期修辞学家在规范言语风格、创建修辞学（риторика）方面作出了不懈努力之后，普罗科波维奇（Ф.Про-копович，1681—1736）、坎捷米尔（А.Д.Кантемир，1708—1744）、阿多杜罗夫（В.Е.Адодуров，1707—1780）、特列季阿科夫斯基（В.К.Тредиа-ковский，1703—1768）、塔季谢夫（В.Н.Татищев，1686—1750）、苏马罗科夫（А.П.Сумароков，1717—1777）等学者从各自不同的角度强调俄语的独立地位，纷纷创建适于教育、面向大众的俄语语法学说。其语言哲学观的共性特点是都意识到必须将活的俄语言语纳入国家—法律关系、文学、教育之中，以限制教会斯拉夫书面语古旧成分的传播。这一阶段创建俄语语法学说计划的哲学基础主要是理性主义。如理性主义方向的代表人物普罗科波维奇认为，语言只是形式、结构和语音有别，其逻辑内容是一致的，因此要创建语法，只需描写语言的语法特征、言语艺术的自然基础

---

① Безлепкин Н. И., *Философия языка в России : К истории русской лингвофилософии*, 2001, СПб. : Искусство-СПБ, с.382.

② 在俄罗斯民族共同语出现之前，俄罗斯社会同等使用的有主要由教会使用的教会斯拉夫语、国务活动使用的衙门语言和大众使用的普通口头俄语。

就够了①。坎捷米尔也持类似立场，他认为词是逻辑上严整的思想的存在形式。

在统一民族共同语的形成及语法的创立过程当中，存在一系列干扰因素，其中包括：（1）创建俄语语法问题上的理性主义态度在方法论上具有局限性（只强调语言的共性，不描写自然状态下语言的独特性）；（2）语言学不发达（既不是历史比较语言学，也不是描写语言学）；（3）语言手段不完善（在彼得大帝改革的影响下，语言形式和新内容之间出现了矛盾）；（4）18世纪中叶关于民族标准语的理念发生了根本改变②。

在俄罗斯标准语的形成和发展过程中，莱蒙诺索夫（1711—1765）起着决定性的作用。为解决民族共同语的形成问题，莱蒙诺索夫提出了关于人类语言的一般哲学概念，这体现在其《俄罗斯语法》一书中。他认为，每一种语言中除了人类共同成分之外，也有民族特色成分，后者需要像对待语言的普遍规范那样加以研究。因此，莱蒙诺索夫在自己的语法中区分了普遍语法和专门语法两个部分：第一部分探讨的是作为关于人类语言的一般哲学观念的普遍语法，强调的是各种语言中均存在的基本语法范畴；第二部分专门谈俄语语法问题，即关于如何按照最好、最理性的用法来用纯正的俄语说和写的问题。莱蒙诺索夫的语言哲学方法论以联合理性主义和经验主义方法为基础，具体的事实材料只是他进行理论思索的来源，他作出的理论抽象包括关于俄语辩证基础的论断、关于语言历史发展的观念以及形态原则的推论等。

而莱蒙诺索夫对语言和思维关系问题的关注直接标志着俄罗斯语言哲学的诞生。在《俄罗斯语法》第一节中，莱蒙诺索夫就涉及了词与思想的联系问题，他特别强调语言和思维的关系问题的重要性，认为这是构建语法的出发点，与揭示语言本质、特征和功能相关的其他问题都以此为基础。莱蒙诺索夫语法，同其修辞学一样，显示出其在解决语言学问题时对西欧语言学界提出的逻辑—哲学态度的熟练把握。尤其是他的句法学说借鉴了当时源于波尔—罗瓦雅尔哲学语法的学界主导观点，将言语中的句子视为判断的表达。同样是为了反对教会斯拉夫语的统治地位，限制教会斯

---

① Безлепкин Н. И., *Философия языка в России : К истории русской лингвофилософии*, 2001, СПб. : Искусство-СПБ, c.17.

② Там же, c. 18.

拉夫语的使用，消除俄罗斯社会的二语现象，莱蒙诺索夫提出了三品说，这极大地巩固了其解决语言学问题的哲学基础。

第二节　循旧派与创新派之争

关于莱蒙诺索夫三品说在俄罗斯语言文化中的地位和角色问题，19世纪初成为循旧派和创新派这两种语言哲学方向之间的语法争论的焦点。这两种方向分别由希什科夫（А.С.Шишков，1754—1841）和卡拉姆津（Н.М.Карамзин，1766—1826）两位学者为代表，争论针对的主要是"民族共同语应该是怎样的"这一问题，实质上体现为传统思想和欧化思想间的对立，争论双方都能从莱蒙诺索夫的三品说理论中找到证据。这是因为莱蒙诺索夫本身的思想体现出逻辑学态度和哲学语言学态度这两种相互矛盾的倾向：一方面，他试图从逻辑学的立场借助普遍的哲学原则来解决语言学问题，这明显体现出欧洲传统的影响；另一方面，他也试图通过对俄语发展史的哲学思考来解决语言学问题。两种倾向之间的矛盾对立直接导致俄罗斯语言哲学界出现了逻辑语言学方向（创新派）和哲学语言学方向（循旧派）的分野。两种语言哲学方向的共同点首先在于均承认语言和思维具有密切联系，但对于这一问题的认识却并不相同。卡拉姆津代表的逻辑语言学方向在解决语言和思维的相互关系问题时优先考虑的是思维，认为思维完全制约语言的功能，其方法论基础是波尔—罗瓦雅尔普遍唯理语法，他们关注的不是母语的经验材料，而是欧洲学界推行的逻辑工具。他们认为标准语与世俗社会的口语、贵族精英的社会方言接近，而教会斯拉夫语只是一种课堂讨论语言，因而主张避免在俄语中使用源于教会斯拉夫语的书面成分。在这场语法争论中站在卡拉姆津一边的有维亚泽姆斯基（П.А.Вяземский，1792—1878）、茹科夫斯基（В.А.Жуковский，1783—1852）、普希金（В.Л.Пушкин，1766—1830）、乌瓦罗夫（С.С.Уваров，1786—1855）、格列奇（Н.И.Греч，1787—1867）、别林斯基（В.Г.Белинский，1811—1848）、布斯拉耶夫（Ф.И.Буслаев，1818—1897）等学者。而对于希什科夫及其追随者来说，语言和思维的相互关系问题之所以具有意义，首先是因为语言形式具有特殊作用。在他们看来，语言形式体现的是俄罗斯民族古老而光荣的历史，是对过去传统的忠诚，语言是保存民族性的手段，而古代文学是巩固和支撑语言基础和历史根源的手段，语言与民族精神不可分割。按照历史学家克柳切夫斯基（В.О.Ключевский）的观点，以希什科夫为代表的循旧派将自己对母语的论述赋予了哲学—道德色彩，把母语视为教育的基础和民族文化的推进器。[①] 循旧派学者将教会斯拉夫语视为民族共同语和现代言语的规范，认为语言的真知和词的美都是从教会的和古老的斯拉夫书籍中获得的。与希什科夫持类似立场的有雷列耶夫（К.Ф.Рылеев，1795—1826）、格里博耶多夫（А.С.Грибоедов，1795—1829）、希林斯基—希赫马托夫（С.А.Ши-ринский-Шихматов，1783—1837）、屈谢尔贝克尔（В.К.Кюхельбекер，1797—1846）、И.А.克雷洛夫（И.А.Крылов，1769—1844）、沃斯托科夫（А.Х.Востоков，1781—1864）、卡特科夫（М.Н.Катков，1818—1887）、斯列兹涅夫斯基（И.И.Срезневский，1812—1880）等学者。

循旧派与创新派的语法争论阐明了两个问题，即对俄语的基础进行哲学反思的需求和西方语言学的简化公式对于研究民族语言复杂问题的不适用性。作为争论的结果，19 世纪上半叶俄罗斯社会开始直接致力于探讨语言的本质、语言与思维的关系、民族历史与语言历史的联系等问题。

第三节　形式主义的研究方向

继循旧派与创新派的语法争论之后，19 世纪 30—40 年代俄罗斯社会的发展表现出两种相对立的倾向：一个倾向表现为 1812 年战争引起民族自我意识的觉醒，民众期望政治体制自由化，废除农奴制，引入宪法制度；另一个倾向表现为专政政体试图根除自由思想，保持既有的政治体制。19 世纪 40—60 年代的俄罗斯社会更是明显地表现出斯拉夫派和西欧派在俄罗斯的历史选择问题上的对立和斗争。以霍米亚科夫（А.С.Хомя-ков，1804—1860）、И.В.基列耶夫斯基（И.В.Киреевский，1806—1856）、П.В.基列耶夫斯基（П.В.Киреевский，1808—1856）、И.С.阿克

---

① Безлепкин Н. И., *Философия языка в России : К истории русской лингвофилософии*, 2001，СПб. ：Искусство-СПБ，с.33.

萨科夫（И.С.Аксаков，1823—1886）、К.С.阿克萨科夫（К.С.Аксаков，1817—1860）、萨马林（Ю.Ф.Самарин，1819—1876）、А.И.科舍廖夫（А.И.Кошелев，1806—1883）、瓦卢耶夫（Д.А.Валуев，1820—1845）为代表的斯拉夫派学者特别强调俄罗斯的自我发展、宗教—历史特色、民族文化特点，认为俄罗斯的历史和文化具有自己的生活和道德宗教价值。而以赫尔岑（А.И.Герцен，1812—1870）、奥加廖夫（Н.П.Огарев，1813—1877）、格拉诺夫斯基（Т.Н.Грановский，1813—1855）、别林斯基、博特金（В.П.Боткин，1812—1869）、安年科夫（П.В.Анненков，1813—1887）、帕纳耶夫（И.И.Панаев，1812—1862）、屠格涅夫（И.С.Тургенев，1818—1883）、科尔什（Е.Ф.Корш，1810—1897）等为代表的西欧派学者则认为俄罗斯应该走西欧国家走过的道路，文明是与现实主义的流行、摆脱拜占庭—东正教的束缚相关的。这个时期的意识形态斗争促进了俄罗斯哲学及其理念—观念内容的形成，而决定性的作用当首先属于创建了独特的东正教哲学的斯拉夫派学者。① 斯拉夫派学者霍米亚科夫、基列耶夫斯基、阿克萨科夫关于语言的本质，语言和民族自我意识的同一性，词在人们对自己民族属性的意识、人的认知和自我认知中的作用等问题的认识，对于理解斯拉夫派学者的哲学和意识形态具有重要的作用。斯拉夫主义奠基者们有关将语言视为民族精神的体现形式，视为独一无二的民族文化和生活习惯的表现手段的理论成为俄罗斯语言哲学中形式主义方向的基础，后者在涅克拉索夫（Н.П.Некрасов，1828—1914）、福尔图纳托夫（Ф.Ф.Фортунатов，1848—1914）、沙赫马托夫（А.А.Шахматов，1864—1920）等学者的论著中得到了进一步的发展，同时对俄罗斯语言哲学的其他方向也产生了深远的影响。② 其中，福尔图纳托夫和沙赫马托夫扮演着将斯拉夫派学者的语言哲学探索与精神回归时期俄罗斯哲学家对语言的思索连接成为不可分割的传统的精神环节这样一个角色。使语言学说彻底摆脱形式逻辑框架的正是这两位学者，他们通过自己的研究证明了将哲学与语言学联合起来的显著成效，同时也促进了语言学作为一门独立的科学知识领域的形成。强调语言形式方面的态度促使他们创立了直至今日仍在科学研究中得以运用的历史比较方法。正是采用这种具有语言学革

---

① Безлепкин Н.И.，*Философия языка в России：К истории русской лингвофилософии*，2001，СПб.：Искусство-СПБ，с.45.

② Там же，с.47.

命意义的历史比较方法，两位学者揭示出民族独一无二的精神经验是如何反映在语言形式上的。历史比较方法的运用同时也帮助语言学从逻辑主义、心理主义和生物主义中摆脱出来，并使之获得了具有自身研究方法的独立学科地位。两位学者阐述了人类意识的活动机制，认为这些机制依赖于语言的各种功能表现；研究了依赖于语言符号的思维过程，显示出俄罗斯语言哲学发展的延续性。两位学者的语言哲学学说是形式主义方向在语言哲学中的规律性发展。

由霍米亚科夫、基列耶夫斯基、阿克萨科夫、涅克拉索夫、福尔图纳托夫、沙赫马托夫等学者的研究开创的语言哲学中的形式主义方向构成了俄罗斯语言哲学发展中重要的，也是必要的阶段，它标志着学界对语言问题的哲思向严密的、科学的语言哲学的转变。① 其特点是对待语言的哲学态度得到了广泛的体现，这种态度有助于揭示语言在形成人际关系和民族自我意识过程中的作用。学者们旨在发现语言作为人们集体活动最重要的普适性工具所具有的意义。形式主义方向经历了一系列发展阶段，即从斯拉夫主义者证实语言形式是表达民族唯一性的手段和唤起社会自我意识的方式到福尔图纳托夫、沙赫马托夫科学地揭示出语言在社会语言文化形成过程中的作用。以语言历史和人民历史相互联系的原则为基础，俄罗斯形式主义语言哲学家解决了决定俄罗斯语法发展方向的一系列问题。与此同时，将母语俄语作为本质，俄罗斯语言哲学的形成过程对作为民族哲学独特形式的俄罗斯哲学及其范畴—概念结构的形成产生了实质性的影响。语言的人类学本质、表达人在村社环境下生存的道德体验的语言意义中体现出来的集体和伦理精神、对经院哲学逻辑化倾向的否定态度等这些特点形成了俄罗斯哲学的形象和话语。②

形式主义流派的语言哲学方法论对欧亚主义者的"文化历史运动"产生了实质性影响。对于特鲁别茨科伊（Н. С. Трубецкой，1890—1938）来说，形式方法是研究古俄罗斯文献的有效工具，是揭示俄罗斯文化结构和功能特点的手段。在给雅各布森的信中，这位欧亚主义思想家写道："我们的美学标准完全不同于古俄罗斯，因而我们几乎无法直接从美学上去感受古俄罗斯的文学作品……就是在这里形式方法给我们提供了帮助。

---

① Безлепкин Н. И.，*Философия языка в России : К истории русской лингвофилософии*，2001，СПб. : Искусство-СПБ，с.159.

② Там же，с.384.

弄清了古俄罗斯作家的手法及这些手法的目的，我们开始感受作品本身并
渐渐地深入到古代俄罗斯读者的灵魂中，站到他们的视角上去。"① 形式
主义框架下的语言哲学方法论在现代语言哲学中也得到了体现，如佩特罗
夫（М.К.Петров，1923—1987）、科列索夫（В.В.Колесов，1934—）、科
尔尼洛夫（О.А.Корнилов，1957—）的研究。

第四节　心理主义的研究方向

　　俄罗斯语言哲学新的发展阶段的出现与法国哲学家孔德（A.Comte，
1798—1857）的实证主义思想在俄罗斯的传播有关，实证主义同时也由
于俄罗斯哲学家和学者们批判性的重新思考而发生了显著的变化。俄罗
斯哲学家津科夫斯基（В.В.Зеньковский，1881—1962）将这种带有俄
罗斯特色的实证主义称为"半实证主义"。俄罗斯实证主义重视主体因
素和个体角色，以赫尔巴特（J.F.Herbart，1776—1841）心理学为基
础，后者成为研究个体内心世界及其创造和认知能力的出发点，进而研
究了个体积极性的各种表现。以实证主义方法为基础构建起来的哲学语
言学研究成为语言哲学心理学方向产生的基础。语言哲学心理学方向的
区别特征是以词义为导向，认为词义在个体思维的形成和演变中具有优
先作用。这里的词义被看作必要的思维器官和个体精神发展状态最本质
性的标示，最完整地浓缩了个体心理有意识和无意识的过程。其中最有
成就、影响最大的当属波捷布尼亚（А.А.Потебня，1835—1891）②，他
的思想在很大程度上决定了 19 世纪后 30 年俄罗斯语言哲学发展的特征
和基本问题。

　　波捷布尼亚的语言哲学学说主要研究语言起源问题、语言在个体认知
和创造活动中的角色、思想和语词间的关系问题等。波捷布尼亚及其追随

---

　　① Безлепкин Н. И., *Философия языка в России：К истории русской лингвофилософии*，
2001，СПб.：Искусство-СПБ，c.160.

　　② 波捷布尼亚已经被同时代人奉为伟大的语言学家，受德国语言学家和哲学家洪堡特影
响最深，就历史语法、历史方言学、语义学、民族语言学、社会语言学、语音学等学科问题提
出了许多新的见解和思路。波尔特诺夫（А.Н.Портнов）甚至认为，系统的语言哲学研究在俄
罗斯始于波捷布尼亚。（Безлепкин，2001：158）

者的著作从心理学方向上丰富了基于民族和历史土壤而对语言进行的哲学思考。波捷布尼亚并不否认语言形式在其发展过程中的重要作用，但他将主要的注意力放在词的意义上。他认为，思维和语言是不可分割的，语言意义在民族历史发展过程中具有特殊的作用。词的内部形式作为其最近意义的表达，在波捷布尼亚的语言哲学中被看作人的认知活动和创作思想形成的原则。解释词的本质时，通过赋予个人心理以优先地位，语言哲学中的实证论者揭示出了创作心理的一些重要方面。波捷布尼亚对俄罗斯语言哲学发展的贡献主要在于他为语言学发展中的新方向奠定了基础，该方向决定了俄罗斯哲学语言学研究的有效性。他有关思维和语言发展的心理基础的结论完全为现代语言学所证实："人类言语不仅与全人类统一的正确思维的规律具有深层的联系，也同实践论证方式有深层的联系。这个思维领域……与其说正为逻辑学家所研究，还不如说在为心理学家所研究。"在心理学方向框架内，波捷布尼亚成功地将整个学科序列的成果联合起来，语言哲学从投机性的领域向针对哲学语言学问题的科学态度领域的转变正得益于此。① 以波捷布尼亚的理论为基础，语言研究中出现了一系列与民族语言学、语义学、语言文化学及其他学科相联系的富有前景的方向。

第五节　本体论的研究方向

语言哲学的本体论方向是与弗洛连斯基（1882—1937）、布尔加科夫（С.Н.Булгаков，1871—1944）、洛谢夫（1893—1988）等俄罗斯大哲学家的名字相联系的，本体论方向是俄罗斯宗教哲学思想传统的发展。

19世纪20世纪之交②是俄罗斯精神文化历史中最为重要的阶段之一，精神生活的各个领域创作激情空前高涨，新的思想、形式和态度以及各种艺术形式的综合极大地丰富了社会的精神生活内容。而其中俄罗

---

① Безлепкин Н. И., *Философия языка в России : К истории русской лингвофилософии*, 2001, СПб. : Искусство-СПБ, с.249.

② 该阶段在历史上被称为"俄罗斯精神复兴"、俄罗斯文化的"白银时代"。

斯宗教哲学①始终是所有创新的精神基础，是所有文化领域发生变化的
中心。在这一时期，由于不能回答关于人的存在的深层问题，实证主
义排斥形而上学问题的做法日益遭到俄罗斯宗教哲学界的反对，大量
试图恢复俄罗斯哲学传统的哲学团体和出版物大量涌现，重视解决存
在问题的俄罗斯宗教哲学思想得以复兴，弗洛连斯基、布尔加科夫、
洛谢夫的名称哲学（философия имени）是最有影响的创建宗教哲学
系统的尝试。借助于对于语言的本体论态度，三位哲学家试图恢复在
新康德主义和实证主义立场影响下被动摇的形而上学立场。同时，名
称问题被视为人类理解的哲学前提。俄罗斯语言哲学中本体论方向的
出现与其说是赞名派同唯名论者争论的结果，不如说是作为全部语言
哲学思想发展基础的两个主要精神组成部分发展的合成。其中之一与
欧洲传统的发展有关，源于柏拉图的名称哲学。而构成欧洲传统的是
处于不同时期的柏拉图、亚里士多德、奥卡姆、维柯（G. B. Vico，
1668—1744）、洛克、莱布尼兹、洪堡特等众多哲学家的著作中形成
的一些语言哲学范式。对于他们中的大多数人来说，有三个基本特点
使名称哲学成为思考有关人类存在和最重要精神问题的独特范式：其
一，名称概念是其出发点；其二，名称哲学在同等程度上也是本质哲
学，因此本质概念主导着其他所有概念；其三，本质、名称与之相符
的深层结构，乃至哲学本身都具有层级构造，名称和本质的概念伴随
着层级概念。② 在俄罗斯众多思想家的著述中，处于中心位置的是名称

---

① 俄罗斯宗教哲学的传统源于斯拉夫派学者和索洛维约夫（В. С. Соловьев，1853—
1900），他们的影响体现在 20 世纪初别尔嘉耶夫、布尔加科夫、弗洛连斯基、弗兰克（С. Л.
Франк）、罗扎诺夫（В. В. Розанов）、埃恩（В. Ф. Эрн）、舍斯托夫（Л. И. Шестов）、洛斯基
（Н. О. Лосский）、洛谢夫等俄罗斯宗教哲学思想家的著作中。俄罗斯宗教哲学思想的代表人物
认为其研究活动的基本意义在于分析表达东正教世界观的形式和手段，思考东正教世界观的深
层基础。俄罗斯宗教哲学最为关注的是一些基本问题，如关于作为存在之物的上帝，关于上帝
与世界、上帝与人的联系等问题，表现出明显的本体论特征，这也证实了俄罗斯哲学深层的形
而上学基础。俄罗斯宗教哲学传统上可分为三个阶段：第一阶段是 19 世纪 30 年代到 19 世纪
中叶，以神学院哲学代表人物的积极创作活动为典型特征；第二阶段以索洛维约夫（В. С. Со-
ловьев）、库德里亚夫采夫—普拉东诺夫（В. Д. Кудрявцев-Платонов）为代表；第三阶段是 19
世纪末 20 世纪初，以东正教的思想和现象整体性地出现在哲学世界观中为典型特征。（Безле-
пкин，2001：285—286）

② Безлепкин Н. И.，*Философия языка в России：К истории русской лингвофилософии*，
2001，СПб.：Искусство-СПБ，с. 328.

及其与世界的关系，所有其他世界观问题都是通过这种关系的棱镜来加以研究的。

　　名称哲学的另一个组成部分则是在俄罗斯哲学家重新思考俄罗斯语言哲学的历史发展过程中出现的。弗洛连斯基、布尔加科夫、洛谢夫均熟知阿克萨科夫、波捷布尼亚及其继承者的哲学语言学著作，这使得三位学者不仅能够从自身位置和哲学思想一般发展的高度来评价他们，而且也让三位学者能够意识到哲学思想继续发展的要求，而这受制于国内的另外一种历史文化情境。因为，三位学者的语言哲学理论属于万物归一统哲学①（философия всеединства）的语言学分支，大一统范畴（всеединство）是理解他们世界观的基础。名称哲学承认语言成分的中心地位，将名称和词解释成一切的普遍基础，并试图以大一统范式为基础来描写语言。大一统的语言成分的价值取决于名称和词渗透进一切之中这一事实，而名称和词的原型就是渗入万物并涵盖所有名称的上帝之名（Имя Божие）。同时，名称哲学试图运用赞名派运动的宗教经验来阐释语言，语言在"上帝、世界、人"这一最宽泛的存在和概念语境中得以研究。名称哲学宣告主体与客体、现象与本质、意识与存在统一的可能性和必要性。语言是这样一种类型的存在，对于它来说，本体论和人格论的综合从内在来讲是非偶然性的。在哲学家们的论述中，名称是人类思想同事物存在的内在思想交汇之所。包括自然的世间万物都有意义，因此自然哲学和精神哲学在作为意义自我发现学说的名称哲学中得以综合。弗洛连斯基、布尔加科夫、洛谢夫三位学者都强调名称的能量意义，强调名词是一种特殊的词，强调名称的动物性及与个体的密切联系。名称不是某种存在的客体，而是

---

　　①　俄罗斯哲学家索洛维约夫的万物归一统哲学的基本宗旨是建立一种既包括世界的理想模式又包括人的行为原则的完整的世界观。他的万物归一统哲学涉及的论题如下：经验论、唯理论和神秘主义的统一；精神本原和物质本原的统一；真、善、美的统一。根据索洛维约夫的观点，单独的经验论、唯理论和神秘主义都是片面的，真正的哲学应该是三者的综合；单独的精神本原、物质本原也都是片面的，София 一词才是灵与肉、心与物、精神本原与物质本原、观念的东西与物质的东西的完美结合；真、善、美三者通常是分别作为哲学、伦理学和美学的研究对象而出现的，实际上，三者具有相辅相成的内在联系，是统一的不可分割的整体。（陈杨、郑润权，2006：449）在万物归一统哲学的语境中，语言变成了综合哲学、神学和科学的手段。语言不仅能表达人的理智活动的结果，也能表达他的体验和其他心理状态的能力使之成为表达关于世界和上帝的完整知识的万能手段。（Безлепкин，2001：317）

思考着的个体，它积极表达自己，有意识有意图地称谓事物和现象。① 在三位学者的著作中得到深入论述的问题中，有关词的本体论本质的论述显得尤为突出。其意义在于，语言学说被奠定了牢固的形而上学基础，而语言哲学成为了俄罗斯哲学传统不可分割的组成部分。在俄罗斯哲学家的阐述中，语言变成了其表现背后的实质能为人所理解的一种现实，名称成为了对事物和现象实体进行思维操作的工具。在名称哲学中，真理概念大大地扩展了自身的框架，它除了认识论内容之外，还获得了指向公正的存在方式的价值论意义。②

弗洛连斯基、布尔加科夫、洛谢夫三位学者的名称哲学将欧洲和俄罗斯的语言哲学成就联合起来，并用职业语言加以表达。随着时间的流逝，名称哲学的意义不仅没有减弱，而且得以加强，成为俄罗斯哲学乃至欧洲哲学的财富，是俄罗斯哲学创新性和独特性特征的又一证明。语言哲学的随后发展主要与对功能语法问题的兴趣有关。这一过程发生的背景是 20 世纪初俄罗斯哲学的新发展，其特点是偏离本体论和认识论，并沿着几个方向得以实现。第一个方向是现象学探索，这种探索由新康德主义和俄罗斯宗教哲学思想所引发，在名称哲学的框架内进行，如施佩特（Г.Г. Шпет，1879—1937）、洛谢夫；第二个方向是别尔嘉耶夫的人类学研究；第三个方向是博格丹诺夫（А.А.Богданов，1873—1928）的唯科学主义方向。拒绝对语言问题进行形而上学分析造成了语言哲学的研究对象向研究语言的功能转变，这在苏联和后苏联时期语言学说的发展中得到了体现。③

以上我们就俄罗斯经典语言哲学的产生和发展做了一个简要的回顾。应该指出的是，我们很难确定具体哪一个俄罗斯语言哲学家的观点对阿鲁久诺娃和课题组的研究产生了直接的影响，但我们能看到的是，富有俄罗斯特色的语言哲学思想，尤其是宗教语言哲学思想在课题组的论文集中频繁出现，很多直接出现在标题中。如洛谢夫的名字本身就多次出现在学者们论文的标题中：波斯塔洛娃（В.И.Посталова）的《作为文化关键词的

---

① Безлепкин Н.И.，*Философия языка в России：К истории русской лингвофилософии*，СПб.：Искусство-СПБ，2001，с.373.

② Там же，с.386.

③ Там же，с.373.

судьба 及洛谢夫对它的诠释《世界观类型的一个片段》①、《洛谢夫宗教哲学中的上帝、天使世界、人》②、《洛谢夫语言哲学中的"名"与"数"》③ 和拉法耶娃（A. B. Рафаева）的《洛谢夫创作中的有限和无限》④ 等。

①　Посталова В.И., "Судьба как ключевое слово культуры и его толкование А.Ф.Лосевым (фрагмент типологии миропониманий)", *Логический анализ языка : Понятие судьбы в контексте разных культур*, М.: Наука, 1994, с.207−214.

②　Посталова В.И., "Бог, ангельский мир, человек в религиозной философии А.Ф.Лосева", *Логический анализ языка : Образ человека в культуре и языке*, М.: Индрик, 1999, с.407−418.

③　Постовалова В.И., "Имя и число в философии языка А.Ф.Лосева", *Логический анализ языка : Квантификативный аспект языка*, М.: Индрик, 2005, с.66−92.

④　Рафаева А.В., "Конечное и бесконечное в творчестве А.Ф.Лосева", *Логический анализ языка : Семантика начала и конца*, М.: Индрик, 2002, с.633−638.

第三章

关于"语言的逻辑分析"课题组

第一节　课题组的成立

20世纪60—80年代，语言学研究呈现出多种方向并存的局面，这种理论思维的多方向性在很大程度上源于语言学与包括人文科学和非人文科学在内的相邻知识领域的相互影响，这些领域有：语文学（文学篇章分析）、心理学（特别是认知方向）、人类学、认识论、符号学（符号系统学说）、各种计算机活动领域、数学、传统逻辑、数理逻辑等。学界形成了多种多样的语言形式分析方法：结构分析和数学分析方法、描写语言学和生成语言学、从意义到文本的语言描写模式和从文本到意义的语言描写模式、分布分析和成分分析方法、功能语法、对语言的语用和交际态度的分析等。理论语言学离不开形式分析程序的研发，因为后者对于文本自动分析这样的实用目标来说是必要的，并且也在稍后对语言的计算机操作中得以运用。此外，语言的理论在很大程度上受制于这些程序。

随着语言研究范围继续扩大，不关注人的本质的结构主义态度渐渐失去了主导地位，语言学的第二次人文化浪潮得以出现。人的精神内容和实践活动在语言中的反映成为了语言学的兴趣焦点，这不仅仅局限于心智领域，还包括人的整个内部形象——情感状态、行为举止的伦理原则、对世界的感性和美学感知。同时，重点也放在了语言发挥功能的语用方面，首先是话语的交际目标。而参与话语形成的有各种不同质的因素，包括思维范畴、关于说话人和听话人世界的共有知识和观念、个人和社会的价值系统、"生活逻辑"与实用推理逻辑、有意识或无意识地在说话人内心世界起作用的心理机制、表述所示的语言外现实、直接交际情境、表述的显性

或隐性目标（言外之力）等。① 语言学家对这一系列问题的关注表明语言
学的兴趣范围正在实质性地扩大，语言学提出了不再脱离生活，而是通过
深入其中进行语言研究的任务。而达到该目标就要求跳出形式主义的方
法，与哲学、心理学、社会学和人类学等人文知识领域建立更为密切的联
系。自然语言的逻辑分析在这种新的语境下也扩展了自己的框架，将语用
学范畴纳入自己的视野。类似的扩展也涉及语义装置，该语义装置目前不
仅用于分析某种语言具体词汇的意义，也用于分析分散在不同词和词组中
的概念。简而言之，语言分析更加渗透到生活中，речевой акт 取代了
высказывание，дискурс 取代了 текст。为了说明生活本身的重要性，阿鲁
久诺娃援引阿廖沙·卡拉马佐夫（Алеша Карамазов）从寺院还俗时对喜
爱哲学推理同时也热爱生活的哥哥伊万的一席话："我认为，所有的人应
该首先热爱世上的生活……先于，一定先于逻辑，那时只有我理解意
思。"② 阿鲁久诺娃认为，"语言的逻辑分析"课题组就像上述兄弟俩一
样，逐渐开始喜欢语言生活更甚于组织它的思维逻辑。但逻辑—语言学问
题也从来没有跳出课题组的兴趣范围，课题组的工作常常吸引并正在持续
吸引逻辑学家和哲学家的加入。

　　在这种情况下，1986 年年初，俄罗斯科学院语言研究所所长斯捷潘
诺夫（Ю.С.Степанов，1930—2012）建议语文学博士、科学院通讯院士
阿鲁久诺娃在研究所里开辟一个新的研究方向。这样，在阿鲁久诺娃的倡
导下，人员组成非常自由的"语言的逻辑分析"课题组③随之产生。摆在
课题组面前的首先是研究方向的选择问题，而这种选择最终导向了语言描

---

　　① Арутюнова Н.Д，"О работе группы «Логический анализ языка» Института языкознания
РАН"，*Логический анализ языка. Избранное. 1988—1995*（Под ред. Н.Д. Арутюновой и Н.Ф. Спи-
ридоновой），М.：Индрик，2003，c.9.

　　② Там же.

　　③ 该课题组每月的最后一个星期五举行一次讨论会，每年的五六月份举行一次学术研讨
会，并出版会议报告、材料和论文，至今已出版 20 多部论文集。参与学术研讨会的学者主要来
自俄罗斯、乌克兰和白俄罗斯的各个地区，还包括法国、瑞士、加拿大、澳大利亚、德国、波
兰、美国、奥地利、意大利、瑞典和丹麦的一些学者。经常性地参与该课题组学术活动的是众多
俄罗斯当代知名语言学家，如斯捷潘诺夫、加克（В.Г.Гак）、帕杜切娃（Е.В.Падучева）、扎利
兹尼亚克（Анна А.Зализняк）、库布里亚科娃（Е.С.Кубрякова）、科博泽娃（И.М.Кобозева）、
布雷金娜（Т.В.Булыгина，1929—2000）、什梅廖夫（А.Д.Шмелев）、扬科（Т.Е.Янко）、里亚布
采娃（Н.К.Рябцева）、沙图诺夫斯基（И.Б.Шатуновский）、雅科夫列娃（Е.С.Яковлева）等。

写的逻辑态度，这是因为，作为单个语言和多种语言基础的是统一的、固定的人类思维系统，而不管语言的类型、结构和语音面貌是如何多样化，要接近这一系统只能借助于分析自然语言。

　　课题组对待语言研究的逻辑态度与英美分析哲学家以逻辑作为哲学研究的起点①是一脉相承的。如早期的维特根斯坦认为哲学的任务就是研究语言的逻辑，即对语言和概念的应用进行逻辑分析，符合逻辑规则的表达式或命题才是有意义的，否则应排除于哲学之外。逻辑实证主义者继承了罗素和早期维特根斯坦关于逻辑分析的观点，强调逻辑是哲学的本质，认为哲学不是知识的体系，而是一个从事语言的逻辑分析的活动体系。

第二节　语言学研究中的逻辑观念

　　语言学与逻辑的联系是本初性的。由斯多噶学者②引入的"逻辑"术语本身表示的是思想的言语表达（logos）。对于大多数希腊思想家而言，一个基本原则就是在表现理性方面信任语言和在认知物理世界方面信任理性。如同名称表达其所指事物的本质一样（实在论者在同唯名论者的争辩中所持的论点），言语的结构反映思想的结构。因此，判断的理论是建立在能够表达真理的句子的特征基础之上的。这样就不难理解，希腊学者针对语言运用的早期术语具有综合性的逻辑—语言学含义。言语、思想、判断、句子都用术语"逻各斯"来表示；希腊语 onoma 既表示作为词类的名词，又表示判断的主体（句子的主语），rhema 既表示作为词类的动词，又表示判断的谓词（句子的谓语）。言语单位的逻辑、句法和形式—形态方面被看作一个整体，该整体以形式直接受制于逻辑功能为前提。学

---

　　① 关于哲学研究的起点问题，传统多以形而上学为先，而笛卡儿及之后的时代多以认识论为先，而在英美分析哲学家看来，哲学应以逻辑为先。弗雷格首先提出应以逻辑作为哲学研究的起点，他认为，不掌握逻辑这个必不可少的工具，就不可能在其他方面取得进展。作为逻辑分析这一方法的主要创立者，罗素提出了"逻辑是哲学的本质"这一著名论断，并将"逻辑形式"作为逻辑分析的核心概念，包含狭义的逻辑形式和广义的逻辑形式两种理解。其中狭义的逻辑形式是指不同内容的命题具有的共同形式，这种共同形式与内容无关，而广义的逻辑形式是对命题的句法和词汇进行逻辑分析后所得出的形式，此时，逻辑分析的对象不仅仅限于命题和句法，而且包括词汇。

　　② 与斯多噶学者不同，亚里士多德针对思维规律用的是术语"解释篇"（аналитика）。

者们的注意力也集中在逻辑和语言（形式和内容）范畴相互符合和协调的场合，分析的中心是与逻辑相关的单位，首先是与真值和情态相联系的"句子—判断"。对理解为能指、所指和事物之匹配的言语的功能态度也由此得以确立。① 对于公元前 5 至公元前 1 世纪希腊哲学家的观点，中世纪西欧经院主义科学构想（逻辑学和语法学），作为 17—19 世纪上半叶普遍语法基础的语言理论，19 世纪末到 20 世纪逻辑学、哲学和语言学中的一系列学派和流派（分析哲学、语言哲学、哲学逻辑、自然语言的逻辑分析）来说，对待语言采取逻辑态度都是非常典型的。②

　　5—14 世纪的经院科学继承了希腊传统，同样没有割裂逻辑和语法间的联系。语法的逻辑化在阿伯拉尔③（P.Abelard，1079—1142）时代得到了加强，此时亚里士多德的遗产重新被发现，特别是他的逻辑著述汇编变得通俗易懂。经院哲学家们的研究中逻辑与语法的亲近关系源于缺乏专门的逻辑符号，因而逻辑学原理是用自然语言的材料加以证明的。逻辑学和语言学的统一也促进了哲学语法的形成。在中世纪的逻辑语法论著中得到原创性发展的概念有：范畴词汇（категорематические слова）和范畴伴随词汇（синкатегорематические слова）的区分；假设概念（суппозиция）；句子意义（диктум）。

　　而在理性主义哲学学说占据统治地位的时代（17—19 世纪上半叶），建立在确信言语与思维的自然逻辑绝对相符观念基础之上的普遍语法思想得以复兴。久马尔谢（С.Ш.Дюмарсе）认为："世界上的所有语言中只存在一种借助词来形成意思的方式。"④ 在以波尔—罗瓦雅尔语法为代表的普遍语法看来，语言的范畴与理智的一些操作相符合，如理智表征、判断和推理的能力。语法的划分有时也获得了认识论的解释。如阿克萨科夫将语法划分成三个部分：第一部分是名称，反映对事物、对静态中的存在的

---

① Ярцева В.Н.，*Большой энциклопедический словарь.Языкознание*，М.：Большая Российская энциклопедия，1998，с.273-274.

② Там же，с.273.

③ 法兰西哲学家、神学家和诗人。在有关共相本质的辩论中发展了后来被称为概念论的学说，深入探讨了烦琐哲学辩证法（《是与否》文集），其唯理论倾向性引起了正统教会人士的反对，其学说遭到了 1121 年和 1140 年的公会议的谴责。

④ Ярцева В.Н.，*Большой энциклопедический словарь.Языкознание*，М.：Большая Российская энциклопедия，1998，с.274.

意识；第二部分是动词，反映对行为、对运动中的存在的意识；第三部分是言语（即句法），反映对处于整体中的生活的意识。逻辑学思想在阐释句法范畴过程中具有最为显著的影响。如达维多夫（И.И.Давыдов）认为，句法"研究的或者是概念的逻辑关系及其表达，或者是思想的逻辑关系及其表达"[①]。词类的定义中强调的也不是形式特征，而是其行使某种句法功能的能力，如雅科布（Л.Г.Якоб）将名词定义为主语词，而完成述谓功能的词被单独划为一类，这种词类观在现代语法中仍清晰可辨。

　　与此同时，在19世纪逻辑方向的框架内学者们也意识到了逻辑范畴与语法范畴不相重合的可能性，这使得按照逻辑模式来描写具体语言并不一定适当。如布斯拉耶夫[②]就不同意将系词划作句子结构的必需成分，并将在判断中没有对应物的补语和状语引入句法分析中。而对语法的逻辑基础进行彻底的重新考察，则始于19世纪下半叶心理学派的研究。对语法逻辑基础的批评促使学者们将纯语言范畴和逻辑范畴细致地区分开来，这同时也发展了将形态学置于第一位的形式语法分析技术。人们对整体的、完整的言语单位（句子、圆周句）的兴趣被对最小语言单位（形位、区分特征、义素）的关注所取代。逻辑原则和分析方法让位于心理的、形式语法的和结构的原则和方法。[③]

　　19世纪末20世纪初，一系列逻辑哲学学派（主要是新实证主义[④]和经验主义）开始研究自然语言的逻辑方面。分析哲学的代表人物弗雷格、罗素、维特根斯坦、卡尔纳普、赖欣巴赫等为了确定真值的界限，试图对

---

①　Ярцева В.Н., *Большой энциклопедический словарь. Языкознание*, М.：Большая Российская энциклопедия，1998，c.274.

②　布斯拉耶夫证实了语言研究中比较原则、历史原则和哲学原则的相互联系，认为哲学方法的目标在于总结借助比较研究和历史研究得出的零散语言事实并阐明它们所体现出来的理念，认为语言哲学的任务是揭示语言的固有本质和词源与句法间存在的联系，明确词类划分以及系统研究句法。（Безлепкин，2001：41）

③　Ярцева В.Н., *Большой энциклопедический словарь. Языкознание*, М.：Большая Российская энциклопедия，1998，c.274-275.

④　新实证主义者的理想是创建能够"直达现实"（胡塞尔语）的逻辑上完善的语言。在对形而上学进行语言学批判的过程中，新实证主义者主张对自然语言进行特别的概念分析，这已成为现代语言学思考的中心方向之一。（引自俄罗斯网上百科"кругосвет"的"Язык и философия"词条，网址为 http：//www.krugosvet.ru/articles/76/1007619/1007619a1.htm。）

科学语言进行逻辑分析。出于对作为表达思想和知识方式的语言的不信任，为了揭示句子真正的逻辑结构，该派代表人物转而研究普适性的记录符号，即人工的逻辑语言，运用这些人工逻辑语言的确能够发现自然语言中许多句子的歧义。分析哲学研究了一系列逻辑语义问题，其中的基本概念是涵指（сигнификат）和类指（денотат）。但由于其研究的首先是科学语言，分析哲学并没有将交际的语用条件和与之相联系的主体因素纳入研究视野。20世纪40年代末，以维特根斯坦为代表的该流派的代表人物指出了将句子的功能局限于确认判断的真值这一理论的缺陷，从而走向了日常语言的逻辑分析。

　　基于对上述发展脉络的把握，阿鲁久诺娃将语言研究中逻辑流派的典型特征归为以下八个方面：（1）讨论认识论问题；（2）把握语言有损于其民族特点的普适性特征的研究趋势；（3）制定不依赖于现实语言形式的分析语言的统一原则（所有语言共同的句子结构、词类系统表征）；（4）较之历时分析而言，偏好于共时分析，相应的，较之历史语法和历史—比较语法，更偏好于描写语法；（5）主要研究句法（句子理论）和语义；（6）在对待划分、确定和系统化语言范畴的问题上，功能（内容）态度占主导；（7）根据同逻辑普遍范畴的关系来确定语法范畴：词和概念、词类和它的逻辑功能、句子和判断、复合句和推理；（8）允许句子中出现能够通过其逻辑模式外推出来的潜藏（隐含）成分。[①]

　　由此可见，说逻辑思想的源泉正是语言分析就不是偶然的了，基于此，作为该项课题组织者的阿鲁久诺娃认为，关注语言的逻辑基础应该有助于克服或减少在对待语言及接近语言本质的态度上的方法论和概念偏差。[②]但与此同时，逻辑分析作为一种语言研究倾向，也承受着来自形式语法、心理学、类型学等各个学科方面的批评和反驳，阿鲁久诺娃将其归为下述八个方面：（1）远不是所有的逻辑范畴都具有语言对应物（语言中没有体现对于逻辑学来说至关重要的属种关系、真值陈述和虚假陈述的区别等）；（2）并不是语言的所有形式都具有逻辑内容（并不是所有的句

　　① Ярцева В.Н., *Большой энциклопедический словарь. Языкознание*, М.: Большая Российская энциклопедия, 1998, с.273.

　　② Арутюнова Н. Д., "О работе группы «Логический анализ языка» Института языкознания РАН", *Логический анализ языка. Избранное. 1988- 1995*（Под ред. Н.Д.Арутюновой и Н.Ф.Спиридоновой），М.: Индрик, 2003, с.8.

子都表示判断）；（3）句子逻辑成分和语法成分的数量并不吻合，因此句子的逻辑主语和语法主语是不同的（逻辑上句子划分为主体和述谓，而语法则在主语组合中划分出了定语，而在谓语组合中划分出了补语和状语）；（4）句子成分的逻辑和语法特征不仅可能不一致，而且可能正好相反：谓语可能获得逻辑主体的功能，而主语则可能获得逻辑述谓的功能；（5）将逻辑定义应用于语法范畴并不正确（如"用词表达的判断就是句子"之类的定义）；（6）用统一的逻辑模式来分析句子掩盖了不同语言间的类型学区别和具体语言的个性化特征，因而并不能描写现实中形形色色的句法结构（特别是非印欧语中）；（7）逻辑描写不能阐明言语的心理（情感的、评价的、意志的）和交际方面；（8）逻辑不能给出语言形式可靠的分类原则。①

　　面对这些批评，逻辑哲学流派不断地在补充研究课题、分析方法、概念系统及元语言，这体现在我们在第一编第三章第一节谈到过的 20世纪 60—80 年代理论语言学的发展过程中。与此相应，在语言学中确立了两种逻辑分析的方向，其一是对自然语言进行纯逻辑分析，其二是研究语言运用、交际的逻辑方面。后者与社会语言学、心理语言学接近，并事实上与向语言学问题方向演变的日常语言哲学联合起来。② 这两种方向分别典型地表现为英美分析哲学领域的两种研究倾向，即逻辑分析和概念分析。

第三节　研究转向：逻辑分析→概念分析

　　英美分析哲学的研究方法本身大致可以划分为两种类型：一种是人工语言的分析方法；另一种是日常语言的分析方法，两种方法分别开创于弗雷格和摩尔。③ 两种方法分别主要表现为逻辑分析方法和概念分析方法。这两种分析方法直接与课题组两个阶段的研究趋向相呼应。

---

① Ярцева В.Н., *Большой энциклопедический словарь. Языкознание*, М.：Большая Российская энциклопедия，1998，c.274.

② Там же，c.275.

③ 张庆熊、周林东、徐英瑾：《二十世纪英美哲学》，人民出版社 2005 年版，第 5 页。

1.逻辑分析

"语言的逻辑分析"这一课题组的名称本身体现的是语言哲学问题研究的逻辑优先观念。逻辑分析是英美语言哲学家所普遍主张的一种语言分析方法,本身是指以数理逻辑为手段,采用分析的方法,着重从形式或结构方面分析科学语言和日常语言中的语句或命题的结构,以求澄清哲学混乱,因而又称为形式分析。① 语言哲学所使用的逻辑分析方法是用零碎的、详尽的和可证实的结果去取代无法用经验检验的、依靠想象的概括,因此它带给哲学的进步类似于伽利略(G.Galilei,1564—1642)带给物理学的进步。② 经典俄罗斯语言哲学的奠基人莱蒙诺索夫也赋予了语法与逻辑间的联系以特殊的意义,认为后者是所有学科语法的始祖,它使人们能够获得足够高雅、精选的言辞来表达自己的思想。在阿克萨科夫看来,莱蒙诺索夫通过对俄语进行逻辑分析,揭示其一般规则,使语言摆脱了民族性的定义,使之提升到普遍的领域,从而有助于最终结束"该词的模糊状态"。但遗憾的是,逻辑主义和唯理主义作为莱蒙诺索夫语法,特别是其句法学说的方法论基础,没有帮助他解决有关句子结构的问题,没能确定句子的类型及其组成,以及阐明句中的词间关系等。③

罗素等学者偏重于逻辑分析的方法,是与他们追求知识的精确性、对日常语言的批判以及试图建立形式语言的努力相关联的。这种逻辑分析方法对阿鲁久诺娃产生了直接的影响。阿鲁久诺娃正是从弗雷格、罗素、维特根斯坦、丘齐(A. Church,1903—1995)、阿伊杜凯维奇(K. Ajdukiewicz,1890—1963)、刘易斯(D.K.Lewis,1941—2001)、卡茨内尔松(С.Д.Кацнельсон)、万德勒(Z.Vendler)④ 等逻辑学家对命题问题的关注和研究出发来探讨句子意义的。在1976年出版的《句子及其意思:

① 涂纪亮:《现代西方语言哲学比较研究》,中国社会科学出版社1996年版,第23页。

② 王健平:《语言哲学》,中共中央党校出版社2003年版,第40页。

③ Безлепкин Н.И., *Философия языка в России : К истории русской лингвофилософии*, СПб. : Искусство-СПБ, 2001, с.22.

④ 阿鲁久诺娃将美国逻辑学家万德勒关于称名化的观点移植到俄语中,把从具有句子形式命题到非句子形式命题的转换称为称名化,称名化又分为完全称名化(полная номинализация)和不完全称名化(неполная номинализация)。(Арутюнова,1976:63—66)

逻辑语义问题》一书中，阿鲁久诺娃以人类思维操作单位①间的关系本质以及这种关系的方向性这两个方面的特征为依据，分别阐述了句子的逻辑—语义结构与名词指称和语句的交际前景之间的联系，以此为基础，针对俄语划分出了四种逻辑—语法关系：存在关系、证同关系（同一关系）、称名关系（命名关系）和特征关系（述谓关系）。其中存在关系和特征关系联系的都是概念（特征）与事物（客体），方向相逆；称名关系和证同关系联系的都是客体及其名称，方向也相逆。相应的，俄语最为本质的逻辑句法结构有四种类型：存在句、证同句、命名句、特征句。同时，与逻辑学家对命题的认识经历三个主要阶段②的发展趋势相应，阿鲁久诺娃在考察了句子的意义类型之后将注意力重新转向句子的命题态度（пропозициональное отношение）和命题意向（пропозициональная ус-тановка），进而走向逻辑—语用问题研究，这也成为了"语言的逻辑分析"课题组成立初期（1986—1989）的主要研究特色。其中首先受到关注的是 знать（知道）、видеть（看见）、слышать（听到）、считать（认为）、полагать（以为）、верить（相信）、веровать（坚信）、думать（认为）等影响话语真值的心智和感知动词同命题之间的关系问题，如：Я думаю（верю，полагаю，знаю，сомневаюсь），что ты говоришь правду（我认为<相信、以为、知道、怀疑>，你说的是实话）。

　　关于语言研究范围向将情感状态、伦理原则、对世界的感觉和美学认知过程等因素集于一身的人扩展的这种倾向，阿鲁久诺娃将其概括为语言学的第二次人文化。她认为，语言的多功能性往往表现为矛盾性。其中，最大的矛盾一方面取决于语言和思维结构的联系，另一方面取决于语言和生活情境的联系。前者表现在判断（命题）的形成过程中，后者体现在统辖命题的命题意向和交际目标的形成过程中。语言总是在思维的有序性和人意向状态和生活状态的无序性中获得平衡。说话者不得不经常控制自

---

　　① 这些单位包括对象（предмет）、概念（понятие）、名称（имя）、类指（денотат）、涵指（сигнификат）、能指（означающее）等，这些单位都能成为描写众多逻辑关系的专门术语。

　　② 在这三个阶段中，学者们对命题的主要认识分别是：第一阶段认为命题与作为思维确定形式的判断同一，由模态（модус）和陈说（диктум）两部分构成；第二阶段认为命题只是思想的客观化内容，与主观情态性无关，直接与所表示的事态相联系，其唯一的任务是复现现实的板块，命题同真值的联系更受关注；第三阶段认为命题是任何句子能与任一交际目的情态（即表达言语行为针对性的动词）相结合的语义结构。（Арутюнова，1976：34）

己的语流，并随着思维的发展和交际情境的变化即时改变它的方向。而为了减轻工作负担，语言制定了一些确定的规约和策略，它们帮助说话人一方面将语句引入语用框架，另一方面协调语句内部各组成成分间（即表达判断与现实关系的模态和陈说本身）的关系。因此，与说话人的逻辑—语用取向密切相关的命题意向问题的重要性凸显出来。而研究作为行为的日常言语时，语言哲学的兴趣也正在于言语的动态方面：命题态度（意向）、命题态度与命题的相互作用、交际的情境条件和目的。语言哲学的研究兴趣因而转向了语用学领域，该方向探索的主要成果是：奥斯汀和塞尔的言语行为理论；厄姆森（J.O.Urmson，1915—2012）的语用预设理论，表现为揭示交际规则（规约、公设、准则）的格赖斯（H.P.Grice，1913—1988）的合作原则和利奇的礼貌原则等；格赖斯的言语蕴涵概念（非严格蕴涵，允许在知道交际规约的基础上确定话语受语境制约的含义）。这些观念和概念被现代的语用学、社会语言学和修辞学所理解和接受。[1]

　　命题意向表达说话人（意向主体）对判断的真值的态度，这一主题涵盖了许多问题，这其中包括：按照范畴对意图进行分类，如可分为心智性的、感知性的（或统觉性的）、意志性的、规定性的等；意向与不同类型的命题的相互作用；在传达别人的言语时，说话人的意见与意向主体的意见之间的关系；否定的作用域和否定提升[2]问题；被支配命题中疑问代词的引入问题（Я знаю, кто пришел.<我知道谁来了。>/Я думаю, кто пришел.<我认为有人来了。>）；被支配命题的时、体、情态和话语的倒序问题（Известно, что Петр уехал.<大家都知道，彼得走了。>/То, что Петр уехал, известно.<彼得走了这件事大家都知道。>）；交际焦点从命题向命题意向动词的转移过程及其逆向过程问题等，这方面的研究以阿鲁久诺娃、布雷金娜、德米特罗夫斯卡娅（М.А.Дмитровская）、扎利兹尼亚克、帕杜切娃等学者们的研究为代表；知性心智谓词与信念心智谓词之间的关系，如谢列兹尼奥夫（М.Г.Селезнев）和什梅廖夫的相关研

---

　　① Ярцева В.Н., *Большой энциклопедический словарь. Языкознание*, М.: Большая Российская энциклопедия, 1998, с.269-270.

　　② 指这样的句法转换现象：Я думаю, что он не приехал.（我认为他没来。）→Я не думаю, что он приехал.（我不认为他来了。）

究。这一时期课题组的研究紧紧把握逻辑分析这一主线，共出版了七部论文集①。

2.概念分析

正如阿鲁久诺娃明确指出的那样，20 世纪最后十年的语言学思想已经不再局限于关注语言的逻辑—语用层面，它开始转向概念分析层面，首先被分析的是文化概念。而发生这种转变的原因在于，课题组对相关逻辑—语用问题的研究无法解释与民族文化、民族心理等相关的语言现象，尤其是与词和概念的多样性和深层含义相关的现象，不对概念和词义进行深入的分析而仅凭逻辑—语用规则已经无法阐释语言的实际运用现状了。这种概念分析方法由弗雷格、维特根斯坦、海德格尔、伽达默尔、布贝尔②（M.Buber，1878—1965）等学者开始使用，在俄罗斯国内进行概念分析的学者有别尔嘉耶夫、费多托夫、弗洛连斯基、斯捷蓬、洛谢夫等。

概念分析是英美分析哲学家所普遍采用的一种语言分析方法，指的是着重从词义方面对哲学的词汇或概念进行分析，发现它们之间的细微区别，从而准确地使用它们，以澄清或排除哲学混乱。事实上，苏格拉底开创的对语词基本语义的质疑态度就已经成为西方哲学史和符号学思想史的根本动力之一，如在《拉希斯篇》中有关 "勇敢" 和 "德性" 的著名辩难即导致对一般概念意义问题的讨论，在《攸提福隆篇》中的 "虔诚" 概念的讨论导致对作为一般本质的语义问题的讨论。这类对道德和行为领域中基本概念的辨析最终成为基本哲学问题领域，并开启了涉及证明论的亚里士多德逻辑学方向。③ 亚里士多德本人也在他的理论中非常注意辨析语词（概念）的意义，同时他对于语言本身也有许多精辟的论述。④ 从现

---

① 它们是：*Пропозициональные предикаты в лингвистическом и логическом аспекте. Тезисы докладов конференции*（M.：Наука，1987）；*Прагматика и проблемы интенсиональности*（M.：Наука，1988）；*Референция и проблемы текстообразования*（M.：Наука，1988）；*Логический анализ языка. Знание и мнение*（M.：Наука，1988）；*Логический анализ языка. Проблемы интенсиональных и прагматических контекстов*（M.：Наука，1989）；*Логический анализ языка. Противоречивость и аномальность текста*（M.：Наука，1990）；*Тождество и подобие，сравнение и идентификация*（M.：Наука，1990）。

② 犹太宗教哲学家和作家，接近辩证神学和存在主义，其哲学的中心思想为生存就是 "对话"，即神与人、人与世界之间的对话。

③ 李幼蒸：《理论符号学导论》，社会科学文献出版社 1999 年版，第 55 页。

④ 王健平：《语言哲学》，中共中央党校出版社 2003 年版，第 44 页。

代语言哲学的角度来看，摩尔、后期维特根斯坦以及日常语言学派是概念分析的主要倡导者，其中以奥斯汀所作的分析最为细致，又称词义分析方法。① 摩尔是概念分析方法的创始人，他认为哲学混乱的产生往往是由于哲学家对哲学的概念和命题的意义缺乏明确清晰的认识，因此哲学研究必须从分析哲学的概念或命题②着手。后期维特根斯坦也主张概念分析，但他反对逻辑分析，因为他认为哲学是一种"纯粹描述的活动"，哲学的任务只是把每件事原原本本地展现在我们面前，而不应该提出任何理论，没有进行解释或逻辑推演的必要。在此基础上，维特根斯坦认为哲学描述的对象是日常语言的用法，哲学并不给人提供新的知识，而是通过对语言的日常用法进行仔细描述来增加语言的明晰性，消除语言混乱的根源。如果说逻辑分析方法的推崇者主张把哲学的任务归结为逻辑分析，把哲学家变成从事逻辑分析的技术家，那么后期维特根斯坦则把哲学的任务归为描述，把哲学家变成语言分析或概念分析的哲学家。③

日常语言学派继承了摩尔和后期维特根斯坦的观点，认为日常语言本身是完美的，日常语言的语词或概念之间存在许多细微的区别，因而能够完成多种多样的功能，可以充分满足使用者的不同需要。关键问题在于要认真分析语词或概念之间的种种细微区别，因此他们往往在一篇文章中着重分析两三个人们一般认为是同义的词的区别，力图证明这些词之间存在很大差别。④ 在日常语言学派学者看来，哲学的任务就是阐明某些与认识有关的语词的逻辑语法，搜集有关这些语词的作用的提示，描述这些语词所能完成的不同功能，以及在其中完成这些功能的条件。他们认为日常语言中包含的任何细微区别都是不能忽视的，忽视这些区别必然会造成混乱，导致错误的结论，因此，他们认为对日常语言的分析即使不是哲学研究的全部目的，至少也是哲学研究的起点。⑤ 基于这种认识，日常语言学派重视对语词的意义作十分细致、系统的分析（如赖尔和奥斯汀两人分别对"to see""to know"这两个与认识有关的词汇所作的分析），试图以

---

① 涂纪亮：《现代西方语言哲学比较研究》，中国社会科学出版社 1996 年版，第 24 页。

② 摩尔强调分析的对象必须是概念或命题，而不是词或语句，因为他认为词和概念、命题和语句是截然不同的。

③ 涂纪亮：《现代西方语言哲学比较研究》，中国社会科学出版社 1996 年版，第 33 页。

④ 同上。

⑤ 同上书，第 34 页。

此澄清人们在日常语言使用中的一些错误用法，弄清概念的精确含义。

第四节　课题组的概念分析

阿鲁久诺娃在为"环球"网上百科（www.krugosvet.ru）的"Логиче-ский анализ языка"（语言的逻辑分析）词条所作的解释中写道："语言的逻辑分析"课题组代表的是这样一种语言研究方向，即运用逻辑学和语言的概念分析的方法和范畴来研究处于与思维和知识的联系之中的语言。显然，逻辑分析与概念分析这两种英美语言哲学所广泛采用的研究方法在课题组的研究实践中得到了很好的结合：课题组从偏重形式的逻辑分析方法出发，结合语言使用中人的因素集中探讨逻辑——语用问题，随后转入侧重于内容的概念分析方法，旨在揭示最能体现民族世界观、价值观的核心概念的深层内涵。

正如科列索夫所强调的那样，俄罗斯经典语言哲学的主要内容也是深入概念的本质，正是概念的能量不断地恢复着词符的内容形式，并根据时代的要求改造文化范式，成为在其存在的时间和空间中民族等同性的主要特征[①]。正是在英美分析哲学概念分析思想和俄罗斯经典语言哲学的影响下，1990 年 5 月 28—30 日，课题组组织了一次专门针对文化概念（куль-турные концепты）问题的研讨会"概念分析：方法、结果和前景"。在大会和分会会议上学者们共做了 50 多个报告，会议分成 6 个主题分会：人的领域、社会领域、哲学概念、语言领域、历史方面、情感领域。在开幕致辞中，阿鲁久诺娃指出了 свобода（自由）、судьба（命运）、память（记忆）、справедливость（正义）、личность（个性）等精神文化词汇的语义特色。她强调，文化概念是个人性的，也是社会性的，既具有民族特点，又是全人类共通的，它们存在于不同类型意识的语境中——日常语境、宗教语境、艺术语境和科学语境。所有这些概念都与人的生活机制有着有机的联系，并以此形成自己独特的形象。

在这次会议上，众多知名学者都提出了自己的观点。斯捷潘诺夫的报告从逻辑学态度和副逻辑学（符号学）态度的角度分析了 причина（原

---

①　Колесов В.В., *Философия русского слова*, СПб.：ЮНА，2002，с.6.

因）—цель（目的）—целевая причина（有目的的原因）这一概念系
列，认为对使役关系看法的演变伴随着对其术语解释的变化。对原因的逻
辑学理解是沿着предмет（事物）—событие（事件）—факт（事实）的
线索发展的，最后一个发展阶段将причина（原因）置于依赖于具体语
言的概念系统的地位。布雷金娜和什梅廖夫在报告《долг（责任）与相
似概念》中把注意力放在了долг（责任）和обязанность（义务）的区别
上。两位学者认为，在素朴语言观中，долг是先验存在的具有独立意义
的价值，而обязанность是由社会规约决定的。博卡多罗娃（Н.Ю.Бока-
дорова）的报告主要谈的是公元8世纪和19世纪法国文化中的разум
（理性）、авторитет（权威）、вкус（品味）、гений（天才）、талант（才
干）等概念。博鲁霍夫（Б.Л.Борухов）的报告分析了зеркало（镜子）
在各种文化的历史中的变形现象，尤其是"镜子"隐喻的发展变化。尼
基京娜（С.Е.Никитина）在自己的报告中阐述了对"民族文化语词—概
念"的词库描写方法，她指出，类似的解释方法在民间篇章特别是反仪
式派的宗教问答式圣诗中也能遇到。雅科夫列娃指出，время（时间）和
пора（时候）概念分别与人类生活的线性发展和循环发展相适应；日丹
诺娃（Л.А.Жданова）和列夫津娜（О.Г.Ревзина）在报告中区分了文化
词汇милосердие（善心）的两种基本意义，即作为感情的милосердие和
作为由上述感情引发的行为或活动的милосердие；罗津娜（Р.И.Розина）
在《语言中人的形象》的报告中强调了человек（人）这一概念对于表征
一系列其他词汇的意义的基础性作用；沃罗比耶娃（О.П.Воробьева）、
А.Д.科舍廖夫（А.Д.Кошелев）分别对творчество（创造）和свобода
（自由）两个概念进行了阐释；里亚布采娃在题为《作为障碍的вопрос
（问题）》的报告中分析了вопрос（问题）这一概念的范畴属性及其结
构；阿利索娃（Т.Б.Алисова）区分出了含有意识形态意向的篇章的类型
特征；莫罗霍夫斯基（А.Н.Мороховский）把注意力集中在科学术语、
文化词汇和意识形态词汇间的区别上；沙图诺夫斯基比较分析了作为反映
句子内容"符合/不符合"思想和现实标志的правда（道理）、истина
（真理）、искренность（真诚）、правильность（正确性）、ложь（谎言）
等概念；格林采尔（Н.П.Гринцер）以海德格尔对希腊语语词 άλήθεια
（真理）词源的探讨及众多哲学家对这一概念的理解为基础分析了该词的
深层意义；德米特罗夫斯卡娅通过分析属于память（记忆）场的众多词

语的意义和用法，揭示出记忆与感知、意识、思维的联系；库布里亚科娃在比较概念分析和语义分析区别的基础上，通过描写和解释词语 память（记忆）的意义和用法进行了概念分析的尝试；图罗夫斯基（В.В.Туровский）通过分析 забыть（忘记）、вспомнить（记起）、помнить（记得）三个基本动词的语言表现，揭示了素朴世界图景中 память（记忆）的模式化特点；萨赫诺（С.Л.Сахно）考察的是 своё（自己的）/чужое（他人的）对立在语言中的表征方式；列温（Ю.И.Левин）分析了索洛维约夫（Вл.Соловьев）哲学中的万物归一统图式（схема всеединства）这一结构常量；普罗斯库林（С.Г.Проскурин）考察了古英语和盎格鲁—撒克逊文化中 "世界之树" 这一神话诗学主题；西列茨基（В.И.Силецкий）分析的是中世纪后期和文艺复兴时期的文化中表示七项极大罪过（семь смертных грехов）的术语系统；格沃兹杰茨卡娅（Н.Ю.Гвоздецкая）考察的是古日耳曼叙事诗语言中感情名词的意义特点；卡拉库茨卡娅（Е.Л. Калакуцкая）探讨了 18 世纪下半叶俄语语言和文化中 "уныние（沮丧）—меланхолия（忧郁）—задумчивость（沉思）—забвение（恍惚）" 这一词列所属各词的意义特点；佩尼科夫斯基（А.Б. Пеньковский）对俄语中的 радость（高兴）和 удовольствие（愉悦）这两个概念进行了系统的辨析；普伦吉扬（В.А.Плунгян）以非洲素朴世界图景为背景分别描述了与感觉定位和理解相关的两类词汇的意义和用法；罗马什科（С.А.Ромашко）探讨了 язык（语言）这一概念的结构及与之相关的语言学说的扩展潜力；帕杜切娃探讨了作为言语主体和思维主体的说话人问题；科博泽娃和劳费尔（Н.И.Лауфер）分析了俄语中以 должен（应该）、надо（应该）、следует（应该）为代表的三类表示 "应该" 语义的情态动词的意义和用法；约安涅相（Е.Р.Иоанесян）以法语为语料分析了含认识述谓的语句的证明方向问题；科博泽娃在素朴符号学的框架下分析了 смысл（含义）和 значение（意义）两词的区别和联系；扎利兹尼亚克比较分析了表示两种命题意向的 считать（认为）和 думать（认为）两个动词的用法；列别杰娃（Л.Б.Лебедева）对 слово（词<单数>）和 слова（词<复数>）两个词形的意义和用法进行了辨析。其中的 30 篇报告分 "哲学概念和语言"（6 篇）、"人的世界"（9 篇）、"文化术语"（15 篇）3 个栏目收录于 1991 年出版的论文集《语言的逻辑分析：文化概念》中。

文化是人类生活的"第二现实"（вторая реальность），而要研究文化，应该分析文化的元语言，这其中首先是一些关键性的术语，如"真理"和"创造"，"义务"和"命运"，"善"与"恶"，"法律"与"秩序"，"美"与"自由"。这些概念对于科学理论和日常思维来说都是通用的，因而对这些概念进行分析是语言学家、逻辑学家、哲学家的共同任务。阿鲁久诺娃强调，没有哪一部哲学著作中没有对这些概念的不同解释，各种体裁的文学作品中也不乏具有洞察力的阐释。反映世界观的一些概念既是个人的，也是社会的，既是民族特有的，也是全人类共有的，它们存在于日常的、文学的和科学的等不同意识类型的语境中。这使得这些概念成为文化学家、宗教历史学家、人类学家、哲学家和社会学家的研究对象。① 事实上，从 1990 年的研讨会开始，课题组就计划召开一系列的研讨会来讨论人的实用哲学的基本概念，认为这些概念是作为人与世界之中介的独特的文化层。

课题组认为，每一个概念都说着独特的语言，这种个体语言（частный язык）具有典型的句法、词汇（建立在形象和类推基础上）、成语、修辞和定式以及自身的所指域。这种语言打开了通往相应概念的通道。哲学家在阐释概念时大量采用描写这些个体语言的材料，但语言学家则较少涉及，而语言学家事实上能够更为专业地推出描写的方法并确定方法的效能。透过分析围绕一些核心概念的个体语言，"语言的逻辑分析"课题组取得的一个显著成果在于初步确定了一些主要的世界观相关概念（мировоззренческие концепты）在其语言中实现的语义模式。

基于这些认识，课题组在随后的一系列概念分析实践中充分发挥了这一方法对于阐述语言世界图景的特点、民族语言的独特面貌、自然语言表达手段的丰富语义等问题的独特效能，为我们展示出概念分析在语言研究中的独特魅力。

---

① Арутюнова Н. Д., "От редактора", *Логический анализ языка. Культурные концепты*, М.：Наука，1991，с.3.

本编小结

对照我们对西方语言哲学、俄罗斯语言哲学及语言研究中逻辑流派的发展线索的梳理，我们可以看到，语言研究的逻辑倾向无论是在逻辑流派内部，还是在与哲学流派的外部关联上，都是与语言哲学的发展相互交叉、息息相关的。"语言的逻辑分析"课题组正是在这一学术背景下成立的。课题组本身名称的确定直接源于"逻辑分析"这一方法论名称，而课题组"逻辑分析→概念分析"的研究方向转变不仅与语言哲学本身的发展趋势相吻合，而且也折射出人文学科的整体发展方向。也正因如此，阿鲁久诺娃在给《大百科词典·语言学》中"语言哲学"（лингвистичес-кая философия）词条所作的解释中明确指出："语言哲学是将自己的基本任务确定为运用严密的方法对自然语言进行分析的哲学流派。这种分析首先是为了确定哲学上具有意义的一些概念（如 добро<善>、зло <恶>、долг<义务>、знание<认识>、значение<意义>等），依靠的是相应词汇在日常言语中的运用语境。分析的另一个目标则是揭示语言在日常交际条件下发挥功能的特殊逻辑（规则、规定、约定）。第一组问题通过概念分析来完成，第二组问题通过对言语行为进行逻辑分析来完成。"[1] 课题组最终将自己的研究定位于概念分析领域，体现的是以内容为导向、以形式为依托的"意思→文本"研究思路。这种重视考据和系统，注重宏观与微观、描写与阐释相结合的研究方法大大拓展了语言研究的疆域，深化了语言研究的内涵，从我们搜集到的课题组出版的近 20 部有关概念分析的论文集中我们就足以充分领略到这种研究的显著成效。

---

[1] Ярцева В. Н., *Большой энциклопедический словарь. Языкознание*, М.：Большая Российская энциклопедия，1998，c.269.

第二篇

概念分析：理论探索

　　正如我们在第一编所探讨的那样，在语言哲学和语言科学发展趋势的共同影响下，"语言的逻辑分析"课题组经历了由早期的逻辑—语用分析向概念分析的方向转变。而如何看待概念和概念分析本身、概念分析所持的认识论立场和所要达到的基本目标是什么、如何进行系统的概念分析等问题是课题组转向概念分析领域之后首先要面临的问题，这三个问题构成了概念分析的本体论、认识论和方法论的内容，思考和解决这三个方面的问题始终贯穿于课题组的系列研究中，也构成了课题组在概念分析领域进行理论探索的线索。

第一章

概念分析的本体论

第一节　关于概念

Концепт①（概念）一词是拉丁语 conceptus 的仿造词，源自动词 con-
cipere（意为 зачинать，即"怀孕、妊娠"）。作为语言学术语，концепт
第一次正式出现在阿斯科利多夫（С. А. Аскольдов）②的《词与概念》
（Слово и концепт）一文中，该论文 1928 年发表在杂志《俄罗斯言语》
上。阿斯科利多夫认为："концепт 是思维合成体，在人们的思维过程中
替代某一类的众多事物"③；"相当于普遍概念（общее понятие），具有意
识活动的特点，是在快速言语活动和对语词理解过程中出现在人的脑海中
的、某种难以捕捉到的、一闪而过的东西"④。谈到对概念（концепт）的
理解问题，我们先从一些学者的看法入手。洛谢夫认为："概念简直就是
我们称为对立统一体的那个东西……是思维与其对象的统一体。"⑤斯捷
潘诺夫认为，概念就像是人意识中的文化凝结物，文化正是以这种形式进
入人的心理世界的；而从另一方面来说，概念也是作为平常人、普通人、
非文化价值创造者的人借以进入文化，并在一些场合影响文化的工具。概
念是情感、好感和反感，甚至冲突的对象，是人心灵世界中文化的基本单

---

　　①　同样表示概念的 понятие 一词源自古俄语动词 пояти（意思是"抓起据为己有，娶女人
为妻"）。本书除非特别注明，否则"概念"均指 концепт。

　　②　阿斯科利多夫（Аскольдов）是阿列克谢耶夫（С.А.Алексеев）的笔名。

　　③　刘娟：《俄罗斯语言学概念理论的研究对象》，《吉林省教育学院学报》2005 年第 4 期。

　　④　杨秀杰：《语言文化学的观念范畴研究——俄罗斯"自由"观念析例》，博士学位论文，
北京外国语大学，2006 年。

　　⑤　Колесов В.В.，*Философия русского слова*，СПб.：ЮНА，2002，с.120.

位。潘琴科（Н.Н.Панченко）在其副博士学位论文《 "обман"（欺骗）概念的对象化手段（以英语和俄语为材料）》中将概念理解为 "具有民族特色的心灵构成物，其内容平面是关于该客体的整个知识集，而其语言表达平面则是称名和描述该客体的词汇、箴言、成语单位的集合" ①。波兰语言学家韦日比茨卡（A.Wierzbicka）认为，概念是现实世界范畴化的某种语言方式。② 切尔奈科（Л.О.Чернейко）认为："概念按照同分析的名词——'抽象名词'的关系来看是一种元术语，因为概念不是一种特殊的抽象名词类型，而是研究抽象名词的一种特殊角度，它将人们积累下来并体现在名词搭配上的所有知识和观念类型结合起来。"③ 科列索夫认为概念最普遍、最初始的定义应该是 "初始意思的种子和语词的语义萌芽，是现象中词符潜在可能的形象（образ）、意义（значение）、含义（смысл）的辩证统一体，这个统一体是不太确定的意识领域中不确定存在本质的体现"④。帕诺娃（Л.Г.Панова）认为，词调整其语法特征、搭配、使用的语言语义就是概念⑤。

在概念的理解问题上，特别值得一提的是俄罗斯学者科列索夫在最为宽泛的学科框架和意识形态领域为我们列举的各个学科方向对概念的不同理解。从神秘主义观点来看，概念是 Ungrund，即没有基架的 "永恒之眼"，同时也是没有基架、深不可测的意志，无法决定的意志，作为万事之初、深层辐射的意志。从神学观点来看，概念是上帝逻各斯的萌芽和思想的原型，该原型不是指定的，而是作为一种永恒价值。逻各斯下的索菲娅（София）是万物归一的直觉方式，永恒的索菲娅智慧包含着全部创生而来的万物以及整个正在形成的世界的永恒原型观念。在延续中世纪观念的普遍论者看来，最强势、最普遍的一些概念以无处不

① Агаркова Н.Э.，"Исследование концепта MONEY в языковой картине мира"，*Когнитивный анализ слова*，Иркутск：ИГЭА，2000，с.87.

② 刘娟：《试论 концепт 作为语言学的研究对象》，《吉林省教育学院学报》2006 年第 11 期。

③ 转引自立陶宛学者拉桑（Э.Лассан/E. Lassan）的 ""Надежда"：семантический и концептуальный анализ" 一文，网址为 http：//filologija.vukhf.lt/2-7/lassan.htm。

④ Колесов В.В.，*Философия русского слова*，СПб.：ЮНА，2002，с.51.

⑤ Панова Л.Г.，"Слово Бог и его значения：от иерархии небесной — к иерархиям земным"，Логический анализ языка.Космос и Хаос：Концептуальные поля порядка и беспорядка，М.：Индрик，2003，с.405.

在无时不有的形式参与确定个别反复无常的事物，并因此成为所有事物发展最直接的原因。从黑格尔辩证法的角度来看，概念是所有潜在的可能对立在表现其特征过程中的融合，概念是表现自我意识的形象构建行为，是通过改变体现形式从而消失在符号中的行为。从逻辑学的角度来看，概念是逻辑关系按照属种联系运行的系统。此时，个体和属表现为对象联系，而属和种构成观念联系，这两种联系并不相互兼容（就如同实指和类指不兼容一样）。从胡塞尔方法论的观点来看，概念的形式本质上是分类的形式，而从逻辑实证主义的观点来看，概念是设计出来或者假设出来的具有确定特征的抽象客体。从文化学的观点来看，概念（концепт）是从文化形象到关于文化的认识进而到其观念的过渡，建立在类型学基础之上，这一观点排除了概念作为民族观念体现形式的问题。从符号学观点来看，概念总是具体的东西，它同时也是历史性的、意向性的；与形式相对，概念无论如何都不是抽象的，而是未定型的、不稳定的模糊联想的冷凝物，然而它也不是以某种整体的面貌呈现的，而是依靠于延展度和深度。从语言学的观点来看，概念是词的内部形式，原则上不可能拥有外于其表现的形式。①

国内学者张喆和赵国栋概括出了以下几种关于概念的界定：（1）概念是以语言形式表现出来的逻辑判断；（2）与第一种理解相接近，它被看作集体意识中的一个任意的离散单位，反映现实世界或思想世界中的对象，并以口头实体形式保存在语言承载者的民族记忆里；（3）概念在逻辑—语义层面的研究中被看作多个语义特征的综合体；（4）在中世纪概念主义以及后来的表征主义思想理解下，概念被看作事物综合体的一种抽象（类概念、上位概念等）；（5）若考虑抽象—反映功能，概念是对事物、现象的一种感觉—认知抽象；（6）在心理层面上，概念就是事物的思维和心理形象；（7）若考虑整合原则的因素，概念被视为意识中的不同实体单位，这包括表征、形象、格式塔图式等②。

姜雅明对认知语言学、心理语言学、语义学派、语言文化学派等俄罗斯主要语言学派的概念研究做了一个综述，不同语言学派对概念的理解各有不同。从认知语言学角度研究概念的学者主要有斯捷尔宁（И.А.Стер-

---

①　Колесов В.В., *Философия русского слова*, СПб.：ЮНА，2002，с.128-129.

②　张喆、赵国栋：《"概念"刍议》，《解放军外国语学院学报》2006年第4期。

нин)、波波娃（З.П.Попова）①、捷利娅（В.Н.Телия）、库布里亚科娃、所罗门尼克（А.Соломоник）、利哈乔夫（Д.С.Лихачев）、阿斯科利多夫等。在该领域的研究中，概念是解释人的意识和心理活动的术语，是表达人的记忆、精神词汇、概念及全部世界图景的脑语言单位，是一种抽象的科学概念，属于人的意识和心理的现象，是人类抽象思维活动的结果。心理语言学派②的学者把概念看作一种非语言的、一系列可同时再现的、动态的心理机制，可能在语言或非语言的信息支配下转换为行为。它自发作用于人的感性认知结构，遵循人的心理活动规律，其中有作为"个体精神价值"（концепт как достояние индивида）和作为"常量"（концепт как инвариант）的两类，前者主要指个人的生活经验，而后者则是某社会群体所共有的知识和经验等。可见，心理语言学派强调个体感性因素对概念的影响，注重感性因素在认知和言语交际活动中的作用。从语义学角度研究概念的当代学者有巴布什金（А.П.Бабушкин）、什梅廖夫和波兰语言学家韦日比茨卡等。该领域对概念的研究属于认知语言学派中认知语义学范畴的研究，概念的含义基本等同于"概念"。人类思维概念是该学派概念研究的主要对象。具体方法是运用认知语义学的理论，在大量的词汇语义分析基础上对词义进行抽象概括和类化。研究表明，词义是人对客观现实认识的结果，从词义中概括出的表达现实客观事物的逻辑关系即是概念。从语言文化学角度研究概念的主要代表人物有卡拉西克（В.И.Ка-расик）、斯捷潘诺夫、涅罗兹纳克（В.Н.Нерознак）、祖斯曼（В.Г.Зус-ман）、克拉斯内赫（В.В.Красных）、马斯洛娃（В.А.Маслова）、阿列费连科（Н.Ф.Алефиренко）等。如卡拉西克从语言文化学的角度将文化概

---

①　斯捷尔宁和波波娃代表的是沃罗涅日学术团体的研究。根据他们的观点，概念（концепт）是高度概括的思维单位，是结构化知识的量子，概念形成的来源主要有：（1）人的直接传感经验；（2）感觉器官对周围世界的感受；（3）人与事物的直接接触；（4）人的具体实践活动；（5）人对存储于自己意识中的概念的反映；（6）语言交际；（7）对立认识已知语言单位的意义。（刘娟，2006：54）

②　与心理语言学研究相关的是神经心理学派的研究，后者属于概念研究的早期阶段，以经受不同脑损伤疾病患者的神经心理实验为基础，具有较强的科学性和实用价值。在该领域的研究中，概念被看作一种潜在的再现机制，可以将静止的记忆状态激活。实验表明，再现的范围可涉及视觉、听觉、身势语言等诸多方面。心理学派把концепт放在意识、语义和心理的层面来分析，认为概念是有固定结构的、不同的语言知识成分混杂并存在于个体和群体意识中的"精神心理综合体"（ментально-психонетический комплекс）。（姜雅明，2007：10）

念（культурный концепт）定义为"从中能够分离出价值方面、形象方面和概念方面（понятийная сторона）的多维度的意思构成物"①。从宏观的角度看问题，从民族文化以及世界文化的大背景上去观察概念是这一学派研究的共同特点，这一学派把概念看成文化整体的一部分，是语言文化学研究的基本单位②，具体地说，"概念是文化的微观模型，而文化是概念的宏观模型，概念产生文化又产生于文化"③。

概括起来讲，结合语言进行概念分析总体上表现为侧重于认知和侧重于文化两种趋势和方向。在认知科学④中，概念是表示心智资源单位和信息结构单位的术语，反映的是人类的认知和经验。这是一些有效的、内涵丰富的人类记忆、知识、心理、世界语言图式的单位，这是一些认识"量子"，出现在关于客观世界的信息建构和想象之中，是主观经验的加工形式，是存储和传达信息的单位，同时随着认识水平的不断提高也在不断地灵活改变。全人类普遍的概念以特殊的方式被归入各种类别，并表现在各个不同民族语言之中。⑤而在文化取向的概念分析中，研究的概念往往是与民族文化特征息息相关的文化概念（культурные концепты），侧重于揭示表现这些概念的语言材料所体现出来的民族文化特质。国内学者

---

① Карасик В.И.，*Языковой круг：личность，концепты，дискурс*，М.：Гнозис，2004，c. 109.

② 在这个意义上，与概念具有一定可比性的是普罗霍罗夫（Ю.Е.Прохоров）的社会文化定型（национальные социокультурные стереотипы）、科斯托马罗夫（В.Г.Костомаров）的语言认知单位（логоэпистема）、沃罗比约夫（В.В.Воробьев）的语言文化信息单位（лингвокульту-рема）、卡劳洛夫（Ю.Н.Караулов）的先例文本（прецедентный текст）等相关术语。限于篇幅，本书对此不作详细分析。

③ 姜雅明：《对"концепт"的解读与分析》，《中国俄语教学》2007年第1期。

④ 在更为具体的认知心理学中，人们把概念视为是对客体及其在语义网络中构成状况的认识，这种认识借助于"述谓—题元"结构表达，并成为言语交际过程中知识表达的普遍形式。概念的本质性功能就在于范畴化，范畴化的途径则是区分类别并确认这些类别的关系。在这一问题上存在很多观点，也产生了各种理念，其中经典理论是以特征总和来确定类别，提出概念，而概念又根据特征的数量和意义提出层级，在这种情况下，人类头脑中存储的知识可以通过语义网络表达出来。然而，针对由术语表达特征的自然范畴而言，提出精确定义的可能性实际上几乎不存在，于是转向了典型理论和原型理论，其思想基础就是维特根斯坦所谓的"家族相似论"。这两种方法都有不完善之处。概念仅仅用于表示事物显然是不够的，"情境""事件"以及"行为"等都有必要纳入概念。（隋然，2004：7）

⑤ 隋然：《语言认知理论研究中的概念现象问题》，《外语学刊》2004年第4期。

常常将相应的概念译作"观念"。在文化取向的概念研究中，概念这一术语是集 понятие（概念）、значение（意义）、смысл（含义）、образ（形象）为一体的语言单位。实际上，语言文化学框架下的概念着眼于语言单位蕴涵的具有鲜明民族文化特色的内容：既包括表层物质文化层面，又可深入民族精神文化的意识深处，探究该民族心理特征、思维方式、审美观与世界观。概念体现的是该民族文化精髓、民族精神的凝结。① 值得一提的是，马斯洛娃还专门提出了"核心文化观念"（ключевые концепты культуры）的说法，或称为"世界图景的核心（基本）单位"（ядерные/ базовые единицы картины мира）。马斯洛娃认为，观念②可分为三类：一是哲学范畴的观念，如时间、空间、原因、变化和运动等；二是社会范畴的观念，如自由、权利、公正、财富等；三是民族文化范畴的观念，如俄罗斯民族的意志（воля）、文化修养（интеллигентность）、团体性或团契精神（соборность）等。这三种类型的观念从总体上概括了文化观念所涵盖的范畴。③

　　而在阿鲁久诺娃的理论系统中，概念是指生活哲学的概念（понятие），世界观术语的日常类似物，它们固定在自然语言的词汇中，保证民族精神文化的稳定性和传承性。④ 在这种理解中，概念是日常哲学意识（尤其是伦理意识）的单位，具有文化意义、价值论色彩和世界观导向性特点。这种对概念的诠释在与词义等同的意义上体现的是一种语言性的理解，正是在文化概念的框架中，阿鲁久诺娃强调，"哲学和伦理学术语的日常类似物构成了自然语言词汇中的广阔区域"⑤，概念的语言地位在阿鲁久诺娃及课题组的研究中得到了凸显，正因如此，在课题组的众多研究中出现了"语词—概念"（слово-концепт）这样的双联性术语。沃尔卡乔夫（С.Г.Воркачев）认为："文化概念的语言地位决定了用'语言世界图景'的术语来对其进行描写的可能性，同时也证实了不承认纯

---

①　刘娟：《试论 концепт 作为语言学的研究对象》，《吉林省教育学院学报》2006 年第 11 期。

②　姜雅明将 концепт 译作观念，所以这里的观念指的就是 концепт（概念）。

③　姜雅明：《对"концепт"的解读与分析》，《中国俄语教学》2007 年第 1 期。

④　Арутюнова Н.Д.，"Введение"，*Логический анализ языка. Ментальные действия*，М.：Наука，1993，с.3-6.

⑤　Там же，с.3.

粹科学、世界观和伦理学概念具有某种文化学特征的态度，当然这后一点并不是特别明显，如果注意到存在受文化历史制约的思维和科学范式风格事实的话。"[①] "语言的逻辑分析"课题组成员来自哲学、逻辑学、宗教学、诗学、人类学、历史学、民族学、语言学（包括认知语言学、语言文化学、语法学、语义学、语用学、社会语言学等）等各个不同的学科背景，总体来看，课题组所持的概念分析立场综合了认知和文化两个视角，分析的概念主要是一些世界观相关概念（мировоззренческие концепты），即与人的世界观、价值观联系紧密的概念。

第二节　概念与相关术语的区分

1.концепт 与 понятие

早在《俄罗斯科学院词典》中，понятие 就被定义为：（1）能够理解的能力（相当于 понимание <理解>）；（2）想象出来的思想（相当于 представление <表象>）。区分 концепт 与 понятие 的一个传统角度是逻辑语义学角度。弗雷格、丘齐、卡尔纳普、蒯因等将 понятие 分解为外延（объем）和内涵（содержание）、外显（экстенсионал）和内隐（интенсионал）、类指（денотат）和涵指（сигнификат）、意义（значение）和含义（смысл）等对立的两个方面，并把 концепт 归入对立中的第二个成分。如丘齐就认为："我们谈的是含义（смысл），当它决定类指或它就是概念时。"这里，концепт 被理解为某个名称概念（понятие）内涵的语义表征方式，значение（意义）则是它所指向的客体类别。[②] 概念论的奠基者阿伯拉尔认为 концепт 与 понятие 的区别在于理解对象的方式上：понятие 是理性的，与理性知识（понимание）相关，而 концепт 是能够创造性地再现含义（смысл）的精神和理智的衍生物。同时，两者的对象也不同，концепт 不仅仅是共相和广泛客体的共性特征，而且是能够保证世界（神的世界和人的世界）各级观念（идея）之间联系的精神实质，这种精神实质具有最大的心灵张力及指向理解 смысл（含义）、вера（信

---

① Воркачев С.Г., *Счастье как лингвокультурный концепт*, М.: Гнозис, 2004, с.20.

② Там же, с.18.

仰）、добродетель（美德）、любовь（爱）的特性，是人用来理解自身及自己在世界中的位置而创设的人的精神文化成分。因此，除了 любовь（爱情）和 вера（信仰）之外，смерть（死亡）和 бессмертие（永生）、добро（善）和 зло（恶）、истина（真理）和 ложь（谎言）、свобода（自由）和 ответственность（责任）、достоинство（尊严）、честь（荣誉）、совесть（良心）、красота（美）、счастье（幸福）等均属此列。①阿伯拉尔在 11—12 世纪的这种概念观在人文知识科学范式由系统结构范式转变为人类中心范式的新的历史条件下重新获得了生命力。这在我们上面关于概念的论述中得到了充分的体现。

关于 концепт 与 понятие 的关系，科列索夫感叹道：我们的时代有个错觉，好像用 понятие 代替 концепт，我们就确信我们已经认识到本质是什么样的了。多神教的形象魔力与基督教对符号的信仰被对科学术语的崇拜所取代，而这种科学术语的背后只有 понятие，而不是 концепт。由此，在解释客体时产生了许多误解。当说到思想先于语言时，人们混淆了 понятие 和 концепт 两个层次。Концепт 作为本质，先于语词，而 понятие 作为现象，总是存在于语词中。因而在科列索夫看来，实在论（реализм）和概念论（концептуализм）相互之间并不矛盾，功能上它们之间是互补关系。斯捷潘诺夫则认为 концепт 和 понятие 是不同学科的术语，后者主要用在逻辑学和哲学中，前者仅仅是逻辑学的一个部门数理逻辑的术语，目前也用在文化科学和文化学中，在文化科学中 концепт 用在抽象于文化内容、仅仅谈结构的时候，如同在数理逻辑中一样。②

姜雅明将俄罗斯学者对 концепт 和 понятие 之间的关系较为普遍的认识归为两点：第一，концепт 和 понятие 概括事物的方法不同，虽然它们都属于人类抽象思维活动的结果，但 понятие 是用逻辑和理性思维的方式推理而来的，而 концепт 却是超越理性并带有创造性的思想；第二，понятие 概括了事物最本质的综合特征，而 концепт 更进一步概括了人类精神价值或精神实质，属于精神文化的一部分，如：爱、信仰、死亡、不朽、荣誉、良知、善与恶、真理与谎言、自由与责任、美与幸福等。Концепт 表达那些精神的、情感的、具有民族特点的东西，其语言载体是

---

① Воркачев С.Г., *Счастье как лингвокультурный концепт*，М.：Гнозис，2004，с.16-17.

② Степанов Ю.С., *Константы：словарь русской культуры.Издание 2-е，исправленное и дополненное*，М.：Академический Проект，2001，с.43-44.

词汇、成语、箴言等①。我们认为这种概括基本反映了学界对这两个术语的共识。

从课题组的研究实践来看，学者们对 понятие 和 концепт 这两个术语并未作严格区分，因而在不同学者的论文和同一学者的不同论文中，甚至在同一学者的同一篇论文中，两个术语也常常会同时出现。但从使用频率来看，концепт 要远高于 понятие，这其中的原因在于学者们研究的往往是具有特定民族文化语义、与人的主观世界息息相关的概念及其语言表现，这正好符合学界对 концепт 的普遍理解。我们认为，两者的区别主要体现在使用的学科领域和所指内容上，即 понятие 更倾向于表达客观内容，因而更多用在逻辑学和自然科学领域，而 концепт 更趋向于表达主观内容，因而更多用在人文科学领域。由于有人的因素的影响，同样反映人的范畴化、抽象化认知成果的客观内容和主观内容并不是绝对的，因此两个术语可以互相包含、互相交叉，也可以互相转化。正是基于这种认识，我们不寻求不同的译法，而统一译为"概念"，分别处理成"概念"（концепт）和"概念"（понятие）。而我们在本书中绝大多数情况下谈的都是 концепт，为行文方便，不作特别说明的"概念"指的就是 концепт。

2.концепт（概念）与 смысл（含义）、представление（表象）

弗鲁姆金娜（Р.М.Фрумкина）指出："当语言学家，并且是韦日比茨卡这样有影响力的语言学家开始聚焦于本维尼斯特称为'语言中的人'的东西时，就出现了正确解释 смысл（含义）的必要性。当然，смысл（含义）可以解释为抽象的实质，其形式表征既与话语作者无关，也与接受者无关。然而仅此态度对于语言学家来说不再具有价值，因而已并不重要。对 концепт 这一术语的阐释开始面向存在于人身上也为人而存在的 смысл（含义），面向心理内部和心理外部过程，面向指谓和交际。"② 可见，смысл（含义）与 концепт（概念）是息息相关的两个术语。斯捷潘诺夫指出，在数理逻辑中，用 концепт 称谓的只是 понятие 的内涵（содержание），而不包括外延（объём），因此 концепт 与 смысл 同义。20

---

① 姜雅明：《对"концепт"的解读与分析》，《中国俄语教学》2007 年第 1 期。

② 转引自立陶宛学者拉桑（Э. Лассан/E. Lassan）的 "«Надежда»：семантический и концептуальный анализ" 一文，网址为 http://filologija.vukhf.lt/2-7/lassan.htm。

世纪 70—80 年代，帕维列尼斯（Р.И.Павиленис）也将 концепт 理解为
"意义"（смысл），并指出，掌握"意义"就意味着建立某种结构体系，
与之相应的是，在自然语言载体（人）一定的概念系统中，认知上升为
阐释，反映人类关于世界的知识及现实的认知经验。① 很明显，学者们倾
向于将 концепт 与 смысл 等同起来。我们认为，在与人的关联上，
концепт 和 смысл 具有相似的特征，但两者是完全不同的术语。Смысл 是
属于情境的所有现象总的相互关系和联系，因而它总是情境性的，受制于
语境，属于言语②，与 значение（意义）③ 对立，同时，相对于 значение
而言它是第一性的；而 концепт 是表示知识和观念的思维单位，体现的是
历史的沉淀和文化的记忆，作为一种个人性的或集体性的意识，它完全可
以脱离具体的言语环境。

　　与此同时，концепт 也经常与 представление④（表象）等同起来，
并通过个人性（主观性）程度和形象性特征与 понятие 相对立，但事实
上两个术语也是不同的。представление 本身是指在记忆或积极想象基
础上产生的事物、场景、事件的形象，其事物—可感性特征使它能够通
过感知情态（视觉、听觉、嗅觉、触觉）被辨别出来。⑤ 从认识论上来
看，представление 是从具体到抽象、从感觉到理智上升过程中的中介
环节，随个体的不同而具有不同的主观性，形象性、直观性、整体性是
其显著特征，这种形象性范畴是与 образ/изображение（形象/图像）、
символ/схема（符号/示图）、модель/гештальт（模式/格式塔）等概念
相联系的。而 концепт 作为一种抽象操作的产物，虽然在使用过程中往

---

① 　隋然：《语言认知理论研究中的概念现象问题》，《外语学刊》2004 年第 4 期。

② 　Воркачев С.Г., *Счастье как лингвокультурный концепт*，М.：Гнозис，2004，с.33.

③ 　值得一提的是，科博泽娃立足于 значение 和 смысл 的术语性使用方式这一角度，认为与
俄语词汇语义系统中体现的素朴观念相符的是 смысл 与 значение 之间作为表述的具体情境内容
及其抽象语言内容的对立。（Кобозева，1991：186）

④ 　表象其实也是事物对象化的其中一个阶段。一般而言，事物的对象化要经历四个阶
段：事物存在本身（вещь），即事物无关于人的存在；对象物（объект），指当事物成为人类
关注和感兴趣的对象后，此时的事物成为与主体相对的客体；对象物的表象（представление
объекта），此时对象物被看作事物的形象，能够借助不同的本体图景由具有不同职业背景和价
值取向的主体进行不同的描述；对象（предмет），主体的立场和分离方法确立之后，对象物
的某一方面便成为了关注的对象。（Чебанов、Мартыненко，1999：50）

⑤ 　Воркачев С.Г.，*Счастье как лингвокультурный концепт*，М.：Гнозис，2004，с.21.

往往会通过隐喻获得某种形象性特征，如 Cовесть грызет（受到良心的谴责），但它本身并不具有这种形象性和直观性，因而不能直接通过感觉呈现出来。

3.концепт 与 значение

Концепт 这一术语在索绪尔结构主义理论和 19 世纪末心理学方向的研究中都曾被用来定义 значение（意义）。斯捷潘诺夫认为，концепт 和 значение слова（词义）是同一类现象，只是属于不同的关系体系：其中 значение 指的是语言体系中词的意义，而 концепт 指的是逻辑体系中词的意义，它既属于语言学又属于逻辑学研究的范畴。[①] 显然，这里体现的是 концепт 和 значение 在内容上的一致性。而谢利维奥尔斯托娃（О.Н. Селиверстова）将 20 世纪语言学在语言意义研究方面所走过的路概括为从作为解释和预测词之句法表现的区别特征总和的 значение 到作为主体关于某种本质的知识和观念凝结物的 концепт，这些知识和观念体现在词的隐喻性使用和该主体构建的篇章中。这里凸显的是 концепт 和 значение 的区别。

涅列京娜（С.С.Неретина）根据参与不同的语言使用类型这一线索对两者进行了区分：значение 在具有影响听者这一以言行事目标的言语行为中实现，包括传递信息、促使采取行为等，这一言语影响过程达成说者和听者共同的话语所指关系；而 концепт 则产生于听者（作为接受信息的主体）思考所接受内容时的内心。Концепт 形成于自我交际（Я-Я）中，而 значение 则在真正的交际行为（Я-ТЫ）中实现。Концепт 产生于主体自己对某种实质的推理和认识过程中，而不是产生于直接的言语影响过程中，它自身综合内心的三种能力，即作为记忆行为面向过去、作为想象行为面向未来、作为判断行为面向现在。立陶宛学者拉桑（E. Lassan）将 значение 定义为用来命名一定的指称情境，向听者传达关于该情境的信息，以实现同他的对话性影响这一目标时有关词的使用条件的知识；而 концепт 是关于某种实质的知识，这种知识是作为思索相应所指情境的结果而形成的，它传达给听者的目的是表明自己的意向、影响听者的意向。[②]

---

①　姜雅明：《对"концепт"的解读与分析》，《中国俄语教学》2007 年第 1 期。

②　这里两个学者的观点摘自陶宛学者拉桑（Э.Лассан/E. Lassan）的 ""Надежда"：семан-тический и концептуальный анализ" 一文，网址为 http://filologija.vukhf.lt/2-7/lassan.htm。

波波娃和斯捷尔宁在《认知语言学概论》一书中将两者的区别概括为："концепт 的心理生理基础是某种感性形象，黏附在这一形象上的是构成 концепт 内容的关于世界的知识，词的 значение（义位）是语义成分（义素）的集合。"① 有学者认为 значение 与 концепт 的关系如同 текст（篇章）与 дискурс（话语）的关系，因为两种情况下前者表示的是无关乎语言载体意识活动的语言现象，而后者表示的现象则定位于人的意识，在分析后者时人的意识必然要被纳入分析的范围。

可见，由于 значение 这一术语本身的复杂性和多维性特点，学者们立足于各自不同的角度，对 значение 和 концепт 之间关系的认识是很不相同的。我们赞成所罗门尼克的观点，他认为意义是占据作为形象知识形式的表象和作为抽象思维形式的概念（понятие）之间中间位置的过渡型构成物②。我们认为，从动态发展的角度来看，значение 是 представление→понятие（抽象化过程）和 понятие→представление（具象化过程）这一互逆过程的中间产物，因而它能够覆盖 понятие 和 представление 的部分内容，与 концепт 之间也应该是交叉性的、杂合性的关系。

第三节　概念的结构

立陶宛学者拉桑认为：概念表现为一种认知结构，这种结构的表达在判断中实现（现在），同时，该结构是在过去经验的影响下形成的（过去），被言语化时，概念结构预定要通过传达说者的经验和意向，以确定的方式影响听者对固化在名词概念内容中的世界片段的理解（未来）③。这里侧重的是名词所表达概念的实现和功能性特点。

斯捷尔宁认为，концепт 的结构与词义结构并无太大差别。因此，为构建 концепт 这一复杂的、多层次的思维结构模型，斯捷尔宁广泛借鉴词

---

① Попова З.Д.，Стернин И.А.，*Очерки по когнитивной лингвистике*，Воронеж：Истоки，2001，c.57-58.

② Воркачев С.Г.，*Счастье как лингвокультурный концепт*，М.：Гнозис，2004，c.26.

③ 参见陶宛学者拉桑（Э.Лассан/E. Lassan）的 "«Надежда»：семантический и концептуальный анализ" 一文，网址为 http://filologija.vukhf.lt/2-7/lassan.htm.

义结构理论，用"核心与边缘"（ядро/периферия）这一对立来描述这种结构。他认为 концепт 的结构可分为三个层级：核心层——感性形象概念；基础层——抽象认知概念；阐释层——评价、阐释与结论。[①] 位于 концепт 核心层的是鲜明的形象（образ），它具有独特的情感色彩，核心的形象特征既在表达具体概念的词汇方面有所体现，也用于表达抽象概念，具有很大的主观性。位于核心层外围的是基础层，由一些抽象程度不同的认知概念构成，反映 концепт 的发展、形成及其与其他 концепт 的相互关系。处在基础层之外构成 концепт 边缘的是阐释层，是对其核心内容的评价、解释，表现反映民族意识和民族观念的观点、见解以及概念模式和结论等。这样，斯捷尔宁为我们构建了一个以情感形象为核心、以概念和评价体系为边缘、多层次的结构系统。这为我们分析 концепт 的结构特点，揭示其本质特征提供了很好的思路。[②]

　　斯捷潘诺夫认为 концепт 具有复杂的结构：一方面，属于 понятие 结构的一切也都属于 концепт；另一方面，进入 концепт 结构的还包括所有使之成为文化事实的一切，即初始形式（词源）、浓缩成内涵的基本特征的历史、当前的联想和评价等[③]。斯捷潘诺夫进而在概念内部划分出三个成分或三个层面：（1）基本的现实性特征；（2）附加的、"消极的"特征，即非现实性的、"历史性的"特征；（3）内部形式，通常意识不到，印记在外部词形中。[④] 概念的这三个层面面向的是不同的接受者，以斯捷潘诺夫所举的俄罗斯 2 月 23 日 "男人节" 和 3 月 8 日 "妇女节" 这两个概念为例，每年的男人节，男性能得到女性的祝贺，收到女性的礼物，在妇女节，女性则能得到男性的祝贺，收到男性的礼物，这是众所周知的文化现象，应视作 "男人节" 和 "女人节" 两个概念的现实性特征。而 2 月 23 日男人节源自苏联军队和军人的节日，3 月 8 日妇女节是人类争取妇女与男性的平等权利、争取妇女解放的节日，这构成了两个概念附加的、历史性的特征。1918 年 2 月 23 日，刚刚成立的苏联红军在纳尔瓦和普斯科夫大败德军的历史事件构成了 "男人节" 的真正起源，该事件与

---

① 姜雅明：《对 "концепт" 的解读与分析》，《中国俄语教学》2007 年第 1 期。

② 同上。

③ Степанов Ю.С., *Константы：словарь русской культуры. Издание 2-е, исправленное и дополненное*, М.：Академический Проект，2001，с.44.

④ Там же，с.47.

当时的海军政委托洛茨基（Л.Д.Троцкий）的名字有关，3 月 8 日妇女节是根据国际妇女运动和共产主义运动活动家、德国社会学家蔡特金（C.Zetkin）的倡议设立的，这些历史事实只有历史学家、社会学家等小部分人才知道，构成概念的内部形式。斯捷潘诺夫在概念结构上划分出的这三个层次我们可以依次称为远端外缘（дальняя периферия）、近端外缘（ближняя периферия）和核心（ядро）。

可见，概念的结构观是学界的一种共识，虽然对它的具体描写还并不完全一致，但都强调了该结构体现的层次性和系统性特点。立足于概念呈现出的结构完形，课题组深入地揭示了一些概念的内容实质，当然，这里的结构在不同学者的研究中是借助于场、模式、框架、格式塔、图式等术语语言进行描写的。课题组成员波斯托瓦洛娃（В.И.Постовалова）在《作为文化关键词的 судьба（命运）及洛谢夫对它的解释（世界观类型的一个片段）》一文中将 судьба 概念理解为一种强调不自由方面的决定（детерминация）类型。基于"决定"图式化结构所包含的四个成分，即决定的根源（Д1）、被决定的根源（Д2）、表现决定的区域（Д3）、Д1 与 Д2 的关系（Д1 的可认识性和 Д2 对 Д1 情境的行为反应），波斯托瓦洛娃进而对 судьба 概念的内容成分进行了结构化描写：

（1）命运的主体——被决定成分 Д2，它在该词直接或间接的意义上承受着命运，如：人（个人、社会）、世界；

（2）命运作用的区域——决定的范围 Д3，即命运主体在时间上的道路，如：生活整体、生活的某个时刻（行为、事件、过程）；

（3）决定的基础 Д1——非内在的力量，即个别性的宇宙的、先验的力量，在对作为决定者的命运的观念有争议的情况下，也会提到社会的力量和个体的意志自由；

（4）Д2 眼中 Д1 的特点：决定的力量可能表现为盲目的、无个性的、没有人的，或者有理性的个体基础；在自己的活动过程中是自发的或者至少对自己来说具有明确的目标；黑暗的或光明的；

（5）Д1 的行为和意图对于 Д2 来说的开放性或封闭性，即 Д2 认识 Д1 的可能性：不可能认识，可能完全认识，可能部分认识；

（6）认识的途径；

（7）Д2 在与决定情境的关系意义上的生活情境，或者对自己生活道路的受制约性特点的反应；文化提供的反应类型涉及是否应该追求摆脱这

种决定的状态，是否需要体验命运，是否是命运的消极接受者或者对它的
作用做出积极的反应；

（8）在描写情境上的一般情调：忧郁的情调还是欢快的情调，强调
或不强调悲剧性；

（9）根据该世界观来说在社会现实情境中达到自由和必然间平衡的
途径；

（10）在社会现实情境中什么被命名为 судьба（命运）：Д3、Д1、规
律、解释原则等。①

课题组另一成员里亚布采娃也认为：概念是一个完整的构成物，它能
够被充实，能够变化，能反映人类经验；概念具有合理的动态组织结构，
该结构由原初（基本）成分和原型意义及与之相联系的派生成分构成。
为了证实这一点，里亚布采娃从分析 вопрос（问题）概念入手进行了相
关研究。② 她认为，вопрос（问题）概念结构的基本成分是由该词的基本
意义所决定的，而所有边缘成分则由该词的派生意义决定，并包含将其与
中心建立辐式或链式联系的原型意义。每当 вопрос（问题）一词用于非
初始意义（派生意义）时，这种使用均源于所述情境与 вопрос（问题）
概念基本成分产生的原型情境相似。③ Вопрос（问题）概念的基本成分不
仅规定了在 вопрос（问题）一词所有使用场合都会复现的情境模式，而
且还包含纳入该词所有含义的原型意义。在基本成分中作为中心成分的是
"незнание"（不知），它以一般否定的形式在所有边缘意义中复现④：

表示"怀疑，不自信"，如：поставить под вопрос（认为有问题）、
оставить вопрос открытым（把问题留作悬案）、вопрос не в этом（问题
不在此）；

表示"矛盾"，如：спорный вопрос（有争议的问题）、вокруг этого
вопроса разгорелись споры（围绕这个问题展开了激烈的争论）；

---

① Посталова В.И.，"Судьба как ключевое слово культуры и его толкование А.Ф.Лосевым
（фрагмент типологии миропониманий）"，*Логический анализ языка. Понятие судьбы в
контексте разных культур*，М.：Наука，1994，с.210.

② Рябцева Н.К.，"«Вопрос»：прототипическое значение концепта"，*Логический анализ
языка.Культурные концепты*，М.：Наука，1991，с.77.

③ Там же，с.75.

④ Там же，с.76.

表示"未弄清的内容"，如：толковать вопросы（阐释问题）、задаться вопросом（给自己提出问题）、выяснить вопрос（查明问题）；

表示"未竟的事情"，如：заниматься вопросами экономики（研究经济问题）、вопрос требует анализа ситуации（问题要求分析情境）、работать над вопросом（研究问题）、справиться с вопросом（有能力解决问题）；

表示"困难，障碍"，如：встал вопрос о выборе（出现了关于选择的问题）、снять вопрос（取消问题）、столкнуться с вопросом（碰到问题）、подойти к вопросу с другой стороны（从另一个方面来看待问题）；

表示"未解决的任务"，如：решить вопрос（解决问题）、возвратиться к вопросу（回到问题）、вопрос ждет решения（问题正等待着解决）；

表示"不清晰的形象、图画、轮廓"，如：неясность вопроса（不清晰的问题）、осветить вопрос（阐明问题）、пролить свет на вопрос（阐明问题）；

表示"负荷，负重，非自然状态中的事物"，如：ставить（поставить，поднять）вопрос（提出问题）、оставить вопрос открытым（把问题留作悬案）、снять вопрос（取消问题）；

表示"未摘下的果实"，如 вопрос созрел（问题成熟了）、назревший вопрос（成熟的问题）；

表示"未达到的目标"，如：вопрос в том，чтобы прийти к согласию（问题在于要达成协议）。

由此可见，вопрос（问题）概念包含内部的否定，它以"不知道"（незнание）的形式进入基本成分和边缘成分，并将能借助 вопрос（问题）一词表达的所有含义同原型意义"不知道"联系起来。"不知道"是将 вопрос 概念归入心理障碍范畴的基础，并能解释 вопрос（问题）一词的所有使用场合，所有的使用场合或明或暗地反映了思考与活动领域相关的心理现实的方式。这样看来，原型理论与概念的客观分类不同，它注意到了人透过主观经验的棱镜思考世界的方式。根据这一理论来看，是存在对于现象的范畴化来说至关重要的经验领域的。而"干扰行动"（помеха действию）就是经验的一个重要成分，它与范畴分类的形成是相关的。这表现在（问题）具有远比其伴生词 ответ（回答）多得多的大量定语：

прямые（直接的）或 завуалированные（含混不清的）、трудные（困难的）和 легкие（容易的）、сложные（复杂的）和 простые（简单的）、запутанные（混乱的）和 ясные（清楚的）、особые（特别的）或 отдельные（个别的）、неправомерные（不合法的）和 закономерные（合乎规律的）、каверзные（伤脑筋的）或 насущные（有重大意义的）、своевременные（适时的）和 преждевременные（提前的）、неуместные（不适当的）或 логичные（合乎逻辑的）、важные（重要的）、жизненные（非常重大的）、второстепенные（次要的）、щекотливые（须慎重对待的）、открытые（悬而未决的）、больные（伤脑筋的）、волнующие（令人不安的）、острые（尖锐的）、немые（无声的）、риторические（修辞的）、лирические（抒情的）、безответные（得不到回答的）。

值得一提的是，奥地利学者托绍维奇（B. Tošović）在《"运动—静止—关系"三角形中的动词》一文中也曾试图描写语词的概念化结构，他选择的是动词 лететь（飞），认为该动词的语义结构包括 36 个方面：перемещение（移动）、местоположение（方位）、местонахождение（所在地）、расположение（处所）、нахождение（地点）、пребывание（住处）、положение（位置）、состояние（状态）、движение（运动）、изменение（改变）、перемена（变化）、смена（更换）、процесс（过程）、зависимость（依赖关系）、отношение（关系）、связь（联系）、соотношение（相互关系）、корреляция（相互联系）、подчинение（主从关系）、следствие（结论）、последствие（结果）、результат（成果）、действие（行为）、энергия（能量）、взаимодействие（相互作用）、сила（力量）、способность（能力）、возможность（可能性）、осуществимость（可行性）、деятельность（活动）、работа（工作）、воздействие（作用）、влияние（影响）、покой（静止）、событие（事件）/происшествие（事故）、ситуация（情境）。为了呈现这一动词概念结构中的层级关系，作者将其归为 9 个集合：（1）пространственность（空间性）：местонахождение（所在地）、расположение（处所）、нахождение（地点）、пребывание（住处）、положение（位置）；（2）статичность（静态）：состояние（状态）、покой（静止）；（3）динамичность（动态）：изменение（改变）、перемена（变化）、смена（更换）；（4）корреляция（相互关系）：отношение（关系）、

связь（联系）、соотношение（相互关系）、зависимость（依赖关系）、подчинение（主从关系）、следствие（结论）、последствие（结果）、взаимодействие（相互作用）、влияние（影响）；（5）активность（积极性）：действие（行为）、деятельность（活动）、движение（运动）、работа（工作）；（6）дискретность（离散性）：изменение（改变）、перемена（变化）、смена（更换）；（7）континуальность（连续性）：непрерывность（不间断性）、постоянство（一贯性）；（8）энергетичность（活力）：энергия（能量）、сила（力量）；（9）потенциальность（潜在性）：возможность（可能性）、способность（能力）。[①]

可以看到，概念内容的结构是课题组进行概念分析所观照的基本内容，这也是学者们偏好于用场性分析的方法来阐释概念的原因之所在，关于这一点，可参见第三编第三章第五节的内容。

第四节　概念的选择

每一种自然语言都反映出一定的感知和构造世界的方式，或称语言的世界图景[②]，包含在该语言不同词汇和表达中的对世界认识的总和形成了某种统一的观点和指示系统，该系统作为一种必然被强加给所有操该语言的人。因此，掌握一门语言要求掌握反映在该语言中的世界的概念化。因为包含在母语词汇意义中的观念被说话人视为自然而然的东西，因而说话人产生了似乎生活就是这样安排的错觉。但在对比不同的语言世界图景时人们能够发现它们之间的显著区别。如操俄语的人明显感觉到，人的心理生活分为理性和感性，其中理性生活与голова（头）相联系，而感性生活与сердце（心）相联系。因此，俄罗斯人会说у кого-то светлая голова

---

① Тошович Б., "Глагол в треугольнике «движение — покой — отношение»", *Логический анализ языка. Языки динамического мира*, Дубна: Международный университет природы, общества и человека «Дубна», 1999, с.229-230.

② 语言世界图景是世界图景在语言中的语言化（языковление）、符号化、语义化表达，它是历史形成的、某一语言社团对外部世界素朴的观念认识的总和。（吴国华、彭文钊，2003：5）它与现实世界图景（科学世界图景）和概念世界图景（文化世界图景）一起构成人周围世界的三种表现形式。

（某人头脑清醒）或 у кого-то доброе сердце（某人心地善良），而记起什
么时则是将其"保留在脑海里"（хранить в голове）、"用心来感受"
（чувствовать сердцем），特别激动时俄罗斯人会"抓心口"（хвататься за
сердце）。而对于说部分非洲语言的人来说，整个心理生活均集中于"肝
脏"部位，因此会说类似于俄语表达 у кого-то умная печень（某人有聪
明的"肝脏"）或 у кого-то добрая печень（某人有善良的"肝脏"）
的一些表述，激动时则会感到肝脏不舒服。这种区别与解剖结构特点无
关，而源于他们各自所熟悉的语言世界图景。①

　　语言世界图景是由关键概念（词）及联系它们的常体性关键观念系
统构成的。波兰语言学家韦日比茨卡认为，任何一种文化都可以通过一些
"关键词语"（ключевые слова）来进行分析、对比和研究。所谓关键词
语，是对某一民族文化特别重要并起到标志性作用的词语，如俄语中的
душа（心灵）、судьба（命运）及其与这些词语有关的成语、谚语、固定
语法结构等②。通过对这些词语的研究，可以揭示某一民族核心的文化观
念，判定其民族类型。谈到联系语词组成和文化的原则时，韦日比茨卡强
调除了词的划分深度（разработанность словаря）和词频（частотность
слов）之外，还存在另外一个重要原则，即关键词原则（принцип клю-
чевых слов）③。而关于关键词如何确定的问题，韦日比茨卡并没有给出明
确的标准，但提出了几条基本要求：一是要求该词是常用的；二是它应该
常用于某一语义领域，如情感域、道德判断域等；三是该词应处于整个成
语家族的中心，如俄语中带 душа 一词的成语性表达家族（на душе<心
里>、в душе<心里>、душа в душу<非常友好地相处，相亲相爱>、
излить душу<倾诉衷肠，倾心叙谈>、отвести душу<满足夙愿；倾吐衷
肠>、открыть душу<倾吐心事>、душа нараспашку<朴实坦率的人，非常
直爽的人>、разговаривать по душам<坦率地交谈，真诚地谈心>等）；四
是常见于谚语、格言、流行歌曲、书名等之中④。在《语义、文化和认

　　① Зализняк Анна А., Левонтина И.Б., Шмелев А.Д., "От редактора", *Ключевые идеи русской языковой картины мира*, М.: Языки славянской культуры, 2005, с.9-10.

　　② Вежбицкая А., *Понимание культур через посредство ключевых слов*, М.: Языки славянской культуры, 2001, с.35-38.

　　③ Там же, с.35.

　　④ Там же, с.36.

知》（*Semantics，Culture and Cognition*，1992）一书中，韦日比茨卡强调在俄罗斯文化中扮演特别重要角色的是 судьба（命运）、душа（心灵）、тоска（忧愁，愁苦）等俄语词，这些词所体现的对于俄罗斯文化的认识是非常重要的①。韦日比茨卡指出，像 душа（心灵）或 судьба（命运）这样的关键词在俄语中就像在捆成一团的毛线中找到的自由结一样：抓住它，我们可能就能解开由意向、价值、期待构成的整个线团，这些意向、价值和期待不仅体现在词汇中，而且体现在扩展搭配、固定表达、语法结构和谚语中。例如，судьба（命运）一词能够将我们引向：与之相关的一些词，如 суждено（命中注定）、смирение（温顺，驯服）、участь（命运，境遇）、жребий（命运）、рок（厄运，劫数）等；一些搭配，如 удары судьбы（命运的打击）；一些固定的表达，如 ничего не поделаешь（毫无办法）；一些语法结构，如俄语句法特有的大量无人称不定式结构；大量的谚语等②。

　　而俄罗斯语言文化学派概念分析的重点是价值概念，其代表人物是卡拉西克。他认为，价值概念永远是文化概念的核心，价值原则就是文化存在的基础。在利亚平（С.Х.Ляпин）提出概念多维结构的基础上，卡拉西克进一步提出概念作为多维意识结构的三大重要特征：形象量度（образное измерение）、概念量度（понятийное измерение）和价值量度（ценностное измерение）：（1）形象量度——存在于人们记忆中的与实践知识相关的可见、可听、可嗅、可触的物体、现象和事件；（2）概念量度——用语言形式固化下来的概念，可解释、可描写、可对比，它在人们知识系统中的存在并不是孤立的，而是以一种综合的、多维结构的、全景式的状态存在；（3）价值量度——在心理结构中价值特征无论对于个体还是群体来说都是极其重要的，它是一种概念区别于另一种概念、一个民族区别于另一个民族的决定性要素，其综合体就构成了作为语言世界图景重要组成部分的"世界的价值图景"（ценностная картина мира）。价值概念在复杂的民族意识中代表了一个民族文化类型中最核心的思想。价值概念进一步揭示了文化概念的实质，而"世界的价值图景"的思想，则进一步丰富了语言世界图景理论的内涵，为在复杂的意识结构中研究民族

---

　　① Вежбицкая А.，*Семантические универсалии и описание языков*，Пер.с англ.А.Д.Шмелева под ред.Т.В.Булыгиной，М.：Языки русской культуры，1999，с.282.

　　② Там же，с.284.

文化本质、确定民族文化类型等提供了重要的理论依据。①

作为课题组的固定成员，扎利兹尼亚克、列翁京娜（И.Б.Левонтина）、什梅廖夫等学者认为，对于俄语世界图景来说，关键概念包含在 душа（心灵）、судьба（命运）、тоска（忧愁，愁苦）、счастье（幸福）、разлука（分别，离别）、справедливость（公平，正义）等词汇②中，这些词也是语言特色词（лингвоспецифичные слова），因为它们在其他语言中很难找到对应词③。除了这些具有文化价值的词汇—概念外，属于语言特色词的还有语义中包含对该语言而言重要的观念的任何词，如 собираться（决定，打算）、добираться（弄明白，搞清楚）、постараться（что-то сделать）（努力做完某事）、сложилось（形成，确立）、довелось（得到机会，得到可能）、обида（委屈）、попрёк（责备，埋怨）、заодно（一致地，协调地）等。三位学者认为，要确认一些观念（идея）对于该语言世界图景来说是关键的，至少需要从两个方面考虑：一方面，该观念在其他词语和表达的意义中反复出现，有时还在句法结构甚至构词模式的意义中复现；另一方面，正是这样一些词比其他词更难以翻译成外语。基于此，三位学者认为，对于俄语世界图景而言，特别关键的观念或贯穿始终的主题是这样一些：（1）世界不可预测观念（а вдруг<万一>、на всякий случай<以防万一，以备急需>、если что<万一，要是>、авось<侥幸，碰运气>；собираюсь<决定，打算>、постараюсь<努力，尽心尽力>；угораздило<真不该，何苦>；добираться<弄明白，搞清楚>；счастье<幸福>）；（2）认为重要的是要集合起来的认识（为了做好某事，必须动员自己的内部资源，而这比较困难）（собираться<动员起现有力气、意志、思想、记忆力等>、заодно<一致地，协调地>）；（3）这样一种认识：即要使人内心感觉舒服，他的外部必须要有大的空间；而如果这个空间无人居住，这也会引起内心的不适（удаль<勇猛，剽悍>、воля<意志；意愿；自由>、раздолье<辽阔，宽广；逍遥自在，无拘无束>、размах<广阔的空间；气势，气魄>、ширь<广阔空间；旷野>、широта души<内心的宽广>、маяться<遭罪，受折磨>、неприкаянный<不知所措的，无所适从的>、добираться<艰难缓慢地走

① 姜雅明：《对"концепт"的解读与分析》，《中国俄语教学》2007年第1期。
② 这些词本身也可以称为俄语世界图景的关键词。
③ Зализняк Анна А.，Левонтина И.Б.，Шмелев А.Д.，"От редактора"，*Ключевые идеи русской языковой картины мира*，М.：Языки славянской культуры，2005，с.10.

到>）；（4）对人的关系细微差别处的关注（общение<交际>、отношения
<关系>、попрёк<责备，埋怨>、обида<委屈>、родной<亲爱的，心爱的>、
разлука<分离，别离>、соскучиться<想念，思念>）；（5）公正性观念
（справедливость<公平，正义>、правда<道理>、обида<委屈>）；（6）"高
低"对立（бытие<存在；生活，生命>—быт<日常生活>，истина<真
理>—правда<道理>，долг<责任>—обязанность<义务>，добро<善>—
благо<幸福，福利>，радость<快乐>—удовольствие<愉悦>）；（7）将其他
人知道一个人的感受视为好的观念（искренний<真诚的>、хохотать<哈哈
大笑>、душа нараспашку<朴实坦率的人，非常直爽的人>）；（8）认为人出
于实际利益的考虑而行事为不好的观念（расчетливый<节俭的，精打细算
的>、мелочный<好计较小事的，气量小的>、удаль<勇猛，剽悍>、
размах<广阔的空间；气势，气魄>）。①

　　1989 年，课题组举办了有关文化概念的系列讨论会。学者们注意到
哲学术语和伦理学术语在人们的日常生活中体现出鲜明的相似性和相关
性，而这正体现在自然语言中存在大量反映人的日常实用哲学的词汇这一
事实上，这些词汇因与现实生活机制密切的相互作用而与纯粹的哲学术语
区别开来。哲学上真理概念典型的永恒性、不变性、独立性（不依赖于
人）、唯一性和真实性特征，对于其日常相关物而言已变得不那么重要。
绝对的真理变成了"无数低俗真理"，碰到日常意识的土壤，судьба 概念
不再那样具有决定性意义。② 在 1990 年 5 月 28—30 日课题组举办的"概
念分析：方法、结论和前景"研讨会上，与会者进一步确认了通过反映
人的世界观的关键性概念和术语③来研究文化的概念选择原则，这些概念
包括 истина（真）、творчество（创造）、долг（责任）、судьба（命运）、

---

①　Зализняк Анна А., Левонтина И.Б., Шмелев А.Д., "От редактора", *Ключевые идеи рус-ской языковой картины мира*, М.: Языки славянской культуры, 2005, с.11.

②　Арутюнова Н.Д., "Введение", *Логический анализ языка. Ментальные действия*, М.: Наука, 1993, с.4.

③　谈到关键概念对于人的重要意义时，索洛维约夫在思考普希金的最后选择基础上写道：
"有一些精神层面的事物，其重大意义除了与它们自身的现实特征相关外，对于我们来说是直接
由我们拥有的对它的概念决定的。""很明显，哪怕是最顽强、最有毅力的人，他对于自己生命
的过程和终结的掌控能力只限于很窄的范围。但与此同时也不难发现，命运尽管拥有所有牢不可
破的外在力量，然而其对于人的掌控力也受制于人本身内在的积极的亲自参与。"（Арутюнова，
1993a：3）

добро（善）、зло（恶）、закон（规律）、порядок（秩序）、красота（美）、свобода（自由）等。

　　"语言的逻辑分析"课题组选择世界观相关概念作为分析的主要对象，是因为它们既是个人的，也是社会的，既是民族特有的，也是全人类共有的，它们存在于不同意识类型的语境中——日常的、文学的和科学的，因而也是文化学家、宗教历史学家、人类学家、哲学家和社会学家共同的研究对象。这些概念正是俄语语言世界图景的关键概念，它们虽然本身都具有全人类的普适性特点，几乎在所有语言中都普遍存在，但正是它们在俄语中的语言表现凸显出了俄罗斯语言和文化的特色。面对这些概念，课题组一方面努力描写和解释其在具体语言（重要是俄语）中的表现，另一方面致力于对其在不同语言文化语境中的语言表现进行对比分析。分析这些概念在语言和文学中的表现，对于揭示这些关键概念所蕴涵的民族文化特质和人类文化共性，对于进一步认识语言的民族性和世界性具有至关重要的意义。

第二章

概念分析的认识论

在基本确定了课题组研究中概念的定位和选择等本体论问题之后，我们需要对概念分析本身在认识论上有所把握。我们认为，课题组的概念分析在认识论上主要表现为从概念出发的哲学出发点、侧重于概念符号学表现的符号学立场以及认知和文化兼顾的目的论取向三个方面。

第一节　概念分析的哲学出发点

科列索夫认为："理解概念是哲学的唯一目的，不管哲学家如何称谓自己对绝对本质的探索。而为了进行充分的哲学探索，哲学家没有比他的语言更为深刻的东西了。"① 在此基础上，他将哲学家的立场归为三种看待概念的角度：

从事物出发的立场（позиция «от вещи»），即唯名论（номинализм）。其对事实经验的实用取向是古俄罗斯思想的典型特征，这在具体研究提供材料以解释获得的文化符号（借助借喻手段）、发展语词形象形式中事物意义的事物世界的过程中是很自然的。这里的主要任务在于将获得的理念限定在斯拉夫语词的界限内，既保留语词的原始意义，又保留其在宗教文本中的象征意义。

从语词出发的立场（позиция «от слова»），即实在论（реализм）。其对语词包罗万象及内在矛盾特点的理念取向是中世纪俄罗斯思想的典型特征，此时的俄罗斯思想已经掌握传统符号的事物意义并准备在斯拉夫语词的范围内创建自己的符号。借助于脱离语境的语词的隐喻化，新的意义

---

① Колесов В.В.，*Философия русского слова*，СПб.：ЮНА，2002，с.406.

得以发展，这与揭示所有的新特征相联系，这些新特征随后进入了概念的内涵之中。这里的主要目标在于使从宗教文本中分析出来的理念与其相应的事物协调一致。

从理念出发的立场（позиция «от идеи»），即概念论（концептуа-лизм）。对理念抽象性的理性主义取向是新时代的典型特征，该时代始于17世纪末，以新条件下基督教符号及斯拉夫语词的词汇形象为基础。此时，母语语词中的事物意义（即类指）和意义（即涵指）已经被掌握；通过理性思想的努力，概念（понятие）的外延和内涵归结于概念（по-нятие）的一个统一的点，此时的概念（понятие）被理解为显灵的概念（явленный концепт）。在中世纪末，符号在短时间内为讽喻（аллегория）所取代，在其中，基于哲学意识在母语的躯体上所拟定的规约联系，形象被赋予了理念。此时的主要任务是在考虑变化而来的理念形式的基础上使获得的（可视的）语词与对应的事物相符。这样的结果是众所周知的。通过消除日常形象和疏远宗教符号，文艺复兴时期的概念论将民间创作和基督教信仰置于一边：发生的是"高级"（作者的）文学的诞生和知识的投机等。①

科列索夫认为："只有将这三个出发点联合起来，才能够在心智从概念到概念的发展过程中提供其整个语义场大容量的、各种透视域中的客观图景。"② 这三种视角分别代表三种不同的哲学立场：词的角度代表语言学立场，事物的角度代表现象学立场，理念的角度代表阐释学立场。不同的民族哲学在当前表现出来的是这些立场各种各样的不同变体。它们在俄罗斯自我意识发展历史中出现的先后顺序是现象的顺序，而不是更替的顺序，唯名论、实在论和概念论三者之间从来不存在竞争，它们也不应该被看作相互矛盾的倾向。在俄罗斯，三者共存的经典时期是18世纪末到20世纪初，而20世纪思想界的全部紧张工作正是由平衡这三种视角的追求所决定的。

这样看来，课题组的概念分析所持的是从概念/理念（концепт/идея）出发的立场，因为分析面向的首先是概念，而后才涉及与概念相关的事物、现象及语言表现。概念/理念、事物与语词之间的关系体现为

---

① Колесов В.В., *Философия русского слова*，СПб.：ЮНА，2002，с.406-407.

② Там же，2002，с.407-408.

语义三角（符号学三角），该语义三角的每一个成分随着思想逐渐深入表现形式的本质而不断改变自己的地位：вещь（事物）>предмет（对象）>объект（对象物）；имя（名称）>знамя（旗帜）>знак（符号）；образ（形象）/идея（理念）>символ（符号）>понятие/концепт（概念）。作为存在模式的语义三角在俄罗斯哲学传统中被视作逻各斯（логос），逻各斯规定了心智（ментальность）的空间域，即三维存在域中现象的三面性（триипостасность）。语词中所表现出来的概念形式间的相互关系则被视作其内容形式在概念四方体（концептуальный квадрат）中的更替：образ（形象）—понятие（概念）—символ（象征）。所谓概念四方体，是按照实指（референт）存在与否（分别标记为 R 和–R）和类指（денотат）存在与否（分别标记为 D 和–D）而构成的四方形，其中–D-R、D-R、DR、–DR 各区域分别代表 концепт（0/4 区）、образ（形象，1区）、понятие（2 区）、символ（象征，3 区）。确切地说，四个区域分别表示"纯心智性、未成形的 концепт"；"心理上表征出来的形象"；"对 понятие 的逻辑描绘"；"作为神话源泉的文化象征"。其中 концепт（概念）既作为词（符号）语义发展的起点（0 区），又是语义发展的终点（4 区）。[①] 如表 2-1 所示：

表 2-1　　　　　　　　　　　　　　　概念四方体

	R	–R
D	对概念的逻辑取消（логическое снятие понятия） 2	心理表征的形象（психологически представленный образ） 1
–D	作为神话源头的文化象征（символ культуры как источник мифа） 3	0/4 概念的纯心智性、非形式性（чистая ментальность, неоформленность концепта）

概念四方体是认识论性质的，在俄罗斯传统中被称为索菲娅（София）[②]。索菲娅规定了心智的时间特征，即概念在其内容形式中表现为

---

① Колесов В.В.，*Философия русского слова*，СПб.：ЮНА，2002，с.42-57.

② София 源自希腊语，本身的狭义是"智慧、绝顶聪明"。在俄罗斯宗教生活中它具有特别的意义，成为了一个专门术语，表示"上帝最高智慧"（премудрость Божию），与俄罗斯哲学家的宗教哲学探索结合在一起。

一种运动。概念在存在空间中是通过其内容形式的运动①（движение）表现出来的。在传统的称名中，概念具有多种名称，科列索夫将它描写为"理念—观念"（идея-идеал）。至于概念的定义，科列索夫只能通过其内容表现形式近似地给出，其对概念的原初定义可参见本书第二编第一章第一节的内容。② 概念的内容形式的历史演变可以描写成 ментализация（心智化）—идеация（理念化）—идентификация（证同）三个阶段。心智化就是用形象的意思来充实词符，从对象意义③的角度来加工获得的基督教符号（христианский символ），即将符号与事物世界进行经常性的对照。理念化是斯拉夫语词意义的发展，从概念内涵④的角度对已经接受的基督教符号进行再加工，"在实体的物质性中找到非物质性"，即在个别的、具体的和暂时的事物中发现普遍的、绝对的和永恒的东西。证同则是使语词与事物联系起来，彻底疏远作为另一事物世界的象征符号，同时使概念内涵和外延、语词的意义和事物意义理性融合。⑤

第二节　概念分析的符号学立场

长久以来，语言学研究的不是处于物质方面和精神方面的统一体中的语言，而只是语言的语法、句法、语义骨架。正是因为这个原因，研究没能搭建起从语言到思维的桥梁，没有探索到联系二者的基础。博鲁霍夫指出：不是语言的骨架，而是语言的灵魂，即在语言中得以对象化的世界观、意识形态、价值体系直接将语言同说话主体的灵魂、内心世界和思维联系起来；语言的概念分析正好使我们能够窥探到语言的灵魂，填补语言和思维之间的鸿沟⑥。斯捷潘诺夫认为，在文化中语词和物质对象都可以具有精神含义，精神文化和物质文化之间并没有不可逾越的严格界限，因

---

① 或称 энтелехия（亚里士多德哲学中的术语，活力论中的"活力"）。

② Колесов В.В.，*Философия русского слова*，СПб.：ЮНА，2002，с.404–405.

③ 亦即 объём понятия（概念的外延）、денотат（类指）、экстенсионал（外延）。

④ 概念内涵（содержание понятия），亦作 десигнат、интенсионал。

⑤ Колесов В.В.，*Философия русского слова*，СПб.：ЮНА，2002，с.405–406.

⑥ Борухов Б.Л.，" «Зеркальная» метафора в истории культуры"，*Логический анализ языка. Культурные концепты*，М.：Наука，1991，с.116.

而可将概念序列和事物序列视为在同一基础上的平行现象，即文化中既没有纯粹的精神概念，也没有纯粹的物质上的事物，每一种文化现象都兼具这两个方面①。

综观课题组②的概念分析实践，我们不难发现，立足于概念所指和能指之统一的符号学立场构成了概念分析的又一认识论基础。即便是反映民族精神文化的语词，也并不构成特殊的语言符号现象，依然受制于所指和能指的对立统一这一宏观原则：一方面，民族心智以很高的符号性将物质对象引入精神实在世界（例如，在民众观念中烟囱是与彼世交流的通道）；另一方面，精神概念"生活"（存在）于可视、可闻、可触的世界之中。尼基京娜曾形象地写道："少女的意愿（девичья воля）物化在头饰中，在浴室中得以洗涤或者通过浴室的烟窗飞逝而去；死（смерть），带着锋利的镰刀、凶神恶煞、怒气冲冲地从地狱黑暗的角落中冲过来；永生的、不可见的灵魂（душа）告别身体，如同'雏鸟告别鸟巢'一样，像小鸟一样从身体里飞出。死后的灵魂则忘记了告别，返回身体并与它交谈；如同人一样，灵魂会因为长时间的步行而劳累，当把它放入燃烧的火焰或沸腾的胶脂物中时，它会哭，会反抗。"③ 所有这些体现出符号的物质表象方面（诗学篇章中的形象）和精神内容方面（关于世界构造的民族观念）的高度统一。

为索绪尔结构主义语言学所开创，叶尔姆斯列夫语符学、布拉格音位学、格雷马斯叙事语义学、莫斯科—塔尔图符号学派的文化符号学所继承和发展的二元对立这一核心符号学思想在"语言的逻辑分析"课题组的研究中也处处闪现出认识论的光辉。学者们认为，对于俄语世界图景来说，典型的一个特征是"高"（высокое）与"低"（низкое）、"天"

---

① Степанов Ю.С., *Константы：словарь русской культуры*.Издание 2-е, исправленное и дополненное, М.：Академический Проект, 2001, с.75.

② 值得一提的是，课题组本身的名称"语言的逻辑分析"与符号学家叶尔姆斯列夫提出的"副逻辑分析"（сублогический анализ языка）具有很强的相关性，而副逻辑分析即是符号学分析以前的提法：如果说逻辑分析操作的是话语材料和至少是词位材料的话，那么副逻辑分析关注的是语法语义，由于这个原因，同时因为副逻辑分析的关键性术语分享对立（партиципативное противопоставление）是逻辑关系的基质（субстрат），"副逻辑的"（сублогический）的说法由此而来。（Степанов, 1991：8-9）

③ Никитина С.Е., "О концептуальном анализе в народной культуре", *Логический анализ языка.Культурные концепты*, М.：Наука, 1991, с.117.

（небесное）与"地"（земное）、"内"（внутреннее）与"外"
（внешнее）的对立，同时更倾向于前者，这种价值论上的极性化（аксио-
логическая поляризация）特点扩展到众多概念的结构中。俄语中的一系列
重要概念就是以两极方式存在的，如下述按"高/低"特征形成对立的词
对：истина（真理）和 правда（道理）；долг（责任）和 обязанность（义
务）；добро（善）和 благо（幸福）；радость（高兴）和 удовольствие
（愉悦）等。① 如关于 радость 和 удовольствие 的这种"高/低"对立，普
里什温（М.М.Пришвин）在一篇日记中有很好的描述：

Подозреваю, что та редкая радость（будто взыгрывается что-
то в душе）, радость, не забиваемая ни годами, ни нуждой, ни
оскорблениями, — та радость у нас с ней общая, она и соединила
нас.И отсюда наша общая с нею ненависть к удовольствию, заменя-
ющему радость.②（我怀疑，那种罕见的快乐<似乎是内心里有某种
东西兴奋起来>，那种无论是岁月还是需要或是侮辱都妨碍不了的快
乐，那种对于我和她来说共同的快乐，正是它将我们联结在了一起。
由此而产生的是我与她对取代快乐的快感共同的仇恨。）

　　同时，符号学三分法原理在概念分析中也体现出独特的认识论价值，
从"语言—人—世界"这一大的符号三角关系出发探讨一些核心概念问
题，往往能收到显著的效果。如沙图诺夫斯基从与语言、人、世界分别对
应的句子的内容（S）、说话人的思想（P）、事物的现实状态（R）三个
方面的关系角度来把握 правда（道理）、истина（真理）、искренность
（真诚）、правильность（正确性）、ложь（谎言）等一些重要概念的实
质，作出了精辟的区分和对比分析。其中 S 与 P 之间的相符或不相符体
现为真诚关系（искренность），P 与 R 之间的相符或不相符体现为正确性
关系（правильность），而 S 与 R 之间的相符或不相符体现的则是真相关
系（истинность）。其中，使 S＝R 成立的条件是 S＝P，而且 P＝R。
　　S 与 P 间的关系在俄语中通常用 искренне（真诚地）、неискренне

① Зализняк Анна А., "Счастье и наслаждение в русской языковой картине мира",
Ключевые идеи русской языковой картины мира, М.：Языки славянской культуры, 2005, с.155.

② Там же, с.156.

（虚假地）、лицемерно（虚伪地）等词汇表示，"S＝P" 意义可进入修饰言语动词的副词之中，如 искренне сказал（真诚地说），也可进入修饰表示说话人或言语作品的名词的形容词意义中，如：Я был искренен, говоря …（说……我是真诚的）；искренние слова（真诚的话语）；искреннее письмо（真诚的信）。① 话语的真诚性（искренность）并不意味着它的真实性（истинность），但在描述内心世界的意向现象时，两者间的对立得以中和，因为愿望、观点、信仰、爱不可能脱离人的头脑而存在，因而此时 P＝R，如果 S＝P，那么必然 S＝R。此时，искренне（真诚地）或 искренний（真诚的）通常不修饰言语动词或言语作品名词，而是修饰意向现象本身，如 искренне желает（думает、верить、рад）（真诚地希望<认为、相信、高兴>）或 искреннее желание（восхищение、недоумение）（真诚的愿望<赞美、疑惑>）等。

　　S 与 R 间的关系在俄语中通常用 истина（真理，用作述谓）、истинно（真实地）及其更为普及的分析形式（не）соответствует действительности（истине）（<不>符合现实<真相>）来表示。两者间的关系在含有这些词的句子中可以直接认识到，这一点不同于真诚关系（искренность）和正确性关系（правильность）。S 的真实性隐含着真诚性，后者是前者的必要条件。правда（道理）反映的也是 S 与 R 间的相符关系，与 истина（真理）的不同之处在于它具有非基本性的、综合性的特征。правда（道理）最典型的使用情境是说话人 Г 知道真理（P＝R），而且 S 与 R 的相符关系特别依赖于 Г 的真诚（S＝P），换言之，"P＝R" 语义成分是 правда 词义的推定，处于交际焦点的则是 "S＝P" 和 "S＝R"，可图式为：S правда＝"［（P＝R）· (S＝P)］→(S＝R)"，简言之，即 правда（道理）＝искренность（真诚）+истинность（真相），确切地说，правда（道理）是指这样的 S，它因为是真诚的，所以是真实的。② 沙图诺夫斯基认为 правда（道理）和 истина（真理）的区别体现在将意思成分引入话语的顺序及由此导致的结果上：истина（真理）直接抓住问题的要害，将最终的结果 S＝R 引入语篇，由此得出 S＝P；правда（道

　　① Шатуновский И.Б.，""Правда"，«истина»，«искренность»，«правильность» и «ложь» как показатели соответствия/несоответствия содержания предложения мысли и действительности"，*Логический анализ языка. Культурные концепты*，М.：Наука，1991，с.31.

　　② Там же，с.33-34.

理）告诉我们 S=P（而 P=R 则是已知的），由此得出 S=R。

Правильно（正确地）、верно（准确地）、справедливо（公正地）、неправильно（不正确地）、неверно（不正确地）、ошибочно（错误地）ошибка（错误）、заблуждение（谬误）描述的是思想（P）与现实（R）的关系，而与这些思想是不是用语言表达出来无关，尽管这些词作为状语副词与言语动词的搭配非常广泛：Он правильно/верно/справедливо сказал/заметил, что ...（他正确地说<指出>……）当 P 用语言表达出来时，句子的 истинность（真相）和 правильность（正确性）的情境对立得到了中和，而当 P 不是用语言表达出来时，只能说 правильно（正确地），而不能用 верно（准确地），更不能说 истинно（真实地）。思想（мысль）可以是 справедливый（正确的）、правильный（正确的）、верный（正确的），但不能说 правдивый（真实的）、истинный（真的）、ложный（假的）。

P 与 R 的相符或不相符关系不是由主体控制的，因而说话人 Г 不能在说话时刻从符合或不符合 R 的角度来评价自己所拥有的思想，如不能说 Я правильно/ошибочно считаю, что ...（我正确地认为……）。与 правильно（正确地）等词相关的还有另一个词 прав（正确），两者描述的是同样的情境，即主体 C 的思想与现实 R 相符，但描述的是这一情境的不同侧面：правильно 等词从上述相符关系出发描述的是 P 的特征，而 прав 也是从上述相符关系出发，但描述的是 C 的特征。试比较：

> Ленин был абсолютно прав, утверждая, что капиталистическая система не может существовать, отдавая прибыль производителю этой прибыли. (В.Криворотов, Ирония истории)（列宁确信，如果将利润交还给生产者，资本主义制度不可能存在，这是完全正确的。）= Ленин абсолютно правильно/справедливо утверждал, что ...（列宁完全正确地确信……）

上述各个词的使用语境，可用图式表示如下①：

---

① Шатуновский И.Б., ""Правда", «истина», «искренность», «правильность» и «ложь» как показатели соответствия/несоответствия содержания предложения мысли и действительности", *Логический анализ языка. Культурные концепты*, М.: Наука, 1991, с.37.

S истинно（S 真）—S＝P

S искренне（S 真诚）—S＝P

P правильно/C прав（P 正确，C 正确）—P＝R

S правда/правдиво（S 真实）—［（P＝R）·（$\underline{S=P}$）］→（$\underline{S=R}$）

S неправда/ложь/лживо（S 不真实，虚假）—［（P＝R）·（$\underline{S\neq P}$）］→（$\underline{S\neq R}$）

Γ правдив（Γ 真实）—Γ такой, что всегда, когда（P＝R），（$\underline{S=P}$）→（$\underline{S=R}$）（Γ 是这样的情况，当 P＝R 时，如果 $\underline{S=P}$ 则总能推导出 $\underline{S=R}$）

Γ лжив（Γ 虚假）—Γ такой, что часто, когда（P＝R），（$\underline{S\neq P}$）→（$\underline{S\neq R}$）（Γ 是这样的情况，当 P＝R 时，如果 $\underline{S\neq P}$ 则经常能推导出 $\underline{S\neq R}$）

　　斯捷潘诺夫认为符号学的特点之一在于将组合和聚合①两个平面结合起来，聚合和组合这两个符号学分析维度也为概念分析提供了强有力的认识论武器。课题组面对任何一个世界观相关概念时，首先是将其放在由同义、近义、反义关系构成的语义聚合场中。如分析 судьба（命运）概念时，几乎所有的学者都会自然地将其放在与 доля（幸运，好运）、удел（命运）、юдоль（厄运）、жребий（命运）、рок（厄运，劫数）、фатум（厄运，劫数）、фортуна（幸福，好运）、планида（命运，遭遇；幸运，走运）、звезда（命运，幸运，走运）等意义相关词汇，表达"命运"意义的一些固定表达（如 ничего не поделаешь＜毫无办法＞），甚至一些语法结构（如俄语句法特有的大量无人称不定式结构和大量的谚语等）构成的聚合场中进行分析。而在具体分析时，则侧重于分析概念的认知内容和文化内容在语词搭配中的体现，尤其是表达同一概念的不同语词在搭配和使用上的细微差别。如 истина（真理）只有一个拥有者（владелец），适于表达宗教真理和人的关系，因而其可行的组合搭配往往是：истине поклоняются（崇拜真理），ей служат（为真理服务），люди бывают одержимы истиной（人们总是被真理控制）；жажда истины（渴望真理），к истине стремятся（追求真理），путь к истине тяжек（通往真理

----

　　① 关于这两种关系，索绪尔、叶尔姆斯列夫、雅各布森、马丁内（A. Martinet）所用的术语分别是句段关系（syntagmatic）/联想关系（paradigmatic）、关系（relation）/相互关系（correlation）、邻接段（contiguity）/类似体（similarity）、对比段（contrast）/对立体（opposition）。

的道路是艰难的），истину обретают через страдания и находят в ней блаженство（经过磨难获得真理并从中找到快乐）；истина，подобно солнцу，слепит（真理像太阳一样光彩炫目）；стезя истины ведет человека ввысь（真理的道路指引人向上）等。而 правда（道理）作为生活中的范畴，分布在大量不同领域，有众多拥有者，因而其可行的组合搭配是：И моя правда，и твоя правда，и везде правда，а где она（有我的道理，有你的道理，到处都有道理，但道理在哪儿）；Говорят о правде народа，о сермяжной и солдатской правде，о правде всех и правде одиночек（说到人们的道理，朴实无华的道理和士兵的道理，所有人的道理和孤独者的道理）；Каждый человек живет правдой своей（每个人都靠自己的道理而活着）；И всякий человек умирает от неправды своей（任何人都会因为道理的丧失而失去生命力）。在这些搭配中，истина（真理）和 правда（道理）是不能相互替换的。

正基于此，尼基京娜强调指出："对民族文化'语词—概念'，应该通过指出它们同该文化中其他概念的联系来进行语义描写。描写所研究词与同它具有聚合或组合联系的其他词的关系，我们得到的是对我们感兴趣的语词的局部解释。而所有局部阐释的总和将会是对'语词—概念'足够充分的语义描述—解释。"①

第三节　概念分析的目的论特点

尼基京娜曾指出，概念分析这一词组本身就是有歧义的表述：它可以表示分析概念，也可能表示一种明确的研究方法，即借助于概念进行的分析或者将概念作为自己的极限单位以区别于成分分析中的基本语义特征等相关单位的一种分析②。在"语言的逻辑分析"课题组的研究中，概念分析更多情况下表示的是前一种意义，即分析概念。

谈到概念分析的目的和任务时，课题组成员库布里亚科娃将其与语义分析进行了比较。她认为，概念分析与语义分析的最终目的是不一样的：

① Никитина С.Е.，"О концептуальном анализе в народной культуре"，*Логический анализ языка.Культурные концепты*，М.：Наука，1991，с.118.

② Там же，с.117.

"如果说语义分析是为了说明词的语义结构，明确实现该语义结构的类指、涵指和伴随意义，那么概念分析则是为了寻找那些被归入一种符号并预先决定符号作为人所共知的认知结构之存在的普遍概念；语义分析与解释词汇相联系，而概念分析是走向关于世界的知识。"①

波兰语言学家韦日比茨卡在分析有意义的语言单位（词、结构、形位）时，试图揭示人本性的潜在特征，这些特征对于操不同语言的人来说是不同的，这样，该语言单位意义中具有民族特色的东西成为了民族性格研究者的基础材料。② 切尔奈科在《抽象名词的语言哲学分析》一书中指出，概念分析的结果是揭示出一些"格式塔"——词的联想轮廓，这些格式塔是从所析概念名词的隐喻搭配中推导出来的，对该文化的载体来说是典型的。这些格式塔反映了概念的副逻辑部分，即关于抽象名词背后实质的直觉知识，可以简化为确定的模式。这样，由 хозяйка（раб судьбы）（主人<命运的奴隶>）、покровитель（благодарить судьбу）（庇护者<感谢命运>）、суд（приговор судьбы）（法官<命运的判决>）、противник（бороться с судьбой）（敌人<同命运作斗争>）、раб（хозяин судьбы）（奴隶<命运的主人>）等系列格式塔表征的 судьба（命运）概念模式中可以分离出联想联系的常体结构，即 судьба（命运）是让人们屈服的力量（власть），是人们不愿屈服的力量（враг），是人们使之屈服的力量（раб）。③

应该看到，一些场合下，概念分析的结果只属于语言和文化领域，而在另外一些情况下，概念知识则跳出了这些框架。阿鲁久诺娃指出："语义重构是概念分析的基本任务。在这种分析中会关注到属于语言任何一个层面的信息——语法的、词汇的、交际的。"④ 而概念分析的一个显著成果在于初步确定一些主要的世界观相关概念在其语言中实现的语义模式。

① Кубрякова Е.С., "Об одном фрагменте концептуального анализа слова память", *Логический анализ языка. Культурные концепты*, М.: Наука, 1991, с.85.

② Зализняк Анна А., Левонтина И.Б., "Отражение «национального характера» в лексике русского языка", *Ключевые идеи русской языковой картины мира*, М.: Языки славянской культуры, 2005, с.308.

③ 转引自立陶宛学者拉桑（Э.Лассан/E. Lassan）的""Надежда": семантический и концептуальный анализ"一文，网址为 http://filologija.vukhf.lt/2-7/lassan.htm。

④ Арутюнова Н.Д., "От редактора", *Референция и проблемы текстообразования*, М.: Наука, 1988, с.3-4.

而帮助我们认识这种语义模式的首先是以下几个成分：（1）能够指明归属于某一概念域的特征集；（2）由在价值体系中的位置所决定的定义；（3）对在人类生活中的功能的说明。人们总是同自然相互作用，但他们是通过自身与获得了象征意义的抽象概念的关系来思考这种相互作用的：人为自由和正义而斗争，寻找真理，服务于真理，为了共同的利益而牺牲自己，追求善的东西并同欺骗他或者没有辜负其希望的命运抗争。① 总体来看，课题组的概念分析要达到的目标在于揭示概念的深层认知语义特点和文化语义特点及其在语言中的表现。

---

① Арутюнова Н. Д., "От редактора", *Логический анализ языка. Культурные концепты*, М.: Наука, 1991, с.3-4.

第三章

概念分析的方法论

斯捷潘诺夫强调，任何一个想认清自身文化的精神概念的人都面临方法的问题，而关于方法的问题同时也是关于概念的内容和现实性的问题。[①]但当前对于术语"концепт"（概念）还没有公认的定义，也没有推出清晰的概念分析模式，但从一些研究具体概念的论文中至少可以区分出以下六种最常用的概念分析方法：（1）下定义的方法（дефинирование）；（2）语境分析（контекстуальный анализ）；（3）词源分析（этимологический анализ）；（4）采访的方法（интервьюирование）；（5）分析表征概念的同义单位；（6）分析俄语箴言、格言和作者的个性化称名。[②]

就课题组的相关研究来看，在上述本体论和认识论取向的指导下，课题组总体上采取的是从意义到形式的研究路线。虽然囿于各个学者不同的学科理论背景，每个人采用的研究思路并不完全一致，但综观课题组的研究，在使用的具体研究方法上，学者们表现出了相当的共性特点，主要表现在：分析内部形式；分析抽象名词的隐喻搭配；同义辨析；民族文化对比；场性分析；句法表现分析等。

第一节　分析内部形式

卡韦林（К.Д.Кавелин）在考察风俗和礼俗时发现，人们对这些文化

---

① Степанов Ю. С., *Константы：словарь русской культуры. Издание 2-е, исправленное и дополненное*, М.：Академический Проект, 2001, с.49.

② 参见帕申娜（А.В.Пашина）的论文 "К вопросу о методике концептуального анализа художественного текста（на материале сказов И.М.Ермакова）"，网址为 http：//www.rusnauka.com/ONG_ 2006/Philologia/16490.doc.htm。

现象的解释经常并不符合现实：起初这些并不是符号，而只是一些确定的概念或具体的行为，随着这些概念或行为方式形成条件的逐渐改变，以前的一些观念变成了传说和迷信，而行为方式变成了礼俗。这些风俗和礼俗最初的意思随着条件的变化往往已经完全丧失殆尽，人们继续遵守、尊重它们，但已经并不理解它们了。正是面对初始意思与民间解释间的不同现象，卡韦林意识到在研究民间礼俗、迷信、风俗时需要一种寻求其直接的本真意思的方法，这里直接的本真意思后来被语言学家称为"内部形式"（внутренняя форма）。① 事实上，在方法论领域，卡韦林的先行者是公元前古希腊历史学家修昔底德（Thucydides/Фукидид）。现代研究者认为他作为历史学家的伟大贡献在于引入了有根据的文献来源，建立了历史年表，开创了通过在文化遗迹基础上进行逆向断言（обратное заключение）来重构过去的方法，即根据保留在社会生活中的不同规范的残留来推断它们曾经是什么，是如何作用的。斯捷潘诺夫认为修昔底德在这一问题上的天才还表现在另一方面，即他建议历史学家针对过去某种东西的精神价值下结论时要依据该东西在现在的物质残余。

就课题组的研究来说，对于一个概念，其内部形式是学者们首先面对的一个问题。如要区分 подряд（连续不断地）和 сплошь（无例外地）这两个副词的区别，词源首先能说明一些问题：сплошь（无例外地）词源上与 плоскость（平面）相关，因而它是两维的，甚至是三维的；而 подряд（连续不断地）与 ряд（行，列）这一词根相关，是单维的。课题组成员格林采尔②明确指出："任何一种文化框架内的任意一个哲学概念都似乎有双重阐释：表示概念的词的内部形式、提供概念初始语义理据的词源从内部向我们解释其含义；而从外部指向概念本质的则是该文化带来的所有可能的定义——概念的直接定义、传统将其置于其中的同义序列以及传统将概念与之联系起来的引喻和联想。"他认为："分析任何一个语言概念，我们应该解决对我们来说一个共同的问题：表示概念的词的内

① Степанов Ю.С., *Константы：словарь русской культуры. Издание 2-е，исправленное и дополненное*，М.：Академический Проект，2001，с.50.

② Гринцер Н.П.，"Грамматика судьбы（фрагмент теории Стои）"，*Логический анализ языка. Понятие судьбы в контексте разных культур*，М.：Наука，1994，с.19.

部形式（即词源）与所表示概念的内容之间原则上是如何相互联系的。"①
他认为，随着语言的发展，内部形式经受了一些磨蚀，同意义的联系也逐
渐丧失，但不能因此而认为联系最初就不存在。内部形式②这一术语为洪
堡特首创，但其关于形式尤其是语言形式的哲学论断未必适用于研究中。
施佩特曾经试图将洪堡特的一般性设想具体化，但针对内部形式给出最明
确、最清晰的工作定义的是波捷布尼亚。波捷布尼亚将词的内部形式定义
为"派生词从中派生而来的源词在该派生词中的表征方式"。这一定义虽
然只针对派生词而言，但它足以成为向非语词现象扩展的一个基点。③ 马
蒂（A.Marty）认为，内部形式同时也是某种意义的形象表达手段，该手
段由社会环境和时代的心理或文化历史特点决定④。

　　内部形式被斯捷潘诺夫视为概念结构中最不易把握的、处于最深层的
第三个成分（见本书第二编第一章第三节），如非派生词或当前被认为是
非派生词的语词中，内部形式就并不为操该语言的人所知晓，只是以词源
形式为研究者所认识，如英语词 breakfast 和法语词 déjeuner⑤ 表示的早餐
之义，均与晚间、黎明前禁止吃东西的仪式禁忌有关。正是看到内部形式
对于概念的形成和发展的重要意义甚至是决定性意义，因此在斯捷潘诺夫
的《常量：俄罗斯文化辞典》这一巨著的每一个概念词条中，内部形式
都是作者首先重点探讨的问题。这一研究方法非常鲜明地体现在课题组成
员的概念分析实践中。普罗斯库林认为，语言和文化的平行性使得概念分
析方法应有所作为：关于时代文化范式的信息（其中这样或那样的文化

---

　　① Гринцер Н.П.，"Греческая ἀλήθεια：очевидность слова и тайна значения"，*Логический
анализ языка.Культурные концепты*，М.：Наука，1991，с.38.

　　② 当前，与内部形式同时使用的还有另一术语 буквальный смысл（字面意思），它既存在
于表现为语词或与语词相联系的文化现象中，也存在于没有用语词表达的现象中。作为一个科学
术语，字面意思适用于完全没有任何字母或语音的场合，与源自语言研究但适用于任何文化现象
的"内部形式"这一术语表示的是同一意思。

　　③ Степанов Ю.С.，*Константы：словарь русской культуры. Издание 2-е，исправленное и
дополненное*，М.：Академический Проект，2001，с.52.

　　④ 参见叶杰列娃（Ю.А.Еделева）的论文"Концептуальное описание лексемы 'печаль' в
произведениях А.С.Пушкина"，网址为 http：//portfolio.1september.ru/？p＝work&id＝551452。

　　⑤ Breakfast 由 break（破坏）与 fast（禁止吃东西）构成；déjeuner 由 dé（否定前缀）与 je-
ûner（禁止吃东西）构成。

主题）能够证实语言的语义重构，特别是词源。① 词源问题因而是他《古英语和盎格鲁撒克逊文化中"世界树"概念的神话诗学主题》一文的主要问题之一，在分析"мировое дерево"（世界树）这一概念之后，普罗斯库林感叹道："语言和文化表现出一个共同的基本特征：语言和文化中，不依赖于更低的、先前的层级，就不可能有更高层级的自由'翱翔'，概念分析方法正由此决定。更高的，同更现代的一样，在过去中找到基础，并依此而获得任何一种文化的强大力量——传统。"② 这里所谓的基础，即是概念的内部形式。概念的内部形式表现为相应词汇的词源形式，它对很多语言现象具有解释力，如正是因为 доля（命运）词源上与"часть"（部分）、"резать"（切割）相关，表示"часть, отрезанная от целого"（从整体中切割出来的部分），而 человечество（人类）是整体，所以 доля человечества（﹡人类的部分）的搭配在俄语中是不成立的。

托波罗夫（В.Н.Топоров）在探讨 судьба（命运）与 случай（机会）作为"必然性/偶然性"、"绝对决定论/绝对非决定论"、"可预见性/不可预见性"的对立处于意义的两极时，也强调了两者之间的呼应关系，而这正体现在两者的内部形式（词源）上。судьба（命运）、случай（机会）两个词具有共同的成分，这源于斯拉夫语"sъ-"，而后者又源于印欧语"<son-"。这一共同成分与关于某种合成运动的观念有关，表示的是在时空连续统的这一点上运动本身的"完成—终结"，它以可见的形式最初体现为某种"co-падение"（一起跌落）—"co-в-падение"（巧合）。此外，在其他语言传统中，这两个概念也表现出某种其他的呼应关系。如德语词 Los（命运，境遇）、英语词 lot 分别与 lösen 和 let 相呼应，而后者具有的"放开""解开""掉""落"等意义也都存在于俄语词 случай（机会）中。试比较 лучить（<夜间用火把等把鱼引来后>叉鱼）用作 метить（向……瞄准）、отпускать（放开，松开）、попадать（击中，命中）、выпадать（掉落）等意义，如 Коли Бог лучит（если Бог попустит）（如果上帝允许的话）；试比较 лукать（扔，掷意即 бросать（掷，投，扔，抛）。同时，Los、lot 两词的词源还显示出与通过掷签来了

① Проскурин С. Г., Мифопоэтический мотив «мирового дерева» в древнеанглийском языке и англосаксонской культуре, *Логический анализ языка. Культурные концепты*, М.：Наука，1991，c.124.

② Там же，с.129.

解命运的判决这一程序有关。①

　　同样，布雷金娜、什梅廖夫认为必然域（поле долженствования）中 необходимо（必须）和 неизбежно（不可避免）的区别就可以从内部形式中找到一些依据：необходимо（必须）表示达到指定目标不可绕过去（не обойти）的条件，而 неизбежно（不可避免）则强调无法回避（не избежать）某种东西，而这并不取决于所提出的目标。因而形成 необходимые условия（必要条件）和 неизбежные последствия（不可避免的后果）这样的搭配并不是偶然的。② 试比较：

　　В коллективной научной работе разговоры не только неизбежны, но и необходимы.（И.Грекова）（在集体性的学术工作中交谈不仅是不可避免的，还是必需的。）

　　阿鲁久诺娃在分析 начало（开始）和 конец（终结）两个概念时也是由词源问题开始的。начало（开始）和 конец（终结）两个词具有相同的词根 ken-，表示"极限"意义，该词根与梵文 кун（环绕）、куна（角落、刀口、边缘）具有亲缘关系。正是两个词的词源共性证实了不可分概念"конец-начало"（始终）或"концы"（末端）的始源性特征。而在教会斯拉夫语中，конъ 也表示"开始、行列、秩序、界限"等多个意义，后两个意义"秩序"和"界限"体现在派生词 закон（法律）中，第一个意义"开始"体现在副词 искони（自古以来）中，如 спокон века（自古以来）、испокон веков（自古以来）。同时，конъ 与拉丁语 recens（新鲜的）和希腊语 Χαινός（新的）同源，此时的开始意义倾向于表示现在或将来。按照内部形式所提供的词源共性信息以及之后词义的分化轨迹，阿鲁久诺娃深入分析了 начало（开始）和 конец（终结）两个概念形成的逻辑前提及其相互关系。③

---

　　① Топоров В. Н., "Судьба и случай", *Логический анализ языка. Понятие судьбы в контексте разных культур*, М.：Наука, 1994, с.65.

　　② Булыгина Т.В., Шмелев А.Д., "Концепт долга в поле долженствования", *Логический анализ языка.Культурные концепты*, М.：Наука, 1991, с.17.

　　③ Арутюнова Н.Д., "Вступление.В целом о целом.Время и пространство в концептуализации действительности", *Логический анализ языка. Семантика начала и конца*, М.：Индрик, 2002, с.3–18.

第二节　分析抽象名词的隐喻搭配

现代语言学研究中广泛使用通过研究语言单位的搭配来重组其语义的方法。这时摆在语言学家面前的任务在于解释关于该词汇与该类词典型的上下文的搭配关系的禁止性规定和优先倾向性。[①] 如体学中对动词与副词结构或副词与不同动词词位的搭配的研究，通过分析名词在形容词语境中的语言表现来研究名词语义等均属此类研究。与此同时，最近以来学者们逐渐在隐喻中看到了理解民族特色及世界普适形象的钥匙。关键性的隐喻随之成为心理学家、逻辑学家和哲学家关注的焦点。[②] 而结合概念重组语言世界图景的一个较为流行的方法就是分析抽象名词的隐喻搭配，这种分析旨在阐明素朴世界图景中与该抽象概念相对照、能保障词组可接受性的可感形象，我们姑且称为隐喻词组。例如，从俄语中存在 Ero гложет тоска（寂寞在折磨着他）、тоска заела（苦不堪言）、тоска напала（突然忧郁起来）等搭配这一事实可以得出结论，тоска（忧愁，愁苦）在俄语语言世界图景中是作为某种"肉食动物"形象出现的。这种分析手段最先应用在阿鲁久诺娃的著作《句子及其意思：逻辑语义问题》（1976）、乌斯片斯基（В.А.Успенский）的论文《关于抽象名词的事物伴随意义》（1979）以及拉科夫（G.Lakoff）和约翰逊（M.Johnson）的著作《我们赖以生存的隐喻》（1980）中。关于同抽象名词与不同语义动词述谓的搭配相联系的隐喻化问题，切尔奈科曾专门撰写《抽象名词的语言哲学分析》（M.，1997）一书加以研究，他认为："从抽象名词与描写动词的搭配中可以推导出抽象名词的隐含形象，这一形象制约着它的搭配。这个形象是一个格式塔。格式塔可以重复出现，也可以是独一无二的。重复出现的格式塔通过抽象名词与外部世界的深层联系揭示抽象名词之间的联系。这

---

① Филипенко М.В.，"О совместимости начал и концов, или Сочетаемость глагольной приставки вы- и предлога в"，*Логический анализ языка. Семантика начала и конца*，М.：Индрик，2002，c.252.

② Сукаленко Н.И.，"Сопоставление портретов человека в трех культурных ареалах：славянском, ближневосточном и дальневосточном"，*Логический анализ языка. Языки эстетики：Концептуальные поля прекрасного и безобразного*，М.：Индрик，2004，c.459.

样，可以说 потерять нить мысли（失去思维线索），但不会说 потерять
нить идеи（＊失去观念的线索），因为 идея（观念）有完全不同的形
式……不管这有多么荒谬，充当抽象名词内容量具的是事物名词：корру-
пцией повязаны（被贪污牵连在一起）、мысли путаются（思维如一团乱
麻）、сомнения рассеиваются（怀疑烟消云散）、воспоминания
всплывают（回忆浮上心头）。""抽象名词作为不可见精神心智世界成分
的语言的、普适性的存在形式，周围长出了'形体'，这是无形的本质向
构成个体日常经验的可见世界的事物投射的结果。"①

　　这种通过分析抽象名词的隐喻搭配来揭示概念内容结构的分析方法在
课题组的研究中屡见不鲜。如对于 судьба（命运）这一概念，什梅廖夫
在《命运的隐喻：定数还是自由》一文中借助一些语料分析了命运语言
的隐喻性特征②；萨赫诺在《命运的课堂：重组命运语言的经验》一文中
将 судьба（命运）的使用归为三种原型语境，即作为联系、作为话语、
作为文本的 судьба（命运），并分别列举了大量隐喻搭配的例子来加以说
明等③。为了阐述 открыть/открыться（开始，开创）、раскрыть/раскры-
ться（揭示，展示）两组动词用于心智空间时的"开始"语义特征，
В. И.加夫里洛娃（В.И.Гаврилова）倚重的正是它们与抽象名词（尤其是
心智名词）的搭配。④ 扎利兹尼亚克结合大量隐喻搭配语料，以 исходить
（根据）、находить（寻找）、выходить（达到）、доходить（体会到）等
动词为例对理智活动概念化过程中出现的运动隐喻进行了分析。⑤

---

　　① Гаврилова В. И.，"Семантика «начала» в спектре значений глаголов открыть/
открыться，раскрыть/раскрыться"，*Логический анализ языка. Семантика начала и конца*，М.：
Индрик，2002，с.197.

　　② Шмелев А. Д.，"Метафора судьбы：предопределение или свобода？"，*Логический
анализ языка.Понятие судьбы в контексте разных культур*，М.：Наука，1994，с.227-231.

　　③ Сахно С.Л.，"Уроки рока：опыт реконструкции «языка судьбы»"，*Логический анализ
языка.Понятие судьбы в контексте разных культур*，М.：Наука，1994，с.238-246.

　　④ Гаврилова В. И.，"Семантика «начала» в спектре значений глаголов открыть/
открыться，раскрыть/раскрыться"，*Логический анализ языка. Семантика начала и конца*，М.：
Индрик，2002，с.195-210.

　　⑤ Зализняк Анна А.，"Метафора движения в концептуализации интеллектуальной
деятельности"，*Логический анализ языка. Языки динамического мира*，Дубна：Международный
университет природы，общества и человека «Дубна»，1999，с.312-320.

　　我们以阿鲁久诺娃对抽象名词，尤其是情感名词隐喻搭配的分析为例来具体说明这种研究方法的特点。每一个抽象名称产生的都不是关于一个具体物体的观念，而是关于各种物体构成的整个序列的观念，抽象名称同时也具有为其中每一个物体所代表的特征。换言之，分析抽象名词的搭配可以揭示出不同的、不能归于一个整体的整个形象序列，这些形象在日常意识中是相对照的。而试图从不同隐喻词组中构筑统一形象的尝试则类似于盲人摸象：大象对于盲人而言是看不见的，就如同 душа（心灵）对于我们而言是不可见的一样，大象由各个身体部位匀称地构成，而由盲人想象出的那些形状的身体部位构成的生物则是不匀称的。以 совесть（良心）为例，关于 совесть（良心）的不同观念体现在不同的隐喻搭配中：（1）совесть（良心）是与人的愿望和感情处于敌对关系的某种"长有利爪的小啮齿类动物"，这种观念表现在与 грызть（咬，啃）、кусать（咬，叮）、царапать（抓，挠）、впиваться когтями（像爪子一样扎入）、вонзать зубы（仿佛牙齿扎入）等动词或动词型词组的搭配中，反映的是良心能够带来某种不愉快感觉的特征。（2）совесть（良心）作为一种"使人厌烦的谈话者"形象，或者更宽泛一点说，совесть（良心）的拟人化用法体现在同动词 говорить（说）、возражать（反对）、спорить（争论）、требовать（要求）、призывать（号召）、корить（责备）、укорять（责怪）、допекать（折磨）、спать（睡觉）、дремать（打盹）、пробуждаться（睡醒）、советоваться（商量）、советовать（建议）、велеть（命令）、разрешать（允许）、запрещать（禁止）等动词的搭配中，这反映的是 совесть（命运）能够支配思想、感情和行为的能力，如：в нем, наконец, заговорила совесть（到最后，他良心发现了）；чувствовать укоры（уколы）совести（感受到良心的谴责<刺痛>）；прислушиваться к голосу совести（倾听良心的声音）；спорить с собственной совестью（同自己的良心抗争）；поступать вопреки увещеваниям совести（违背良心的训诫行事）；пробудить чью-либо совесть（唤起某人的良心）等。（3）совесть作为"敌人、迫害者、折磨者"的形象则反映在 его мучает（терзает, преследует）совесть（良心折磨着他）、совесть не дает ему покоя（житья）（良心不让他心安<过日子>）等隐喻搭配中。（4）将совесть 视为某种"表面"的观念体现在 моя совесть чиста（我问心无愧）、у него совесть нечиста（他良心有愧）、на его совести есть пятно（他良

心上有污点）等搭配中。此外，从 совесть（良心）的搭配中还可能发现
更多相关特征。①

　　俄语情感名词的隐喻搭配表现出更为丰富的形态，如与之搭配的述谓
动词是以源自不同语义领域的词构成的词库形式出现的。这些词或者属于
事物、物质名词以及原本表示自发势力和自然力的特征名词的述谓域，或
者属于抽象（事件）名词的述谓域，或者本来是与表人名词搭配的。② 说
到情感和情感状态，其中一个主导性的观念是将其视为充满人的灵魂或内
心的"液体物质"，由此而生的情感的流动性特征（текучесть）体现在大
量情感名词隐喻搭配中：излить душу（печаль, горе）（倾诉衷肠<忧伤,
痛苦>）；страсти волнуются в душе（激情在心灵中涌动）；волнение
страстей（激情的波浪）；страсти（чувства）кипят（бурлят）（激情<感
情 > 在 沸 腾）；иметь каплю жалости（любви, снисхождения,
уважения）（有一点点怜悯心<爱心, 宽容, 尊敬>）；испить до дна
чашу страданий（饮尽苦水）；облить（окатить）презрением（表示极
端蔑视）；прилив чувств（感情奔放）；накатывать、подкатывать（о го-
ре, тоске）（突然出现<痛苦, 愁苦>）；человек брызжет радостью（人
迸 发 出 喜 悦 的 神 情）；его радость переливается через край
（неисчерпаема, ничем не замутнена）（他快乐无边<取之不竭, 不受任
何事搅扰>）；на душе накипело（感情郁积）；из глубины души（со дна
души）поднялась муть（从内心深处涌起某种情感的沉积物）；в душе
остался осадок（内心只剩不快）；водоворот чувств（情感的旋涡）；ра-
дость бьет ключом（фонтаном）（快乐如泉涌般迸发）；захлебываться
радостью（от радости）（快乐不已）；чувства захлестывают（感情猛袭
过来）；радость испарилась（иссякла）（快乐烟消云散）；чувства нахлы-
нули（отхлынули）（感情涌上心头<迅速消退>）；всплески чувств（情
感的水花）；хлебнуть горя（尝到痛苦）；волна любви（сострадания,
нежности）（爱<同情, 柔情>的热潮）；выплеснуть кому-либо в лицо
презрение（ненависть）（表现出对……的鄙视<仇恨>）；бояться распле-
скать переполняющее душу чувство любви（害怕泼洒掉充满心灵的爱

①　Арутюнова Н.Д., Язык и мир человека, М.：Языки русской культуры, 1998, с.387 -
388.

②　Там же, с.398.

意）；утопать в блаженстве（восторге, неге）（沉浸在幸福<喜悦，满足>之中）；купаться в наслаждениях（радости）（沉浸在享受<快乐>之中）；быть упоенным любовью（陶醉在爱情之中）；жаждать любви（渴望爱情）等。同时，这种液体特征也能排斥一些搭配，如下列搭配在俄语中是不成立的：кусочек жалости（＊一块怜悯心）、накормить восторгом（＊使高兴）、съесть страдание（＊遍尝痛苦）、высыпать печаль（＊一股脑儿说出不幸）等。强烈的情感不仅获得了"沸腾的液体"的形象，同时也经常以"突然燃烧起来、猛烈燃烧的火焰"形象出现。情感的这种"火焰"形象体现在情感名词的下述隐喻搭配中：пламя（жар, пыл, огонь, пожар）любви（炽烈的爱情<激烈的爱情，热烈的爱情，爱情之火，炽热的爱情之火>）；пламенная（пылкая, жаркая, огненная, горячая）любовь（炽热的<炽烈的，热烈的，火热的，热烈的>爱情）；гореть желанием（любовью, ненавистью）（燃烧着希望<爱情，仇恨>）；сгорать от любви（因爱情而心力交瘁）；пылать страстью（充满热情）；страсти испепеляют душу（激情耗尽心血）；любовь（злоба, ненависть）разгорается в сердце（爱情<愤恨，仇恨>在心里燃烧）；страсть（любовь, зависть, гнев, ярость, ненависть）опаляет（обжигает）душу（热情<爱情，嫉妒，愤怒，狂怒，仇恨>使内心激动<坐立不安>）；раздувать страсть（огонь страстей）（燃起热情<热情的火焰>）；разжигать ненависть（злобу）（激起仇恨<愤怒>）；страсть（огонь страстей）вспыхивает（бушует）（热情<热情的火焰>突然燃烧起来<猛烈地燃烧>）；любовь разгорается（тлеет）в сердце（爱情的火焰在心里越烧越旺<微微燃烧>）；чувства, подобно пламени, объемлют（охватывают）человека, искрятся, гаснут（感情像火焰一样，围绕着<包围着>人，闪闪发光，逐渐熄灭）。情感名词体现的"液体"和"火焰"两种形象可以统一到"自发势力、自然的破坏力"形象上来。此时得以凸显的是情感不可控制的力量及其自发性、自生性、不依赖于意志和意识的特性。以该形象为基础，情感名词能够同 подниматься（升起）、разрушать（破坏）、уничтожать（消除）、опустошать（毁灭）、бушевать（汹涌澎湃）、разбушеваться（狂暴起来）、свирепствовать（肆虐）、разыграться（剧烈起来）、сметать（消灭）、развеивать（消除，驱散）等动词搭配。除了表现为处于某种状态中的具体物质和不可

控制的自然力外，情感常常变成具有说话天赋和超群能力的某种实质，因而能够同 зарождаться（产生）、рождаться（出生）、жить（быть живым）（生存<是活着的>）、дышать（呼吸）、шевелиться（晃动）、расти（生长）、расцветать（繁荣）、дремать（打盹）、спать（睡觉）、пробуждаться（苏醒）、просыпаться（睡醒）、петь（歌唱）、говорить（说话）、нашептывать（窃窃私语）、лгать（撒谎）、обманывать（欺骗）、заманивать（诱惑）、посещать（造访）、поселяться в сердце（душе）（在内心<心灵>形成）、быть убитым（被杀）、умирать（死亡）、воскресать（复活）、приходить（来）、стучаться в сердце（碰撞心灵）、хватать（抓）、отпускать（松开）、уходить（离开）、быть похороненным（被埋葬）、оставлять след（留下足迹）等搭配。[①]

可见，情感名词的搭配在很大程度上源于形象表征和隐喻，以 влага（水）、огонь（火）、стихия（原质）、живое существо（生物）等一系列概念为基础，形成了有关情感的混合形象（сводный образ），而这种形象是由从事物对象角度来说违反逻辑的系列述谓来加以表现的。

第三节 同义辨析

在分析了马尔（В.Я.Марр）、弗赖登贝格（О.М.Фрейденберг）、谢列布连尼科夫（Б.А.Серебренников）的命名理论之后，针对命名现象，斯捷潘诺夫提出了"概念化域"（концептуализированная область/сфера）这一术语。他写道："（命名时）选择特征上的波动范围是相当大的，但很明显绝不会超越确定的语义序列的范围；在其他语义序列中会有其他可能非常分散的被选特征集，但它同样也不会破坏该序列的边界。选择特征的自由（偶然性）因而是受限制的，但因此获得规律性特征的并不是最终的结果——命名，而是命名在其范围内完成的那个序列。序列则已经不仅仅属于语言，而是属于文化领域，命名的规律从语言领域转移到了与语言具有特别联系的文化领域。这样的领域，准确地说，每一个这样

---

① Арутюнова Н.Д., *Язык и мир человека*, М.：Языки русской культуры，1998，с.385-402.

的领域，我们称为概念化域。"① 在这种"概念化域"中，语词、事物、神话成分（мифологема）和宗教仪式都结合在同一个文化概念之中。斯捷潘诺夫认为，在个别概念化域的范围内，语词与仪式物什、语词与神话成分等能够以特殊的方式在语义上融合在一起，相互作为对方的替代物或象征物。斯捷潘诺夫将文化领域的这一概念化过程称为"物与词的同义化"。②

　　这样看来，概念化域、同义化因而与"场性""序列""主题组"原则一道，成为语词和事物在新的文化概念中集结的新原则之一。正是在语言和文化的交错杂合过程中，命名过程深层的理据性——偶然性得以显现，其结果是在同一个概念化域中会出现众多同义词序列。同义性是概念域的一个典型特征，这一方面是因为对同样的情境可以进行不同的阐释，如 судьба（命运）、рок（厄运，劫数）、фатум（厄运，劫数）、доля（幸运，好运）、удел（命运）、жребий（命运）、случай（偶然，侥幸）、фортуна（幸福，好运）、предопределение（命运，定数）、предназначение（命运，上苍的安排）这一 судьба（命运）同义序列。另一方面是因为被阐释情境本身的多样性，如 истинно（真实地）、верно（准确地）、достоверно（可靠地，可信地）、факт（事实）、правильно（正确地）、очевидно（显而易见地，明显地）、ложно（虚假地）、неверно（不正确地）、неправильно（不正确地）、сомнительно（疑惑地，可疑地）这一真值评价述谓序列。研究文化和语言的相互联系必然以关注由将它们联合在一起的知识领域提供理据并与之相互结构化的词群（группа слов）为前提。③ 同义词词群是其中最为重要的一类。对表达同一概念的同义词进行辨析成为揭示概念内在结构特征的重要方法，课题组学者们的研究几乎毫无例外地都会用到同义辨析手段，如：科博泽娃对

---

① Степанов Ю.С., *Константы：словарь русской культуры. Издание 2-е, исправленное и дополненное*, М.：Академический Проект，2001，с.67.

② Там же，с.74.

③ Проскурин С.Г.，"Мифопоэтический мотив «мирового дерева» в древнеанглийском языке и англосаксонской культуре"，*Логический анализ языка. Культурные концепты*, М.：Наука，1991，с.124.

смысл（意思）和значение（意义）的辨析①，帕杜切娃对 давно（很久以前）和 долго（很久）的辨析②，乌雷松（Е.В.Урысон）在《дух 和 душа：重构古代对人的认识》一文中对 дух（精神）和 душа（内心，心灵）的辨析③，克赖德林（Г.Е.Крейдлин）和萨莫欣（М.В.Самохин）在 гармония（和谐）和 беспорядок（混乱）的框架下对 слухи（传说，传言）、сплетни（谣言，流言）、молва（传说，诽谤，流言）三个同义词的辨析④，什梅廖娃（Е.Я.Шмелева）对 некрасивый（不好看的，不漂亮的）、уродливый（丑陋的，很难看的）、безобразный（极难看的，丑陋的）三个形容词的辨析⑤，等等。

我们以佩尼科夫斯基对 радость（高兴，快乐）和 удовольствие（快感，愉快）的辨析为例来说明同义辨析手段的运用。⑥ Радость 和 удовольствие 在词典释义中是相互解释的，从中我们无法知道二者的区别。18 世纪到 19 世纪中叶，удовольствие 的语义范围比在现代俄语中要大得多，并覆盖了 радость 的部分语义，这表现为现代俄语中 удовольствие 能够复现 радость 的部分成语性搭配，如 к моему（твоему，нашему，общему，всех присутствующих）удовольствию（让我<你，我们，大家，所有在场者>高兴的是）— к моей（твоей，нашей，общей，всех присутствующих）радости（让我<你，我们，大家，所有在场者>高兴的是）；с удовольствием（高兴地，乐意地）— с радостью（高兴地，乐意地）；чувство удовольствия（愉快的感受）— чувство радости（快乐的感受）。而

---

①　Кобозева И.М.，"«Смысл» и «Значение» в «наивной семиотике»"，*Логический анализ языка. Культурные концепты*，М.：Наука，1991，с.183-186.

②　Падучева Е.В.，"Давно и долго"，*Логический анализ языка. Язык и время*，М.：Индрик，1997，с.253-266.

③　Урысон Е.В.，"Дух и душа：к реконструкции архаичных представлений о человеке"，*Логический анализ языка. Образ человека в культуре и языке*，М.：Индрик，1999，с.11-25.

④　Крейдлин Г.Е.，Самохин М.В. "Слухи，сплетни，молва — гармония и беспорядок"，*Логический анализ языка. Космос и Хаос：Концептуальные поля порядка и беспорядка*，М.：Индрик，2003，с.117-157.

⑤　Шмелева Е.Я.，"От некрасивого，уродливого，безобразного — к прекрасному"，*Логический анализ языка. Языки эстетики：Концептуальные поля прекрасного и безобразного*，М.：Индрик，2004，с.597-602.

⑥　Пеньковский А.Б.，"Радость и удовольствие в представлении русского языка"，*Логический анализ языка. Культурные концепты*，М.：Наука，1991，с.148-155.

就两词在现代俄语中的整体使用情况而言，二者具有显著的区别。

（1）удовольствие 不是一种感受，而是正面的感觉反应，它必然是起源于什么，但 радость 则可以没有任何原因，因而有 беспричинная радость（无缘无故的快乐），而没有 беспричинное удовольствие（无缘无故的快感）的说法。从范畴本质角度来看，радость 可能是感觉反应，如испытать радость（体验快乐）；可能是感觉，如 переживать радость（感受快乐）；可能是感觉状态，如 Не в радости ли просыпался я всякое утро?（我每天早晨不是在高兴中醒来吗?）（Н.Карамзин）

（2）对于 удовольствие 来说，引发因素达不到成为原因的程度，而只能是刺激（стимул）。试比较：Куда меньше оснований для радости было бы у него, если бы он знал об этом.（他要是知道这一点，那他高兴的理由该要少多少啊!）这是因为 удовольствие 主要是一种感觉生理反应，而 радость 具有更高的感觉心理基础；удовольствие 是身体上的愉悦，而 радость 是精神上的愉悦。

（3）引发 удовольствие 的刺激是感觉主体自身积极的、有意的、有目标指向性的行为。如：Она ровно дышала, улыбалась и, по-видимому, спала с удовольствием.（她均匀地呼吸着，微笑着，很明显，睡得非常安详。）（А.Чехов）而他人的行为对于 удовольствие 来说不是刺激，而是一种来源，如：Ваша игра доставила мне удовольствие（你们的游戏给我带来了愉悦）；Вы доставили мне удовольствие вашей игрой（你们通过游戏给我带来了愉悦）；Я получил удовольствие от вашей игры（我从你们的游戏中获得了快乐）。这里，作为刺激的仍然是自身的行为，它虽然没有直接在句中出现，但很容易恢复：Я с удовольствием смотрел на вашу игру（следил за вашей игрой/внимал вашей игре …）（我非常愉悦地观看你们的游戏<观察你们的游戏/关注你们的游戏>）。此外，作为 удовольствие 来源的还可以是周围世界的事物，如：Ваше письмо（статья, книга, подарок, букет …）доставило мне удовольствие（您的信<文章，书，礼物，花束……>给我带来了快乐），而且处于来源题元位置的只能是非动物名词，如上例的 письмо（信）等名词的题元位置不能是 лес（森林）、река（河流）、горы（山）、розы（玫瑰）、поросятки（仔猪）、кошка（猫）、знакомые（熟人）、Маша（玛莎）等名词。由此可见，语言"拥有很高的道德水准"，禁止我们将自然世界看作满足人的需要、给人带来 удовольствие 的来源。Радость 是形成精神创造力的一种能量，而 удовольствие 属于上帝创造的堕落世界。这里反映出基督教信仰的核心原理之一，即世界被创造、世界之存在都是为了 всеобщая радость（普世的快乐）。

（4）удовольствие 隐藏在来源的深处，但不是现成的形式，而只是一种潜在可能，因此有 искать（находить）удовольствие（寻找快乐）、изысканное удовольствие（找到的快乐）、извлекать удовольствие（获得快乐）等表述，但不会有 изысканная радость（找到的快乐）等表达。而为了寻找、获得、拥有 удовольствие，必须掌握相应的技巧和技能。因而 удовольствие 是技术性的，而 радость 则是机体上的，因此有 портить удовольствие（破坏愉快的心情）和 омрачать（отравлять, убивать）радость（冲淡<破坏，断送>快乐的心情）的搭配差别。Радость 可以 убивать（扼杀，断送，摧残，压抑，使破灭），也可以像神一样重获新生（возродиться к новой жизни），或像上帝一样复活永生（воскреснуть в вечную жизнь），相应的搭配对于 удовольствие 来说则是不可能的，能够成立的只能是 повторить удовольствие（再现愉快的心情）。

（5）удовольствие 可以出现、发展、结束、消失，但俄语中没有动词来表示这些阶段，удовольствие началось（появилось, возникло, пришло; закончилось, исчезло, прошло）（愉快开始<出现，出现，来临；结束，消失，完结>）等表达都不成立。唯一可行的是与表示"火"的状态变化的述谓搭配，如 удовольствие вспыхнуло（разгорелось, угасло）（愉快的心情突然来临<愈来愈猛烈了，消失了>），但此时的述谓已经属于俄罗斯浪漫主义诗歌的语言了，离日常的隐喻性使用相去甚远。而 радость 在日常语言中就允许有下述搭配：радость рождается（шевелится, растет, живет, дышит）в душе/сердце（快乐的心情在心里出现<活跃起来，表现得更加强烈，栖息，表现出来>）；радость возвращается（快乐的心情正在回归）；радость засыпает（快乐的心情正在沉寂下去）；радость поселяется где-н.надолго（навсегда）（快乐的心情长久地<永远地>栖居在某地）等。

（6）удовольствие 在语言中缺少表示开始和结束的手段，证明 удовольствие 没有持续性特征，是转瞬即逝的。同主体、来源和刺激以及时空统一相联系，удовольствие 被严格框定在"я-здесь-теперь"（我——在这里——现在）的坐标中。而 радость 只与思想相联系，因而它是自由的，没有时空上的限制。不可能住在莫斯科，却会因为去年在圣彼得堡举行的一次音乐会而获得 удовольствие，但在同样的情况下人们则可以体会到 радость；удовольствие 不可能提前感受到，但 радость 则可以提前感受到，如有 радоваться тому, что будет（因为将来的事情而高兴）的表达。

（7）радость 是绝对无形的，然而对于语言来说它是一种绝对的现实；而 удовольствие 毫无疑问具有身体和生理上的物质基础，但对于语言来说它只是一种虚构。因而 радость 可以进入存在句，如 У кого —（была, будет）радость（在谁那<曾经，将会>有高兴的事），Где（в саду）— радость（在哪里<在花园>里有让人高兴的事）；而 удовольствие 则不能与存在动词连用。此外，радость 还可以与 возбудить（разбудить, пробудить）（激起，唤起）、вызвать（引起，激起）、беречь（珍惜）、хранить（爱护，保护）、черпать（获取，汲取）、раздать（分发）、дать（给予）、даровать（赏赐）、дарить（赠送）、запасти（储存，储备）等述谓搭配，而 удовольствие 则无法与这些动词搭配。对于 удовольствие 来说，看似离奇的状况是：在获得 удовольствие 之前，在来源处还没有 удовольствие，而获得之后，主体已经失去了 удовольствие。这其实表明，从语言的角度来看，удовольствие 其实只不过是一种幻想和幻象。Удовольствие是即时即刻的"Я ощущаю, что это хорошо"（我感到这很好），而 радость 则是永恒的，表现为"Я знаю, что это хорошо"（我知道这很好）。因此，圣经上"И увидел бог, что это хорошо"（上帝看到这很好）讲的是 радость，而不是 удовольствие。

（8）радость 是利他的，因而有 радость за другого（为别人而高兴）的说法，而没有 удовольствие за другого（为别人而愉悦）的搭配，最高层次的 радость 只有在同他人分享时才能获得。也正因如此，动词 радоваться（感到高兴）和形容词 рад（高兴）支配的第三格中使役者意义同接受者意义合而为一了。

（9）радость 是人际间的，它可以传播（заразиться）、分享（поделиться）、转告（передать）、叙述（рассказать）、表述（выразить），而 удовольствие 是无法表达的，是潜藏的，只有当有了外现的征候式的生理表现时才得以显现，如：морщиться（стонать, мычать, мурлыкать, фыркать, отдуваться, повизгивать）от удовольствия（因为快感而皱眉<呻吟，含混不清地说，哼哼，呼哧呼哧，喘粗气，不时尖声叫喊>）。而通常是在反应不符合一般接受的规范时才会说到 видимое（явное）удовольствие（明显的愉悦感），试比较：Как поступит новенький, через недельку готов! — с видимым удовольствием сказал доктор.（"新生将怎么做，一周后就准备好了!"博士带着明显愉快的心情说道。）（Л. Толстой）Радость 则正好相反，它是外显的，скрытая радость（隐蔽的快乐）通常只与被认为是羞耻的事情相联系。

（10）радость 是超越人之上的，它可能掌控人的整个身体，装满人的身体时，радость 会从其内部流出来（выливаться）、溅出来（выплес-киваться），会溶解（растворяться）在周围世界中，而溶解、溢出的ра-дость 被"注入"人体时，人会"喝"它，因而有 чаша радости（欢乐的美酒）这一隐喻形象。从人到世界，并从世界到人，这是 радость 的正常循环，радость 因此不仅被个人感受到，还可为人群、全体人民或国家所感受到，如有 страны рады（一些国家高兴）的表达。而 удовольствие 不可能是全体人民的。作为一种战胜痛苦、沮丧、耻辱的集体性感觉，радость 能够成为自然的财富，进入包含整个神界，甚至地狱的宇宙，如：Радуется и небо, и земля, и преисподняя（高兴起来的有天空，有地球，还有地狱）。（А. Чехов）

第四节　民族文化对比

同一概念在不同民族语言中的表现可能相同，也可能不同。同样是表示饥饿，在俄语中是"饿得发蓝"（синеть от голода），而捷克语和斯洛伐克语中则是"饿得发绿"，但在表示生气时三种语言中则都是"气得发绿"（зеленеть от злобы）；голубые глаза（淡蓝色的眼睛）在斯拉夫民间文学中是"纯洁、美、善"的特征，而在阿拉伯人看来，这是"阴险、欺骗"的特征。针对问题："男人（мужчина）这个词能引起你的哪些联想呢?"德国妇女的回答是"胡子、发痒、性欲"，而俄罗斯人的回答则是"儿子、养育者（кормилец）、车臣"。显然，尽管俄语和德语词典中"男人"的释义和基本意义是相符的，但作为概念的"男人"及其语言表达手段在俄语和德语中的含义却可能相去甚远。① 在用形容外表的表达手段来表示性格特征这一点上，英语和俄语有一些重合的地方，如 large-handed/руки загребущие（慷慨、大方）、to look big/иметь важный вид（傲慢的样子）、small men/мелочные люди（气量小的人，斤斤计较的人）、heavy look/тяжелый взгляд（忧郁的眼神）等，但更多的是差异，如 heavy swell（摆官架子）、heavy-handed（笨手笨脚的）（试比较 тяжелая рука/背运的人）、a smooth tongue（льстивый/诌媚的）、sharp-nosed（придирчивый/挑剔的）、deep browed（очень умный/非常聪明的）、light hand（熟练的手艺）（试比较 легкая рука/能带来好运气的人）、green-eyed（ревнивый/爱吃醋的，有忌妒心的，завистливый/嫉妒的，怀忌妒心的）、big mouth（хвастун/爱说大话的人）、white-handed（честный/清白的，незапятнанный/无瑕疵的，清白的）、green old age（цветущая старость/老当益壮）等在俄语中就没有对应的表达。以上各种语言文化现象之间相同与不同的特点只有通过民族文化对比才能显现出来，而研究这些共同的和特别的语言手段对于更好地理解母语和外语词汇系统的民族文化特征大有裨益，这种研究能够提供大量有关语言与历史和文化、与人的经济和创造活动之间联系的例子。② 托波罗夫指出，作为此种样态的文化总是寻求比较、对比，比较彼此，比较自己的与他人的构成了文化的一个工作之一③。的确，研究所有意识类型的主要方法就是比较、寻找模式和样板，样板性和定型化是将接受和认知过程与语言世界图景联合起来的一般性结构原则。苏卡连科（Н.И.Сукаленко）指出："在文化冲突中比较毫无疑问最直观、最具事物性、最有证明力地显示着自己的强势，它能将不进行对比时在文化内部被无意识地理解为'世界结晶'的那种民族特色提升到思考的理性层次。"④

① 杨秀杰：《语言文化学的观念范畴研究——俄罗斯"自由"观念析例》，博士学位论文，北京外国语大学，2006 年。

② Харченкова Л.И., Шашков Ю.А., "Облик человека в зеркале русского и испанского языков", *Логический анализ языка. Образ человека в культуре и языке*, М.：Индрик，1999，с.319.

③ Сукаленко Н.И., "Сопоставление портретов человека в трех культурных ареалах：славянском, ближневосточном и дальневосточном", *Логический анализ языка. Языки эстетики：Концептуальные поля прекрасного и безобразного*，М.：Индрик，2004，с.459.

④ Там же，с.458.

同一概念在不同语言中的不同表现（поведение）能够折射出民族文化间的差异，这种差异只有借助于民族文化对比才能被真正地揭示出来，因而民族文化对比是课题组广泛采用的一种研究方法。课题组的两部论文集《不同文化语境中的命运概念》（М.，1994）、《不同文化语境中的真和真值》（М.，1995）就是借助于"不同文化语境"来命名的，多部论文集中设有类似于"不同文化语境中的'начало'（始）和'конец'（终）"的栏目。涉及民族文化对比的论文更是非常普遍，如雅科文科（Е.Б.Яковенко）对英语和德语语言世界图景中的 сердце（heart/Herz）（内心）、душа（soul/Seele）（心灵）、дух（spirit/Geist）（精神）三个概念词所作的比较分析①，扎利兹尼亚克和什梅廖夫对表示昼夜中各个时间段的名词和概念在俄语和欧洲语言中使用和意义上的区别所作的分析②，瑞典学者尼尔森（B. Nilsson）对俄语和瑞典语中 человек/människa（人）、мужчина/man（男人）两组概念所指范围的比较分析③，杰穆茨卡娅（А.В.Демуцкая）在英语和俄语语言世界图景框架下对两种语言中通过外表揭示人的内在特征的表达手段进行的对比等④。

扎利兹尼亚克和什梅廖夫指出，在不同语言中，甚至在同一语言的不同子系统中，昼夜时间之间的界限划分是不同的，比如新的昼夜开始的时刻就可能不一样，它们可能是太阳升起时（圣经中的观念），可能是午夜来临时（正式法律意义上的），还可能是从睡梦中被叫醒的时刻（日常意义上的）。⑤ 对说英语或法语的人来说，morning（早晨，上午）或 matin

① Яковенко Е.Б.，"Сердце，душа，дух в английской и немецкой языковых картинах мира（опыт реконструкции концептов）"，*Логический анализ языка. Образ человека в культуре и языке*，М.：Индрик，1999，с.39−51.

② Зализняк Анна А.，Шмелев А.Д.，"Время суток и виды деятельности"，*Логический анализ языка. Язык и время*，М.：Индрик，1997，с.229−240.

③ Нильссон Б.，"Человек и мужчина — о классах，индивидах и инстанциях. К постановке проблемы（на материале русского и шведского языков）"，*Логический анализ языка. Образ человека в культуре и языке*，М.：Индрик，1999，с.99−104.

④ Демуцкая А.В.，"Сопоставление языковых картин мира в русском и английском языках на примере моделирования внутренних свойств человека через внешность"，*Логический анализ языка. Языки эстетики : Концептуальные поля прекрасного и безобразного*，М.：Индрик，2004，с.162−168.

⑤ Зализняк Анна А.，Шмелев А.Д.，"Время суток и виды деятельности"，*Логический анализ языка. Язык и время*，М.：Индрик，1997，с.236.

（早晨，上午）指的是一昼夜中从午夜到正午之间的部分，对于说俄语的人来说，午夜后的时间是 ночь（夜间），而不是 утро（早晨）。在俄语语言世界图景中，昼夜时间的概念化在更大程度上取决于人们该时间段从事什么样的活动：утро（早晨）开始一天的活动（被视为一天的开始，如在普希金的诗歌"Телега жизни"（生命的大车）中 с утра（早上）指的是青年时代——生命的开始，而 под вечер（傍晚）指的是老年时代——生命的结束），день（白天）被各种活动所充实，вечер（晚上）则结束一天的活动，而 ночь（夜间）则是活动中的间歇和休整时间。而西欧的昼夜模式正好相反，应该从事的活动的特征取决于所处的一昼夜中的时间。欧洲大多数国家白天是通过午休（中午 12 点到下午 2 点）来进行结构化的，午休之前是上午，午休之后工作日结束之前的时间有特别的名称，如法语的 après-midi（下午，午后），英语的 afternoon（下午），德语的 Nachmittag（下午，午后），意大利语的 pomeriggio（下午，午后）。这些词在一些场合下译成 после полудня（午后）、послеполуденный（午后的，下午的），一些场合下最接近原文的译法只能是 день（白天）。有时候与欧洲语言中的"午后"意义相对应的俄语词是 вечер（晚上），如门诊部的告示：Хирург принимает по четным числам утром，по нечетным- вечером（外科大夫逢双日上午接诊，逢单日下午接诊）。这里 утренний прием（上午接诊）可能是从上午 10 点到下午 2 点，而 вечерний прием（下午接诊）可能是从下午 2 点到下午 6 点。与此相似，学术会议日程表上与 séance du matin、séance l'après-midi 对应的分别是 утреннее заседение（上午会议）和 вечернее заседание（下午会议）。正常情况下，ночь（夜间）是人们睡觉的时间，而如果人们因为种种原因这个时候不睡觉，那么对他们来说就不存在 ночь（夜间）了，此时 вечер（晚上）之后就直接是 утро（早晨），如：По вечерам у нас были рабочие совещания, которые продолжались до пяти утра.（每天晚上我们都有工作会议，会议持续到早上 5 点。）而 вечер（晚上）是一天的结束，但其结束语义往往与开始语义相联系，如 с вечера（从晚上开始）这一表达表示开始活动，活动的主要部分是计划次日的安排，如 собрать вещи с вечера（从晚上开始收拾东西）。

　　可见，昼夜（сутки）划分出的 утро（早晨）、день（白天）、вечер（晚上）、ночь（夜间）等俄语词尽管在主要的欧洲语言中都有对应词，但这种对应关系在很大程度上只是一种假想，因为俄语的划分遵循别样的原则。这些区别反映了俄罗斯人不一样的观念，即对待时间整体上比西欧国家的人更为自由一些。[①] 如果说在西方语言中"утро（上午，早晨）"概念化为一昼夜中正午前的那个部分的话，那么对于俄罗斯人而言，утро则多指人起床后为白天的活动作准备（洗漱、穿衣、吃早饭等）的时间。这种观念甚至体现在大众文学作品中，如：

У Павла Добрынина было выработанное годами твердое правило：никогда не оставаться у женщины до утра.Понятие «утро» в его представлении не связывалось с каким-то определенным поло-жением стрелки на часах.Главным критерием была утренняя атрибу-тика：умывание, разговоры, совместный завтрак, одним словом — все, что так или иначе напоминало семейный уклад.Даже если он просыпался в чужой постели в десять утра, он немедленно одевался и уходил. Так ему было проще. (Александра Маринина, Игра на чужом поле) (帕韦尔·多布雷宁多年来形成了固定的规则：从不在女人那逗留到早晨。在他的观念中，"早晨"这一概念与钟表上指针的确定位置没有任何关系，构成其主要判定标准的是早晨的特征：洗脸、聊天、共进早餐，总之不管怎样，所有让人觉得像家庭生活方式的一切。甚至即使他在别人的床上早晨 10 点醒来，他也会马上穿好衣服离开。这样对他来说简单自然一些。)

这种区别在一系列语言事实中得到了反映。比如在表示精确时间时，西欧人将正午作为基准来区分午前 5 点和午后 5 点，因为正午前的时间均可以表示为"上午"，因而午前 5 点可以称作"早上 5 点"，这一点不足为奇。但西方语言可以说 one（two）in the morning（早上 1 点<2 点>），une heure（deux heures）du matin（早上 1 点<2 点>），而在俄语中除了特殊职业要求这么早起床可用 один час（два часа）утра（早上 1 点<2 点>），一般都用 один час（два часа）ночи（凌晨 1 点<2 点>）来表示，

---

① Шмелев А.Д., "Можно ли понять русскую культуру через ключевые слова русского язы-ка?", *Ключевые идеи русской языковой картины мира*, М.：Языки славянской культуры, 2005, с.18.

因为 утро（早晨）如上所述多表示睡醒了准备工作的时间。

　　再来看另外一个例子。人的每一种生理和心理表现都有作为其正常驻留地的相应器官，人的感受与身体器官的这种必然联系是各种语言文化中普遍存在的共性特征。具体语言之间的区别主要体现为感受在人的素朴解剖图景中究竟如何分布。如现代欧洲文化都将心脏（сердце）作为情感的集中地，但对于其他器官则认识各有不同。俄语素朴世界图景中不把脾脏（селезенка）作为情感的来源，而在西欧情况则有所不同，如法语中 ne pas se fouler la rate（字面意思为"不搓揉自己的脾脏"，表示"不因为工作使自己为难"）和 dilater la rate（字面意思为"抻伤脾脏"，表示"逗人笑出眼泪"）等表述非常常用。在表达情感方面，所有的欧洲语言对肾脏（почка）都没有表现出兴趣，但在汉语素朴世界图景中肾脏同心脏一起成为部分情感的驻留地。基于此，普伦吉扬对西非语言多贡语（digon/догон）中 kindè（肝脏）和 kinu（鼻子）两词在表达情感方面的独特作用作了分析。肝脏在西非素朴世界图景中占据中心地位，其角色相当于心脏之于欧洲文化，这表现在肝脏是所有情感以及道德和生理品质的驻留地。[①] 与此同时，这里所说的每一种品质的表现程度都具有可视的相关体现，对于肝脏，其相关体现或特征可分为三个方面：外来影响；肝脏的颜色；偏离其正常尺寸或正常位置的程度。这些特征分别决定了 kindè 一词表达情感时的搭配特点，分别举一例加以说明：kindè aga（字面意思为"拿起肝脏"，表示"喜欢、喜爱"），这里体现的是外来影响；kindè pilu（字面意思为"白色的肝脏"，意即"诚实、高尚"）、kindè gèmu（字面意思为"黑色的肝脏"，意即"虚伪、心术不正"），这里体现的是肝脏的颜色；kindè jele（字面意思为"挂着的、摇晃的肝脏"，意即"感情用事、冲动"）、kindè too（字面意思为"位于深处的肝脏"，意即"不坦率、城府深"），这里体现的是肝脏偏离其正常位置的特点。而鼻子对于多贡语来说则是"生命力/呼吸"的所在地，相当于欧洲文化中的душа（心灵）概念，失去 kinu（鼻子）同生理上的死亡相联系，如 kinu goe（字面意思为"鼻子离开了"，表示"死亡"）、kinu bagilia wò（字面意思为"鼻子卷起来了"，意即"濒临死亡"）。

---

① Плугян В. А.，"К описанию африканской «наивной картины мира»"，*Логический анализ языка.Культурные концепты*，М.：Наука，1991，c.157.

第五节　场性分析

　　我们在本书第二编第二章第二节已经讲到，借助于符号学提供的认识论指导，课题组总是将概念视为一种由各种相关成分围绕中心概念（如 судьба<命运>、истина<真>、добро<善>、красота<美>等）按照聚合关系构成的场域，每次研讨会的主题正是一些核心概念场。结合概念域的场性特征来分析概念是课题组进行概念分析的一个基本手段。沃尔科夫（В.В.Волков）和苏兰（Т.И.Суран）分析 М.А.布尔加科夫（М.А.Булгаков）《大师与玛格丽特》（Мастер и Маргарита）中的命运观念时正是从描述 судьба（命运）概念的语义场出发的。他认为，重组 судьба 语义场的任务可以通过下述方式具体化：（1）确定关键概念或信息叙词（дескриптор）的清单；（2）说明这些信息叙词之间的关系；（3）分析每一个信息叙词在文本中的表征手段（特别是语言手段）。基于此，两位学者将布尔加科夫这一作品中 судьба 语义场框架中的中心概念确定为 Встреча（相遇）、Вина（罪过）、Заслуга（功勋）、Воздаяние（报答），而边缘性概念是 Добро（善）、Зло（恶）、Абсолют（绝对精神）、Долг（责任）等，中心概念通过边缘概念并与之一起获得了概念发展的可能性。在此基础上，两位学者对这些概念在整部小说语境中的相互作用和表征手段分别做了精辟的分析。[①] 课题组有三部论文集标题就是以"概念场"（концептуальное поле）命名的：《宇宙和混沌：秩序和非秩序概念场》（М.，2003）；《美学语言：美和丑概念场》（М.，2004）；《游戏概念场》（М.，2006）。许多论文的标题也是用"概念场"或"语义场"命名的，如泽姆斯科娃（И.П.Земскова）的论文《秩序概念场》[②]、加克的

---

①　Волков В.В，Суран Т.И.，"Концепция судьбы как встречи，вины，заслуги и воздаяния у М.А.Булгакова，Иешуа и Воланд в судьбах героев «Мастер и Маргарита»"，*Логический анализ языка.Понятие судьбы в контексте разных культур*，М.：Наука，1994，с.291-297.

②　Земскова И.П.，"Концептуальное поле порядка"，*Логический анализ языка.Языки динамического мира*，Дубна：Международный университет природы，общества и человека «Дубна»，1999，с.321-329.

论文《"结束"语义场》①、塔拉索娃（И.А.Тарасова）的论文《Г.В.伊万诺夫（Г.В.Иванов）观念域中的"美"概念场》等②。

课题组重要成员加克是始终坚持场性分析的学者之一。他认为，分析语义场包括两个程序：弄清该语义场与邻近语义场的相互作用；确定构成该语义场结构的内部对立③。他认为，任何一个语义场都具有内部结构和外部结构。以时间概念场为例，其内部结构中要弄清的是描写和区分共同时间概念的不同对立，时间场的外部结构由它与其他语义场的联系所决定。这些联系表现在时间概念向其他概念和其他概念向时间概念的转换上。④ 加克在描述时间场的内部结构时，首先区分了过程的外部时间和内部时间，前者包括记时（хронография）、测时（хронометрия）和历时（хронология）三类，每一类都可以划分出绝对时间和相对时间。后者则主要通过副词、动词和体范畴来表示。在描述时间场的外部结构时，加克从以下几个方面进行："运动""空间""任务""人"等概念场向时间场的转换；时间场向"出现、消失""行动、活动""拥有""时机、合适的时候""时间段""年代""天气""年龄""节奏""速度""事物""人""评价、表情"等概念场的转换。⑤ 而对于空间场，加克认为也可以划分出系列结构：（1）维度意义上的空间类型：点—线—面—体；（2）空间的组织——对立：核心/边缘、开放空间/封闭空间；（3）客体的立场及其空间联系（相对空间）：近/远、右/左等；（4）方向、定向、坐标系；（5）长度、距离、面积、体积等的度量；（6）对空间的感知：样态、方面、角度、视点、态度。⑥ 思想是现实和语言之间的联系环节，

---

① Гак В.Г.，"Семантическое поле конца"，*Логический анализ языка. Семантика начала и конца*，М.：Индрик，2002，с.50–55.

② Тарасова И.А.，"Концептуальное поле «прекрасное» в идеосфере Г.Иванова"，*Логический анализ языка. Языки эстетики ： Концептуальные поля прекрасного и безобразного*，М.：Индрик，2004，с.388–396.

③ Гак В.Г.，"Семантическое поле конца"，*Логический анализ языка. Семантика начала и конца*，М.：Индрик，2002，с.50.

④ Гак В.Г.，"Пространство времени"，*Логический анализ языка. Язык и время*，М.：Индрик，1997，с.122.

⑤ Там же，с.122–130.

⑥ Гак В. Г.，"Пространство вне пространства"，*Логический анализ языка. Языки пространств*，М.：Языки русской культуры，2000，с.127.

一切都是从现实通过思想进入语言的，一切也都是从语言通过思想返回现实的。所有同 мыслить（思维）概念相联系的词汇单位构成了心智场（ментальное поле）。加克指出，研究语言中的任何场都必须沿着两个相反的方向进行，即从内容出发和从语言形式出发。具体到心智场，内容方面应该关注研究思维问题的哲学和心理学著作。形式方面必须弄清与 мысль（思想，思维）概念相联系的所有语词及词义，为此要研究：（1）具有初始心智意义及全部多义性的语词；（2）其他语义场语词的转义；（3）词语派生；（4）含心智场语词的词组；（5）心智场语词的词源。①

加克认为，心智场与其他场相互作用，从而产生了一些覆盖两者的区域，其他场构成了心智场的近邻和远邻。这种作用表现在两个方面，即心智场的语词获得了其他场的意义，其他场的语词获得了心智意义。为了描写心智场的结构，加克着重分析了场中的下列结构因素：场的中心；由思维的基本特征决定的区段（次场）；区段内部的变体；近邻；远邻。在俄语中，处于该场核心的是动词 думать（思考）和名词 мысль（思想，思维），英语中则是 to think（思考）和 thought（思考，思想），法语中是 penser（思索，思考）和 pensée（思想，思维，思考）。

1. 核心词的语义结构及其各种意义中已经奠定了其他区域词汇意义的基础，如 думать（思考）一词可划分出以下意义：мыслить（思维），размышлять（思考，思索）；иметь мнение（具有观点）；полагать（认为），считать（认为），предполагать（推测，假定）；намереваться（打算，有意），собираться делать что-л.（准备做某事），замышлять（预谋，企图）；представлять себе（想象），воображать（想象，设想）；подозревать（怀疑，猜疑）；помнить о（记得）；рассчитывать（希望，期望）；заботиться（担心，操心）。

2. 在场中划分区段依据的是一些基本特征和在这些基本特征上的对立，加克列举了其中一些主要特征。

心智过程的情境，其中无客体模式如 мыслить（思维）、размышлять（思考，思索）、иметь знания（具有知识）、медитация（冥思）、

————————

① Гак В. Г.，"Пространство мысли（опыт систематизации слов ментального поля）"，*Логический анализ языка. Ментальные действия*，М.：Наука，1993，с.23.

мечтание（幻想）；有客体模式，包括 сформулировать мысль（确切地表达思想）、высказать суждение（说出看法）、прийти к умозаключению（得出结论）、разработать классификацию（深入研究分类）等创造或消除客体结构和 думать о ком-л.（考虑某人）、узнать новости（了解新闻）、считать кого-л. каким-л.（认为某人怎么样）、думать, что случилось что-то（认为发生了什么）等涉及客体结构；

认知（узнавать <了解>、придумать <想出>、выдумать <臆造, 虚构>）；

认知知识的储存（знать<知道>、память<记忆>）；

事实之间在一些特征上的相互关系（различать<区别>、сравнивать<比较>、обобщать <总结>、опознавать <认出, 识别>、идентифицировать<证同>、классифицировать<分类>）；

揭示因果关系（понимать<理解>、делать вывод<做出结构>、объяснять<解释>）；

与现实的吻合度，包括相符关系（знать <知道>、истина<真理>、правда< 道理 >）、不确定性（сомневаться <怀疑>、верить <相信>、считать<认为>、полагать<认为>、предполагать<推测, 假定>、судить<判断>、иметь мнение<具有想法>）、不符关系（придумывать<想出>、лгать <撒谎>、ошибаться <弄错>、воображение <想象>、иллюзии <错觉>）三种情况；

时间特征方面，包括：回溯性过程，如 вспомнить（回忆）、узнавать（认出）；前瞻性过程，如 предвидеть（预见）、предусматривать（预见到）、намереваться（打算）、собираться（准备）、план（计划）проект（打算, 计划）、рассчитывать（期望）、замышлять（企图, 图谋）、надеяться（希望, 指望）、предвкушать（预感到）、опасаться（担心, 顾忌）、бояться（害怕, 担心）；

鉴定和评价方面，如 образ мыслей（思维方式）、подход（态度）、думать вслух（喃喃自语地想）、думать по-английски（用英语思考）、здравомыслие（健全的思维力, 正确的判断力）、думать разумно（理性地思考）。

3. 变体。与陈述（диктум）相关的变体，包括：过程阶段，如 узнать（打听到）—знать（知道）—забыть（遗忘），запомнить（记

住）—помнить（记得）—забыть（遗忘）；持续时长，如 размышлять（思考）、подумать немного（稍稍想一想，稍稍考虑一下）、догадаться（猜到）、решить（决定）、прийти к правильному заключению（得出正确的结论）；强度，如 продумывать（仔细思考）、думы（思想，想法）、мечтания（幻想）、медитация（冥思）；题元和式态，如 помнить（记得）—напоминать（使想起），знать（知道）—сообщать（通知），ошибиться（弄错）—запутать（把……弄糊涂，把……弄复杂），понимать（理解）—объяснить（解释），думать（思考）、иметь мнение（具有观点）—наводить на мысль（使产生想法）、убеждать（使信服）等；人际性，如表示部分参与的 советовать（建议，劝告），表示完全和平等参与的 обсуждение（讨论）、обмен мнениями（交换意见）、совещание（商量），表示完全对抗性参与的 спор（争论）。

与模态（модус）相关的变体，包括：否定，如 согласие（同意）—отрицание（否定）、возражение（反对），внимание（关注）—пренебрежение（蔑视，轻视），надеяться（希望）—отчаиваться（绝望）；情感评价成分，如 уверенность（自信）、надежда（希望，预期某种好的东西）与 отчаяние（绝望，预期将来必然会出现坏的东西），вспоминать（回忆起，中性）与 сожалеть（遗憾、懊悔，认为失去的过去才是好的）的对立，再如 считать кого-л. каким-л.（认为某人怎么样）、судить о ком-л. как-л.（如何评判某人）、думать о ком-л. как-л.（如何看待某人）；说话人对事实的态度，如 свободомыслие（自由思想）、инакомыслие（异己思想）、конформизм（因循守旧，墨守成规）、оригинальность（独创性，新奇）、пошлость（庸俗下流）等。

4. 近邻，指离心智场最近的周围环境，它由思想的产生、思想在人活动的一般结构中的位置及言语思维行为的阶段性所决定。任何一个过程都有其原因和结果以及伴随情形，因此思维过程可以这样来表征：

субстрат（基质）— мышление（思维）　　　— следствие（结果）
ощущение（感觉） чувства（情感）、оценки（评价） говорение（说话）
восприятие（知觉）　　　　　　　　　　действие（行为）
представление（认识）　　　　　　　（+ воля）（意志）

这样，与属于基质（субстрат）和结果（следствие）的这六个成分相关的词汇单位同心智场单位有着密切的联系。如 думать（思考）可以表示感受（ощущение）：Он подумал было, что ...（= у него было

такое ощущение, что ...）（他本来想，……＝他有这样的感觉：……）
而 представление（认识）可以表示思想（мысль）、知识（знание）：У
него нет никакого представления об этом（他对于这没有任何认识）。思
维动词与知觉动词联系更为紧密，如视觉动词经常用来表示思想，如 Как
вы смотрите на это？（＝Что вы думаете об этом？）（您如何看待这件
事？＝您如何考虑这件事？）Он усматривает в этом ...（＝Он думает,
что это ...）（他认定这……＝他认为，这……）Я вижу это иначе（我对
这件事的看法与此不同）；听觉动词 внимать 本意是"听"，但其派生词
внимание（注意，关注）则已完全进入心智场，表示指向客体的思想。
思维与说话（говорение）不可分割，如有这样一些俗语：говорить не
думая（不假思索地说）；сначала подумай, потом говори（先考虑考虑，
然后再说）等，这种联系更普遍地表现为大量词汇单位能综合表达两种
意义，如 заявлять（宣称）、уверять（使相信）、уговаривать（劝说，说
服）等，大量言语动词的用法体现的是表达思想的意义，如 Гегель
говорит, что（＝Гегель считает, что ...）（黑格尔说＝黑格尔认为……），
по его словам（按照他的说法）相当于 по его мнению（根据他的观点）、
он думает, что（他认为……）。因为思想是行为的前兆，心智词汇从而获
得了确定的行为意义，如 думать（思考）在许多语言中具有 заботиться
（关心）的意义——ты думаешь только о себе（你只考虑你自己）；思想与
行为之间的关系特别直观地体现在 решить（决定）、намереваться（打算，
有意）等词汇中，表示 подумать, чтобы сделать（为了做而思考）。

　　5. 远邻。指的是与心智场无直接联系但仍然能同其相互交流的语义
场。这包括：表示运动和居住语义的动词，如 пришло в голову（想
起）—держать в голове（记在心里，总是想着）—выскочило из головы
（忘掉，从记忆中消逝），вбить в голову（打定主意，固执己见）—
выбить из головы（忘掉，不再去想）；表达拥有意义的动词，如 иметь
（拥有）、брать（拿起）、хватать（抓住）、схватывать（抓住，拿起；获
得，弄到）等。具体行为也可能与心智场交叉，如 сечь（砍，劈，切，
剁，铡）、рубить（砍，劈，凿）、тянуть（拖，拉）在现代俄语口语中
也获得了"理解""有智力"意义，甚至表示烹饪的动词也具有类似意
义，如 это трудно переварить（这很难领会）、ему надо всё разжевывать
（他需要把一切都琢磨透），相应地，思维动词也可能表示行为，如 это

хорошо продумано（＝это хорошо сделано）（这经过了深思熟虑＝这完成得很好）。离心智场最远的是感叹词和一些由心智场动词构成的表示感叹的成语，如：Подумаешь！（好像真了不起似的！）Подумать только！（真难以想象！真了不起！）А ты думал！（而你以为呢！）Что ты себе думаешь？（你在自顾自地想什么？）

尼基京娜结合民间文学篇章，从理论上也为我们提供了一个对概念进行场性分析的成熟思路。她认为，民族文化语词概念（слова-концепты）如同大多数文化词汇一样，未必能获得清晰的定义，这些定义并不应该局限于区分词汇所必需的区别性特征。对概念的语义描写应当尽可能地给出存在于文化载体意识中的关于概念的知识，即反映在一定语言定型（语词或成语性词组）中的知识。基于这种态度，概念分析的一个任务就在于构建与确定的文本框架相关的、对于该语词来说本质性的正规语义关系清单。在描写语词时，这些关系是作为二位述谓出现的，可以被称为词库函数（тезаурусная функция）R（A，B）。语义关系或词库函数的名称表可以以调查表的形式提交给被分析的"语词—概念"。① 而构造词库词条调查表时以确定的篇章范围为材料会比较方便，因而尼基京娜选择民间文学篇章（如哀泣歌、圣诗）作为材料。该词库词条调查表由 30 多个函数点组成，所有的关系函数可以分为静态和动态两种②。

静态关系分为等值关系（равнозначные отношения）和层级关系（иерархические отношения）两种。其中，等值关系包括同义词（доля<幸运，好运>—участь<命运，境遇>、лета<年，年纪>—год<年，年纪>、дьявол<魔鬼，恶魔>—сатана<撒旦，魔鬼>、беда<不幸，灾祸，灾难>—напасть<倒霉，灾难，不幸>）、象征（море<海>在传统民间文学中作为世界的界限以及在基督教文学和圣诗中作为日常琐事的象征等）、隐喻和变形（如将少女的意愿形容成鸟儿）、多功能词（如 река<河>、море<海>、полая вода<春汛>在婚礼颂诗中起同样的作用）、对立—反义词（грешный<有罪的，罪恶的>—праведный<公正的，正直的>、ангел<天使>—бес<魔鬼>、гордость<骄傲，傲慢>—кротость<温和，温顺>）等。层级关系或者附属关系在民间文学篇章中主要表现为下述一些关系：

---

① Никитина С.Е., "О концептуальном анализе в народной культуре", *Логический анализ языка.Культурные концепты*, М.：Наука，1991，с.118.
② 这种静态、动态二分法与洛特曼对文化文本的划分类似。

集合体与集合体中的主要成分，如 беси（魔鬼）—сатана（恶魔）、государство（国家）—царь（皇帝）、сила（实力，权力）—воевода（部队长官，督军）；整体与部分，如 корабль（舰船）—бока（两侧）、корма（船尾）、нос（船头）；对象与外部特征，如 калики（盲歌手）总是挂着клюка（拐杖），смерть（死亡）总是带着锋利的镰刀；对象与内部特征，主要用常用修饰语表示；尺度和数量关系，如民间文学中的人物总是面临三种灾难或三种罪过。

动态关系（或情境关系）分为题元关系（актантные отношения）和涵指关系（импликативные отношения）。前者包括一系列主体、客体、工具及受话人关系，其中主体按积极性程度进行区分；后者包括原因—结果关系（如因 пост<斋戒>、молитва<祈祷>、милостыня<施舍物>获得救赎）及通常的结果关系（如 A 导致 B）。

联系静态关系和动态关系的是民间文学篇章中最本质的关系之一——定位关系（отношение локализации），这是因为许多对象都似乎具有固定的位点（локус），如婚礼颂诗中 девица（少女）的典型位点是 терем（阁楼）或其中的 горница（房间）或者是 зелен сад（绿荫如盖的花园），对于 лебедь（天鹅）来说其典型位点则是 море（海），而对圣诗中的пташечек（小鸟）来说其典型位点是 древо（树）。位点在情境描述中是必需的，因而应该进入分解成两部分的题元结构当中。当然，位点可能是储藏所，此时它与对象的关系则是进入附属关系的容器与内容物的关系，如 ад（地狱）与其中包含的 геенский огонь（地狱的火焰）、мука вечная（永恒的痛苦）等之间的关系。通过由这两种关系及下属的关系次类构成的词条调查表，可以构建对"语词—概念"较为完整的解释，而且语词不同意义的词库描述是不一样的。

尼基京娜还提到了一种与这里所说的"语词—概念"阐释相似[①]的民间文化篇章，即以教义问答或问答形式出现的篇章。在这样的篇章中，常常通过系列问答形式来给语词或概念下定义[②]或作解释。旧礼仪派的很多教义规定就是用问答形式来叙述的，在反仪式派教徒的宗教篇章中这种形式也比较常见，如在他们独具特色的宗教问答中通过近 40 个问题详尽地

[①]　这里，对词条调查表的填充就是针对问题清单的回答，其实质正是一种问答关系。

[②]　这种体现为问答形式的定义常称为部分定义（частичные определения）。

解释了 церковь （教堂）这一概念及其与该概念域中其他概念的场性关系特征。这里仅举其中的部分问答：

Есть ли у вас церковь? —Есть. （"你们那儿有教堂吗？""有。"）

Где церковь построена? —Ни в горах, ни в бревнах, ни в каменных стенах, а наша церковь построена в душах и сердцах человеческих, в верующих и любящих Его, аще кто верно служит Ему. （"教堂建在哪儿？""我们的教堂不在山里，不在原木里，不在石墙里，而建在人类的心灵和内心里，建在那些忠诚地为他服务的那些信仰和喜爱他的人那里。"）

Много ли в церкви стен? —Четыре. （"教堂有很多墙吗？""有四道墙。"）

Что есть стены? —Первая стена — младенцы — наместники Христовы, вторая стена — чистая дева, невеста жениха, третья стена — старцы — возвестители царевы, четвертая стена — жены мироносицы, они искони ходили, Христа искали. （"都是什么墙？""第一道墙是婴儿——基督的全权代理人。第二道墙是纯洁的少女，新郎的新娘。第三道墙是老者——主宰的预告者。第四道墙是拿来香膏的女人，她们自古以来都在行走，寻找基督。"）

Сколько у церкви врат? —Трое. Первые врага — вхождение, вторые — исхождение, третие — заповедь. （"教堂有多少大门？""有三个。第一个是入口，第二个是出口，第三个是戒律。"）

Сколько у церкви окон? —Трое. Первое окно — откровение, второе — вдохновение, третье — воздержание. （"教堂有多少窗户？""有三扇窗。第一扇窗是神启。第二扇窗是灵感。第三扇窗是节制。"）

Ходите ли вы в церковь? —Ходим. （"你们去教堂吗？""去。"）

С чем в церковь ходите? —С чистой душою. （"你们带着什么一起去教堂？""带着纯洁的心灵。"）

Чего ради в нее ходите? —Ходим для очищения плоти и для откровения души своей и для смирения всякой гордости … （"你们

为了什么而去教堂?""我们去教堂是为了净化肉体, 为了启发自己
的心灵, 为了克制任何傲气……")

　　Есть ли в вашей церкви престол? —Есть. ("你们教堂有神座
吗?""有。")

　　Что есть престол? —Престол есть пристанище истинных хри-
стиан. ("神座是什么?""神座是真正的基督教徒的安身之处。")

　　Что есть иконостас церковный? —Иконостас церковный есть
собрание истинных христиан. ("教堂的圣像壁是什么?""教堂的圣
像壁是真正的基督教徒的收藏。")①

　　民间篇章的这种问答形式同对"语词—概念"的词库描写一样, 是
呈现相应的价值世界图景和概念场性特点的有效手段。

第六节　句法表现分析

　　对于每一个"语词—概念"来说, 其文化—认知价值的最小体现环
境是句法形式, 因而句法表现分析是课题组进行概念分析时必然选择的手
段。如格里戈良 (Е.Л.Григорьян) 通过分析句法表征中的责任意义, 认
为与责任相关的伦理评价可以通过纯粹的句法手段来表达, 即用积极结构
中的主语形式或消极结构中的补语形式来表征"负责任的人"②; В.И.加
夫里洛娃借助可视物理空间和抽象含义空间这一二元对立, 从句法搭配角
度对 открыть (打开) /открыться (被打开)、раскрыть (展开) /рас-
крыться (被展开) 两组动词语义中的"начало" (开始) 语义成分进行
了描写和阐释③; 弗里德 (М.Е.Фрид) 分析了 равный (相同的)、сим-

---

　　① Никитина С.Е., "О концептуальном анализе в народной культуре", *Логический анализ
языка.Культурные концепты*, М.: Наука, 1991, с.122.

　　② Григорьян Е.Л., "Значение ответственности в синтаксическом представлении", *Логиче-
ский анализ языка.Языки этики*, М.: Языки русской культуры, 2000, с.97-100.

　　③ Гаврилова В.И., "Семантика «начала» в спектре значений глаголов открыть/
открыться, раскрыть/раскрыться", *Логический анализ языка.Семантика начала и конца*, М.:
Индрик, 2002, с.195-210.

метричный（对称的）、одинаковый（同样的）、взаимоисключающий（相互排斥的）、разный（不同的）、соседний（相邻的）等对称形容词的句法特点和句法类型，以及包含这类形容词的名词性结构与包含 все（所有）、каждый（每一个）、оба（两个）等数量词的名词性结构在句中的相互作用①；列翁京娜和什梅廖夫从句法角度分析了具有"选择原则的非规定性"意义的三个词 угодно（不管，无论，随便，任凭）、попало（随便，不在乎，胡乱地）、придется（随便，随意）的语义特点等②。

　　这里所说的句法表现包括两层含义：一方面是指概念对应词在句中的句法特点；另一方面是指句子结构本身与概念的某种对应关系，概念并不一定出现。

　　我们先来看第一个方面。世界观相关概念的句法能够反映人与概念之间相互作用的各种类型，这些类型的名称分布在各个题元位置上。试比较：Судьба играет человеком（命运捉弄人）和 Человек играет со своей судьбой（人拿自己的命运开玩笑）；Люди служат истине（人们听命于真理）和 Истина служит человеку（真理为人服务）。Судьба（命运）和 истина（真理）的句法位置体现了人们对概念的不同认识：судьба 在 играть（玩耍）的主语位时体现的是其"超越人之上的支配能力"意义，而在间接补语位时体现的则是其"受制于人的控制的从属客体"意义；истина（真理）作为 служить（为……服务）的间接补语时体现的是其"至高无上的权力和地位"，而作为主语时体现的则是其"为人所用的工具地位"。这样，世界观相关概念获得了契约人的功能，它们与人形成了各种各样的关系，其结果是进入矛盾的语境中。

　　概念的句法表现往往体现出人们对概念的不同认识，以 воля（意愿）和 свобода（自由）两个概念为例。阿鲁久诺娃认为，воля 和 свобода 都直接同人的内心世界和行为举止相联系。如果抛开对边界的相互逾越，从人类学的观点来看，两者之间的主要区别在于：воля 描述的是生活在自

① Фрид М.Е.，"Синтаксические свойства симметричных прилагательных и их взаимодействие с кванторными словами"，*Логический анализ языка. Квантификативный аспект языка*，М.：Индрик，2005，с.495-510.

② Левонтина И.Б.，Шмелев А.Д.，"Малоизученные единицы со значением незаданности критериев выбора в русском языке"，*Логический анализ языка. Квантификативный аспект языка*，М.：Индрик，2005，с.638-651.

然环境中的自然人，而 свобода 描述的则是生活在社会环境中的社会人。这样，两个概念间的区别既同个体满足需要的那一方面相联系，又同个体的契约方，即其生存赖以继续的那个环境相联系。这一区别反映在相应词汇的句法表现上：свобода от чего /для чего（摆脱……<为了……>而获得的自由）；воля к чему（渴求……的意愿）。换言之，свобода 是以摆脱权力的蛮横要求和为实现建设性活动而设置的社会性限制为前提的；воля（意愿）同 желание（愿望）一样，它指向客体，对该客体的掌控符合人的某种需求。[①] 而在本书第二编第三章第三节谈到的 радость（快乐）和 удовольствие（愉悦）两个概念的众多区别中，有两个区别起着决定性作用：其一是 радость 是感觉，而 удовольствие 只是正面的感觉—生理反应；其二是 радость 属于"高的"层面、精神世界，而 удовольствие 属于"低的"层面、身体世界。换言之，радость 同 душа（心灵）或 дух（精神）相联系，而 удовольствие 同 тело（身体）或 плоть（肉体）相关，这也体现在各自不同的典型句法搭配中，如 душевная радость（精神上的快乐）/плотские удовольствия（肉体上的快感）。布雷金娜和什梅廖夫在必然场域（поле долженствования）的框架中对 обязанность（义务）和 долг（责任）的辨析也是以其句法表现为基础的。[②] обязанность 是某种有条件的东西，由社会规约决定，与在社会文化中的位置相联系；作为赋予或接受 обязанность 行为的结果，人才成为 обязанность 的载体；обязанность 是积极的，而不是道德上的规范。而 долг 是不依赖于载体或局外人的道德规范，因而不能说 обременить кого-л. долгом（以责任加重某人的负担）、принять долг на себя（将责任揽在自己身上），долг 在某个时候只能意识到（осознать），也可以说 счесть что-то своим долгом（认为……是自己的责任）。Долг 不可能不存在，因而 * У него же нет никакого долга!（他没有任何责任！）是不成立的；而可以否定存在某种具体的 обязанность，因而 У него же нет никаких обязанностей!（他没有任何义务！）则可以成立；对于 долг 而言，最重要的是 осознавать（意识到）或 чувствовать（感觉到）或 прислушаться к голосу долга（倾听

---

① Арутюнова Н.Д., "Воля и свобода", *Логический анализ языка. Космос и Хаос : Концептуальные поля порядка и беспорядка*, М.: Индрик, 20036, c.83–84.

② Булыгина Т.В., Шмелев А.Д., "Концепт долга в поле долженствования", *Логический анализ языка. Культурные концепты*, М.: Наука, 1991, c.14–21.

责任的声音）或 прислушаться к тому, что повелевает долг（关注责任所命令的事情）, обязанность 需要的则是 знать（知道）。任何人有责任（долг）, 它要求人们选择正确的行为方式, долг 对于人来说是自然而然的。因而不可能有类似于 * У него есть определенный долг（他有某种责任）的存在句作为引子, 而可以说 У него есть определенные обязанности（他有某些义务）。Обязанность 自然地分配在不同的人们之间, 而 долг 则是独一无二的, 不能分解, 不能说 * Родительский долг в их семье распределялся так: мать учила детей музыке, а отец зарабатывал деньги（父母在他们家庭中的责任是这样分配的: 母亲教孩子们音乐, 而父亲挣钱）。这是因为 обязанность 可以脱离赋予其义务的主体, 重要的是义务得到履行, 因此需要将其委托给某个人, обязанность 可以分配和再分配; 而 долг 与主体有着私密性的联系, 不可能脱离主体存在, 可以说 передать（перепоручить）обязанность（转让<转托>义务）, 而不能说 передать（перепоручить）долг（转让<转托>责任）。

也正是基于对句法位置的分析, 科博泽娃成功地将 смысл（意思）和 значение（意义）这两个同义词进行了区分。科博泽娃强调的句法位置包括: 内容的载体, 如例（1）中的 надпись（题词）和例（2）中的 долгая речь（长篇发言）; 内容的说明, 如例（2）中的 без денег ничего не выйдет（没有钱什么都干不成）; 内容作为其一个题元的述谓, 如例（3）中的 исказить（曲解）; 内容的定语, 如 заманчивый（смысл）（吸引人的<意思>）和 точное（значение）（确切的<意义>）; 内容存在的领域, 如例（4）中的词组 в будущем（将来）和 в восприятии населения（在民众的认知中）。①

（1）Значение этой надписи не ясно.（这个题词的意义不太清楚。）

（2）Смысл этой долгой речи тот, что без денег ничего не выйдет.（这个长篇发言的意思是说, 没有钱什么都干不成。）

（3）Он исказил смысл моих слов.（他曲解了我话语的意思。）

（4）Я не исключаю, что в будущем слово «партия» в восприятии населения наполнится каким-то другим смыслом.（我不排除, 将来

---

① Кобозева И.М., ""Смысл" и «Значение» в «наивной семиотике»", *Логический анализ языка.Культурные концепты*, М.: Наука, 1991, с.183-186.

"党"这个词在民众的认知中会被填充上某种其他的意思。)

通过系统的对比分析，科博泽娃认为，значение X-a（X-a 的意义）是指这样一种信息，它根据由 X 用作信息传递手段的通用规则确定的社会规范与 X 相联系；而 смысл X-a для Y-a в T（在时间段 T 内 X-a 对于 Y-a 的意思）是指这样一种信息，在 Y 生成或理解作为信息传递手段的 X 的时间段 T 内，该信息在 Y 的意识中与 X 相联系。[1] 从这一对词语的术语性使用方式来看，与俄语词汇语义系统中体现的素朴观念相符的是 смысл 与 значение 之间作为表述的具体情境（语用）内容及其抽象语言内容的对立。

我们再来看句法表现的第二个方面，即句法结构本身能够反映人们对概念和观念的认识。如波兰语言学家韦日比茨卡对非施事性（неагентив-ность）[2] 这一俄语基本语义共相概念的分析就完全以下述表示事件的进展不受人控制的俄语句法结构材料为基础：кому удалось（привелось、случилось、посчастливилось、повезло）（某人成功地能够<得到机会，有机会，很幸运地能够，走运>）；у кого получилось（вышло、сложилось）（他获得<得到了，形成了>某种结果）；кого угораздило（怂恿，教唆某人）等。这些结构中的动词可以用来表示消除自身对于所发生之事的责任，包括不承担额外的义务（当言及将来时，如用 постара-юсь<将努力>代替 сделаю<做完>）或不承认自己的错误（当言及过去时，如用 не успел<没来得及>代替 не сделал<没有做>）等。无独有偶，阿鲁久诺娃认为俄语中用大量的无人称句形式来表达内心的情感，突出的是情感与不可控制的自然现象之间的可比性：动词类型的无人称句，如 На сердце накипело（义愤填膺）；名词性的无人称句，如 Тоска（苦闷）。[3] 显然，类似句法结构与"命运"（судьба）、"混沌"（хаос）等概念息息相关。事实上，语言所有的句法模式都能被用来描写人的内心世界，特别是他的情感状态。这些模式分布在两个主要的群组之间：主观述谓结构，在

---

① Кобозева И.М.，"«Смысл» и «Значение» в «наивной семиотике»"，*Логический анализ языка. Культурные концепты*，М.：Наука，1991，с.186.

② 韦日比茨卡认为情感性（эмоциональность）、非理性（иррациональность）、非施事性、道德热情（моральная страстность）是构成俄语语义共相（семантический универсум）的基本特征，并结合语言材料进行了深入论述。（Зализняк、Левонтина，2005：309）

③ Арутюнова Н.Д.，*Язык и мир человека*，М.：Языки русской культуры，1998，с.398.

其中占据主体位置的可能是人名或表示心理成分的名称；空间存在结构，在其中人名处在定位标的位置，为各种空间前置词所修饰。主观述谓结构可能是积极的，也可能是消极的。试比较：Петя тоскует（страдает，радуется，печалится，веселится，скучает）（别佳感到忧愁<痛苦，高兴，忧伤，快乐，苦闷>）；Петя был охвачен тоской（别佳充满了忧愁），Тоска（радость，беспокойство，печаль）охватила Петю（忧愁<快乐，担心，忧伤>纠缠着别佳）。在后一种情况下，感情似乎移到了外部位置，作为一种自发势力控制着人，透入他的内心或灵魂。存在句中肯定感情存在的方式是将其定位在人称领域或直接定位在人的内部：У Пети тоска（别佳感到忧愁）；В сердце Пети тоска（忧愁萦绕在别佳心间）；На сердце изморось и мгла（心中是细雨绵绵、夜幕漫漫）；В тебе（У тебя）нет совести（стыда）（你没有良心<羞耻心>）。① 这些句法结构体现的是人们对 тоска（忧愁，愁苦）、радость（高兴）、стыд（羞耻）、совесть（良心）等情感或伦理概念的认识。

人不仅不能总是准确地了解自己的意图、目标和动机，而且也不能总是准确地了解自己的情感。经常发生的情况是，人不能将真实的感情与虚假的感情、爱与责任或习惯区别开来。理性、伦理规定，或者相反，肉体欲望都能够扭曲人的自我认知和自我意识。② 意图的这种无法认识的特性在一定程度上能够演变成人的举止和行为不可控制的自发性，这部分反映在相应的句子结构上。语言的人文中心性并不一定意味着句法构造的人文中心性，不同的语言用不同的方式来表征行为人，如印欧语言在对人在情境或事件中功能的句法阐释上表现出明显的差异。以俄语中典型的句法变形为例：将人名置于某种受限的句法位置时，或者将人作为工具或神秘力量作用的客体，如 понесло（把……支使到……）、занесло（使……说出不该说的话，使……说话出格）、прорвало（迸裂）、нашло（控制，支配）、нахлынуло（涌现）、овладело（控制，笼罩，充满）等，或者将人作为意识流在其中运动、事件在其中发生、特征或状态在其中驻留的位点，如"у меня завтра встреча с друзьями."（我明天要和朋友们会面。）、"Мысли у

① Арутюнова Н.Д.，"Два эскиза к «геометрии» Достоевского"，*Логический анализ языка. Языки пространств*，М.：Языки русской культуры，2000，с.368.

② Арутюнова Н.Д.，"Введение"，*Логический анализ языка. Образ человека в культуре и языке*，М.：Индрик，1999，с.7.

него разбегались."（他的思想不集中。）、"На душе у него тоска."（他的内心满是忧愁。）等类型的句子。[①] 而如果行为就其本质而言是自发的，并且这反映在动词的意义上，那么语言正相反，倾向于将人名置于主体的位置，如 "Петя плакал."（别佳哭了。）"Катя упала на землю."（卡佳跌到地上。）等类型的句子。此时，句法和词汇相互补充。

　　值得一提的是，对无意识区域的发现具有非常深远的影响，特别是这改变了将人视作意识施事和主体的观念。世纪之交动摇欧洲理性思维基础的主体危机（有时也说主体死亡）不仅表现在叙述形式上（如意识流文学），也表现在句法倾向上，如：无人称结构使用率上升，将施事移至受限的句法位置的趋势得以加强。[②] 对于法语来说，无人称句不仅在青年人中的流行趋势特别显著，在萨特、塞利纳（L.F.Celine）等作家的作品中也是如此。类似的倾向在俄语文学中也能看到，如在陀思妥耶夫斯基（Ф.М. Достоевский）和别雷（А.Белый）的作品中特别明显。[③] 试比较别雷小说《银鸽》中有与法语类似的句子：Что это я думаю？—пытается сообразить Петр, но понимает, что не он думает, а в нем «думается» что-то.（"我这是在思考什么？"——别佳试图搞清楚，但他明白并不是他在思考，而是他脑子里正在浮现出某种东西。）由此可见，语言不仅易受意识形态观念的影响，也易受心理观念的影响。[④]

---

① Арутюнова Н. Д., "Введение", *Логический анализ языка. Образ человека в культуре и языке*, М.: Индрик, 1999, с.8.

② Там же.

③ Там же.

④ Там же, с.8-9.

本编小结

通过上述分析，我们可以看到，课题组选择了概念分析的研究方向之后，对概念分析的本体论、认识论和方法论问题都做了深入的理论探索，从而奠定了坚实的理论基础，这充分体现在课题组成员的研究实践中。概括起来讲，基于对概念及概念结构的本体论认识，课题组最终选择世界观相关概念作为分析考察的主要对象；在认识论上主要秉持从概念出发的哲学出发点、侧重于概念符号学表现的符号学立场及认知和文化兼顾的目的论取向；在方法论上，课题组的具体研究方法表现出了相当程度的共性特点，包括分析内部形式；分析抽象名词的隐喻搭配；同义辨析；民族文化对比；场性分析；句法表现分析等。

应该指出的是，由于课题组成员构成的松散性和学科背景的多样性，而且各成员除了遵循课题组确立的主题概念之外，他们的研究并没有受到任何特别的限制，因此，我们这里归纳总结的一些要点未必适合所有的学者和所有的研究。我们的目标只在于透过课题组的论文集呈现给我们的研究成果，从中把握和领略到概念分析的理论特色。

第三篇
概念分析：实践研究

基于对世界观相关概念语言表现的认识，课题组认为，表达某个概念的词的词源、同义现象、反义词、搭配范围、典型的句法位置、使用语境、语义场、评价、形象联想、隐喻的使用、成语、语言样模等所有这些为每一个概念创设了个性化的语言，这使得实现重组概念并确定它在人们日常意识中的地位成为可能。① 而由于世界观相关概念是紧密相关的，概念分析的理想研究首先应该提供清晰的概念清单，按照范畴进行划分，并对分类原则作出评估，区分出初始概念和派生概念，研究它们的层级，分析它们的定义和类型。从课题组在概念分析领域的研究来看，所探讨的概念依次是：судьба（命运）→действие（行为）→истина（真）→время（时间）→ человек（人）→ движение（运动）→ пространство（空间）→добро（善）→начало（始）/конец（终）→космос（有序）/xaoc（无序）→красота（美）→число（数）→игра（游戏）→ложь（谎言）/фантазия（幻想）→肯定（ассерция）/否定（негация）。从中虽然难以看到非常严谨的逻辑推演关系，但其反映的宏观研究思路还是清晰可见的，即以"命运—行为—真"为发端，以"时间—空间—人"vs"运动"为背景，以"真—善—美"为核心，以"始/终—有序/无序—数—游戏—谎言/幻想"等为个体概念来全面展示俄语语言世界图景的特点。

---

① Арутюнова Н. Д., "От редактора", *Логический анализ языка. Понятие судьбы в контексте разных культур*, М.: Наука, 1994, с.3.

第一章

概念分析的发端概念

日常实用哲学（обыденно-практическая философия）是一系列因素相互作用的结果，如民族传统和民间风俗、宗教和意识形态、生活经验和艺术形式、感觉和价值系统等。日常实用哲学的概念构成了作为人和世界之间中介的独特的文化层面。其中可以划出两个基本极，即个人性、主观性的一极和客观性的一极。前者可以用 судьба（命运）来表示，它将阐释发生在人身上的事的语词结合起来，围绕这一极聚集的是这样一些概念，如 судьба（命运）、рок（厄运，劫数）、фатум（厄运，劫数）、доля（幸运，好运）、удел（命运）、жребий（命运）、случай（偶然，侥幸）、фортуна（幸福，好运）、предопределение（命运，定数）、предназначение（命运，上苍的安排）等，以及一些伦理范畴，如 добро（善）、зло（恶）、суд（法院，法庭）、приговор（判决）、возмездие（报复；报应，惩罚）、вознаграждение（奖励，奖赏）等。后者可以用 истина（真理）来表示，它联合的词语阐释的则是人们如何思考世界的本质和世上所发生之事，围绕这一极的是一些认识论概念，如 истина（真理）、правда（道理），以及一些真值评价述谓，如 истинно（真实地）、верно（准确地）、достоверно（可靠地，可信地）、факт（事实）、правильно（正确地）、очевидно（显而易见地，明显地）、ложно（虚假地）、неверно（不正确地）、неправильно（不正确地）、сомнительно（疑惑地，可疑地）等。前者属于人的生活，是主观的，而后者属于人的思维，是客观的。与此同时，судьба（命运）和 истина（真理）两个概念都高踞于人之上，提醒人们远远不是所有的东西都处于自己的支配之下，两者分别从左边和右边，即分别从生活和思维的角度限制着人的有目标行为（действие）（包括现实行为、心智行为和言语行为）的活动区域①。换言之，正是"действие"（行为）概念成为了 судьба（命运）和 истина（真理）的中介，它覆盖着主观极和客观极之间的过渡区域，构成了人在其中发挥重要作用的生活世界，也正是在"人的支配能力和作用范围"这一点上，действие（行为）概念与高踞于人之上的 судьба（命运）和 истниа（真理）概念相区别。这样，阿鲁久诺娃将 действие（行为）视为处于 судьба（命运）与 истина（真理）之间的概念，课题组正是从"судьба（命运）—действие（行为）—истина（真理）"这一基本的三分系统出发开始其概念分析研究实践的。

第一节　关于 судьба（命运）

Судьба（命运）是课题组进行概念分析时集中讨论的第一个概念。1991 年 12 月，课题组与隶属于俄罗斯科学院主席团的世界文化史学术委员会共同组织了一个以"不同语言和文化语境中的命运概念"为主题的大型研讨会。参加的学者除了语言学家，还有哲学家、逻辑学家和语文学家。学者们认为，围绕着核心概念"судьба"（命运）聚集着系列语词，它们用来阐释不以人的意志为转移而发生在人身上的一切，如 рок（厄运，劫数）、фатум（厄运，劫数）、доля（幸运，好运）、удел（命运）、жребий（命运）、случай（偶然，侥幸）、фортуна（幸福，好运）、предопределение（命运，定数）等。课题组对"судьба"（命运）概念场的分析面向的是各种同一体系和不同体系的语言，包括印欧语系和非印欧语系（越南语、汉语等）的语言，分析是在古代（美索不达米亚、埃及、古希腊）和现代的不同文化语境以及伊斯兰教、儒教、中国古代哲学、俄罗斯宗教哲学等各种哲学和宗教体系下进行的。学者们对斯拉夫语言和民间文化给予了特别关注，如尼基京娜的《俄罗斯民间意识中的 судьба（命运）概念（以口头诗学篇章为材料）》和托尔斯塔娅（С.М. Толстая）的《命运动词（глаголы судьбы）及其在文化语言中的相关物》

① Арутюнова Н.Д.，"От редактора"，*Логический анализ языка.Понятие судьбы в контексте разных культур*，М.：Наука，1994，с.4.

两篇论文。阿鲁久诺娃认为，судьба（命运）概念在文化历史中是以神话、拟人、寓言、讽喻、末世论、文学形象、星占学和其他符号、仪式行为、占卜、民间说法、特征和征兆、所有语言中都可以划出的丰富的语义场作为表征的。阿鲁久诺娃将与судьба（命运）概念相关的广泛问题归为以下6个系列：概念的内涵及其在不同哲学和宗教系统中的位置；人们日常意识中的命运概念；个人世界观系统中的命运概念；概念的普适性特征及其变化范围；命运概念对文化创作的影响，包括情节的构造、篇章的结构、词语的使用、形象的生成等；分析预言式文本及其布局、隐喻的使用、弦外之音、篇章的可证实性、真值条件的表达方式等。[①]

　　本次研讨会的部分论文收录在1994年出版的论文集《不同文化语境中的命运概念》中，该论文集分6个栏目共收录了39篇论文。

　　"哲学系统中的命运概念"（11篇）：涅列京娜分析了法国哲学家阿伯拉尔两部著作中有关命运概念的论述；特罗菲莫娃（М.К.Трофимова）分析了诺斯替教派（гностицизм）科普特语手稿《比斯提斯·索菲娅》（*Pistis Sophia*）中体现的有关命运主题的观点；格林采尔以《命运的语法》为题分析了斯多噶学派语法学说中与命运平行、相关的概念，借此探讨了古希腊传统中命运概念的外部特征；С.Г.谢苗诺娃（С.Г.Семенова）通过比较分析费多托夫、索洛维约夫、别尔嘉耶夫等俄罗斯宗教哲学家对命运的认识，总结了持积极的基督教教义立场的俄罗斯宗教思想家挑战命运、克服命运的思想；斯特列尔科夫（В.И.Стрелков）对смерть（死亡）与судьба（命运）两个概念既相辅相成又相互对立的辩证关系作了深入的分析；托波罗夫则深入、系统地探讨了судьба（命运）与случай（机会）各自的特征及相互之间复杂的辩证关系；戈兰（В.П.Горан）通过分析美索不达米亚、埃及和希腊古代文化中命运观念与个人自我意识的产生之间的关系问题，认为出现命运观念的事实本身及其内容的具体特点都能证实社会意识对个人的关注和个人意识的产生；卡拉佩季扬茨（А.М.Карапетьянц）通过研读中国部分古代典籍中的片段分析了中国古代哲学家的命运学说；皮奥特罗夫斯基（М.Б.Пиотровский）通过分析《可兰经》中表示命运及相关概念的语词的词源、使用和意义，阐

---

　　① Арутюнова Н. Д.，"От редактора"，*Логический анализ языка. Понятие судьбы в контексте разных культур*，М.：Наука，1994，с.3.

述了伊斯兰教文化中典型的宿命论思想；格里戈里耶娃（Т. П. Григорьева）结合佛教思想对处于佛教文化中的东方国家的命运观念作了一些分析；博卡多罗娃探讨了法国百科全书派理解的命运语义场，认为该语义场中只有与理性而不是宿命论、先决论、神示相关的 Nécessité（必然性）和 Liberté（自由）两个概念引起了他们的兴趣。

"不同文化语境中的命运概念"（9 篇）：亚沃尔斯卡娅（Г. М. Яворс-кая）讨论了印欧语中 судьба（命运）的各种名称所体现的语义平行关系，尤其是各种语言中普遍存在的 смерть—судьба（死亡—命运）和 слово—судьба（词汇—命运）这两种语义理据模式；齐维扬（Т. В. Цивь-ян）通过分析情节涉及命运的一些民间文学体裁，强调了其中反映的世界模式中命运不可改变的观念；尼基京娜以口头诗学篇章为材料，分析了 доля（幸运，好运）、участь（命运，境遇）、судьба（命运）等语词在这些篇章中所折射出来的俄罗斯民间意识中的命运观念；科夫绍娃（М. Л. Ковшова）以大量语料为依据，认为俄语民间文学和大量带有关键成分 судьба（命运）的成语性固定结构中的 судьба（命运）概念有三个组成部分（含义），即作为凌驾于人之上的最高力量、作为上帝赋予之物、作为上帝预先规定和裁决之事；托尔斯塔娅分析了斯拉夫语中 судьба（命运）词汇语义场的动词性特点及其体现（如众多表示命运概念的名词与动词的渊源关系①），特别是 судить（评价，评判）（судьба/命运）、делить（共同感受）（доля/幸运，好运）等动词提示的情境或仪式性行为；А. Я. 古列维奇（А. Я. Гуревич）分析了日耳曼人和古代斯堪的纳维亚人命运观中无法消除的双重性和矛盾性特征，认为他们的意识中存在宿命论和能动论两种观点；谭傲霜（Тань Аошуан）将包含表示命运的基本成分的汉语成语分成三组，分别分析了每一组体现出来的中国人的命运观；米哈伊洛娃（Т. А. Михайлова）基于对两种关于未来的观念的分析并结合对爱尔兰叙事诗的分析，探讨了命运的选择问题。

———————————

① 斯拉夫语中表示命运的最主要、最普及的名词都是由动词直接或间接派生而来的，直接派生的如：судьба（命运）源于 судить（评价，评判），доля（幸运，好运）源于 делить（共同感受），рок（厄运，劫数）源于 речь（言语，话语）（говорить/说话）；间接派生的如：участь（命运，境遇）或 счастье（幸福）通过 часть（部分）这一成分可溯源于含有 кусать（咬）、отрывать（撕掉，扯掉）意义的动词，жребий（命运）源于具有 резать（切，剪）、стругать（刨，削，刮）意义的动词等。

"对命运的预测"（4 篇）：格洛温斯卡娅（М.Я.Гловинская）比较分析了 предсказывать（预言）、прорицать（预言）、пророчить（预言，预测，预报）、прогнозировать（预测，预报）等表示"预测"言语行为的俄语动词的语义和语用特征及其折射的民族观念；马克耶娃（И.И.Мaкe-ева）结合对《犹太战争史》（*История иудейской войны*）这一古俄语译本较之原著的删节、补充、自由翻译等区别性特点的分析，探讨了古罗斯人对命运征兆的认识；奥地利学者勒泰（T.Reuther）以 100 个表示迷信征兆的常用表达为材料，探讨了现代俄罗斯城市居民对命运的迷信观念；普里霍季科（Е. В. Приходько）在西塞罗划分预言（divination/дивинация）基本类型的框架下，分析了早期古典希腊文献中圣贤和先知预言（作者将其归入言语预言类型）的内容和独一无二的特点。

"个人意识之镜中的命运"（3 篇）：加克以关于命运的谚语、格言、引语等表述为材料，探讨了命运与人的意志和意愿的关系，命运的恒常性与可变性、幸福与不幸福、公正与不公正等对立性特点，人对命运的态度，改变命运的方式等问题；波斯托瓦洛娃分析了 судьба（命运）作为文化关键词的一些特点以及洛谢夫对命运问题的解释和观点；加斯帕罗夫（М.Л.Гаспаров）以罗姆（А.И.Ромм）未竟的手稿《关于命运的一封信》（*Письмо о судьбе*）作为考察对象，辨析了 назначение（使命，目的，宗旨）、рок（厄运，劫数）、доля（幸运，好运）（участь/命运，境遇、удел/命运）等同义词的意义，探讨了罗姆的命运观念。

"语言之镜中的命运概念"（5 篇）：什梅廖夫发现波兰语言学家韦日比茨卡对 судьба（命运）概念的解释并不完全符合 судьба（命运）一词在俄语中的现实使用，因而对一般的命运观及命运语言的隐喻性特征进行了重新分析；西列茨基考察了 фортуна（幸福，好运）一词与占卜术的渊源关系及其在不同时期文学作品中的情节体现和人们观念的相应演变；萨赫诺在语料分析的基础上，划分并分别分析了使用 судьба（命运）的三种原型语境，即作为联系的 судьба（судьба связывает/命运将……联系起来）、作为言语的 судьба（судьба говорит/命运证明，судьба пророчит/命运预言）、作为文本的 судьба（судьба пишет/命运写道，судьба чертит свои знаки/命运画出自己的符号）；丘巴良（Т.Ю.Чубарян）在《судьба（命运）的即兴之作》一文中分析了 судьба（命运）"行为"的一种语言化形式，即在语言中用 игра（游戏）来表示的形式，该形式决定着

ирония судьбы（命运的嘲弄）、насмешка судьбы（命运的嘲讽）、игра случая（судьбы）（意外的机遇，命运的捉弄）等搭配背后的观念和联想范围；博古斯拉夫斯卡娅（О.Ю.Богуславская）分析了分别由 рок（厄运，劫数）、фатум（厄运，劫数）派生而来的两个形容词 роковой（厄运所致的；非常不幸的；决定命运的）和 фатальный（命中注定的，不可避免的；无可奈何的，听天由命的）的深层语义区别，尤其是那些与相应名词之间的区别并无直接关联的区别性特点，并探讨了现代俄语中这两个形容词所反映出来的人们对命运和定数的素朴认识。

　　"文学世界的命运概念"（7 篇）：波尔托拉茨基（А.И.Полторацкий）对莎士比亚（W.Shakespeare）作品中人物谈到命运时所用的三个概念 fate（命运，运气）、destiny（命运，定数）、fortune（好运，命运）的使用频率和拟人化用法特点进行了比较分析，并把重点放在 fortune（好运，命运）的所有使用语境所凸显的统一形象（作者称为 Судьба/Фортуна<命运/好运>）及其反映的人物命运观上；沙赫-阿齐佐娃（Т.К.Шах-Азизова）通过对比分析莎士比亚和其他戏剧大师笔下的冲突形式，认为哈姆雷特面对劫数（рок）带来的两重选择时的犹豫和挣扎，面对定数（предвидение）时表现出的斯多噶主义构成了随后戏剧发展史上一个永恒的体现冲突的线索——"哈姆雷特线索"；阿扎罗娃（Н.М.Азарова）分析了葡萄牙的法多（Fados）这种歌曲样式风格所体现的 судьба-ритм（命运—节奏）和 судьба-говорение（命运—说话）观念；扎瓦茨卡娅（Е.В.Завадская）分析了阿根廷作家博尔赫斯（J.L.Borges）短篇小说中命运的隐喻形象（如书的命运、城市的命运、寻宝者的命运等）及作者的命运观念；沃尔科夫和苏兰将布尔加科夫《大师与玛格丽特》中命运语义场的关键概念确定为 Встреча（相遇）、Вина（罪过）、Заслуга（功勋）和 Воздаяние（报答），并通过这些关键概念分析了作品中反映的命运观；佩尔措娃（Н.Н.Перцова）则分析了赫列布尼科夫（Велимир Хлебников）的时间理论和数的理论，如赫列布尼科夫认为世界的规律与数的规律是重合的，类似的事件是循环性的，由行为引起的反作用是不可避免的，从占卜术到道德规律的所有普适性规律都具有内部联系等；阿鲁久诺娃认为 истина（真理）和 судьба（命运）分别构成人们实用哲学（生活哲学）客观性的一极和主观性的一极，前者将阐释世界本质的概念联系起来，而后者将阐释人的生活的概念联系起来，在此基础

上，阿鲁久诺娃系统地分析了 истина（真理）与 судьба（命运）的复杂
关系。

第二节　关于 действие（行为）

阿鲁久诺娃认为，在 истина（真理）和 судьба（命运）之间有三个
重要的概念：действие（行为）、ментальное действие（心智行为）、ре-
чевое действие（言语行为）[1]。将它们联合起来的正是"действие"（行
为）概念，它形成了人在其中扮演着有意识活动的施事者角色的生活世
界。如果说命运预先决定着人的生活，那么行为则创造着人的生活；命运
没法选择，而先于行为的则是目标的选择；如果说命运取消了人的主体中
心位置，那么现实的、心智的和言语的行为"句法"则体现出语言的人
本中心性。[2] 阿鲁久诺娃十分强调 действие（行为）概念的关键角色，她
认为，在每一种语言中都可以划分出来的反映人们世界观的词库（如
время<时间>和 вечность<永恒>，свобода<自由>和 воля<意志>，добро
<善>和 зло<恶>，правда<道理>和 истина<真理>，сила<力量>和
действие<行为>，действие<行为>和 цель<目标>）中，处于中心位置的
正是 действие（行为）概念（广义上而言），因为正是借助于行为人们才
得以进入与现实的积极关系之中。[3] 这些关系在发展过程中将关于自然类
属的概念秩序化，创生了假象世界（мир артефактов），形成了人在自然
和社会环境中生存的规范，制定出道德准则。行为是调整人与世界之间关
系的协调中心。Мир（世界）用定语 действительный（真实的）来修饰，
мир（世界）本身（它的状态）用名词 действительность（现实，实际）
来表示并不是偶然的。

---

① Арутюнова Н. Д., "Введение", *Логический анализ языка. Ментальные действия*, М.：
Наука，1993，с.3.

② Арутюнова Н. Д., "О работе группы « Логический анализ языка » Института
языкознания РАН", *Логический анализ языка. Избранное. 1988–1995*（Под ред. Н. Д. Арутюновой
и Н. Ф. Спиридоновой），М.：Индрик，2003，с.11–12.

③ Арутюнова Н. Д., "От редактора", *Логический анализ языка. Модели действия*，М.：
Наука，1992，с.3.

课题组 1991—1993 年的研讨会主要是围绕 действие（行为）这一概念展开的。在解释 действие（行为）概念何以成为最重要的研究对象之一时，斯捷潘诺夫和普罗斯库林认为这是因为 действие（行为）分属物质序列（事物、对象、对象物）和精神概念序列，而这两个序列从符号学角度来看是平行的，两者在符号功能的基础上相互联系。举办这些研讨会的目的在于将 действие（行为）完全范畴化，以便能在研究人的心智行为和言语活动时合理地运用行为模式。几次研讨会的论文分别收录于《语言的逻辑分析：行为模式》（1992）、《语言的逻辑分析：心智行为》（1993）、《语言的逻辑分析：言语行为的语言》（1994）三部论文集中。

1. 行为模式

Действие（行为）与 процесс（过程）、событие（事件）（происше-ствие<事故，事件>、случай<事情，事件>）、деятельность（活动）、по-ведение（行为，举止）、поступок（举动，行动）、акт（活动，行动，动作）、акция（行动，动作，举动）等事件方面的其他概念属于同一个概念集，但关于 действие（行为）概念的边界问题，词典中并没有给出明确的回答：乌沙科夫（Д.Н.Ушаков）词典将 действие（行为）定义为"某种能量的表现、活动的表现"；奥热戈夫（С.И.Ожегов）词典将 дей-ствие（行为）理解为"表现某种活动的能量，也是力量、活动、某种东西发挥作用之本身"[1]。这两种理解都没有真正地说清楚 действие（行为）这一概念。问题是，是不是所有引起世界中事态变化的任何行动都可称为 действие（行为）？或者只有人们有意识地进行的行为才进入该概念的外延？对此，言语实践也没有给出完整的答案。哲学和逻辑学理解的 действие（行为）是指人有意而为的行为，作为这样理解的科学术语，действие（行为）的外延变窄了，但其内涵变得更为复杂。受人的世界所制约，действие（行为）概念自动进入了某种生命的循环中：行为之前是某种心理阶段，思考、比较、评价、设定目标、选择手段，而只是在采取了决定之后才是行为，行为的边界、完成点则是结果。这样一来，действие（行为）进入了某种框架中，在其周围形成了丰富多样的概念语境。但与此同时，用人的行为来限定 действие（行为）概念的另一个结

---

[1] Арутюнова Н.Д.，"От редактора"，*Логический анализ языка. Модели действия*，М.：Наука，1992，с.3.

果则是扩展了该概念的外延，因为非行为、避免采取行动、拒绝等也进入
其中。自由意志并不是行为的唯一来源，许多行为是社会和道德规范或义
务规定予人的，不完成这些行为构成"零行为"（нулевое действие），实
际的行动并不比零行为更富有成果。[①] 这样一来，用人的行为来限制 дей-
ствие（行为）概念并没有简化这一概念及相关派生概念的形成问题，反
而使之变得更为复杂。而以 действие（行为）为核心的相关词汇的语义
则能帮助弄清这些问题，语言学中 действие（行为）概念首先是与动词
及其语义类型和语法范畴相联系的。

在 1991 年的研讨会上，课题组主要讨论的是行为模式问题，因为只
有真正把握了行为模式，我们才能在研究心智行为和言语行为时有明确的
理论依托和分析工具。研究成果体现在论文集《语言的逻辑分析：行为
模式》中。该论文集分 3 个栏目共收录了 25 篇论文。

"行为与现实"（6 篇）：斯捷潘诺夫和普罗斯库林从符号学的角度来
看待世界文化语境中的 действие（行为）概念，将其分为调整行为、加
工行为和获取行为三类[②]分别进行了分析；阿鲁久诺娃在探讨 цель（目
标）与 действие（行为）的一般关系的基础上，分析了 цель（目标）的
类型和在俄语中的各种表达手段；克赖德林对 предназначение（使命，
生存意义）和 цель（目标）两个概念进行了区分，考察了表达
назначение（使命，目的，宗旨）和 предназначение（使命，生存意义）
意义的语言手段及其使用特点；拉济耶夫斯卡娅（Т. В. Радзиевская）以
《词汇 цель＜目标＞的语义》为题，通过对比分析 цель（目标）、задача
（任务）、мечта（梦想）三个概念，总结了 цель（目标）概念六个方面
的特征；波尔托拉茨基以分析名词 act（行动，行为）和动词 act（行动，
表演）在莎士比亚全部作品中出现的频次（分别为 131 次和 38 次）为基

---

① Арутюнова Н. Д., "От редактора", *Логический анализ языка. Модели действия*, М.：
Наука，1992，c.3.

② 基于对生物学中"仪式化行为"（ритуализированное действие）的理解，斯捷潘诺夫和
普罗斯库林（Степанов，Проскурин，1992：8）区分出了调整行为（упорядочивающие дейст-
вия）、加工行为（обрабатывающие действия）和获取行为（добывающие действия）三类行为，
并勾画出了 действие（行为）概念的最大结构：（1）агенс-1（角色 1：发起者）；（2）агенс-2
（角色 2：履行者）；（3）агенс-3（角色 3：工具）；（4）объект-1（对象 1：影响对象、初始材
料）；（5）действие（行为）；（6）объект-2（对象 2：所获对象、产品、结果）；（7）цель
（目标）。

础，考察了莎剧中 act（行动，表演）的主要使用场合和用法特点及其与相关动词 do（做，进行，完成）、perform（进行，完成，执行）的联系和区别；德米特罗夫斯卡娅对普拉东诺夫（А.П.Платонов）作品中的一个关键词 сила（力量）的使用进行了深入分析，认为它表达了作家的世界观，指出了人认识世界结构的能力范围。

"行为与含义"（9篇）：布利诺夫（А.Л.Блинов）在对行为句进行逻辑分析的研究框架内保留了行为句形式上的主体—述谓结构，并以此解释了大多数印欧语言中行为句与特征和关系句表层形式的共性特点，通过区分个体作为物理客体和作为策略时本体结构的不同解释了行为句的语义特色；克龙高兹（М.А.Кронгауз）以《对话的游戏模式》为题探讨了作为对话的离散性游戏的特点及语句"对话是游戏"的真值条件；里亚布采娃分析了"Допустим, что Р（假定 Р）；Подчеркнем, что Р（强调 Р）；Можно заключить, что Р（可以推断 Р）"类心智施为句（ментальные перформативные высказывания）的特征，将具有心智施为功能的动词进行了分类；帕杜切娃基于对行为动词的诠释（толкование），以《行为动词：诠释和搭配》为题分析了能够从诠释的共性成分中推导出来的一般行为动词（首先是物理动词）的搭配特征，认为构建统一的行为动词诠释图式是对其搭配进行语义分析的基础；加克分别从语言和言语两个层次对俄语中的行为称名手段进行了分类描写；库布里亚科娃分析了行为动词的认知特点，探讨了解释行为动词语义的认知模式；萨赫诺基于对 действие（行为）的词源和用法的分析，考察了 действие（行为）、поступок（举动，行动）、дело（行动）三个词的不同意义特点和使用范围；格里戈良分析了行为语境中的行为者（деятель）、行为的句法表征手段以及行为表征手段与动词语义的关联性等问题；普罗佐罗娃（Л.А. Прозорова）从地点与行为的特征关系（отношения характеризации）角度探讨了述谓与地点状语的搭配特点，论述分特征关系、命题真值、行为定位的条件、特征的适切性条件四个方面展开。

"行为与语词"（10篇）：布雷金娜和什梅廖夫在分析事件的本体论特征的基础上，就俄语动词体系统的特点和未完成体动词的新义（相对于完成体）在词典中的体现方式问题进行了探讨；雅科夫列娃将俄语中暗含说话主体对言说对象的经验性评价态度的词称为情态标记词（модально отмеченная лексика），对这类词的经验性评价语义及其使用上的特点进行了分析；格洛温斯卡娅分析了体范畴对表示言语行为的动词的影响，探讨了这类动词的体对立与"以言行事/以言成事"对立的呼应关系以及体偶的成分分属不同言语行为的现象；科贾索夫（С.В.Кодзасов）分析的是以言行事和以言成事施为句在语法结构、语调、直接言语话轮的称名形式方面的标志；意大利学者朱斯提—菲奇（F. Giusti-Fici）对俄语词действие（行为）与意大利语中的对等词azione（行动，行为，活动）在言语使用上的区别进行了分析；扎利兹尼亚克分析了情境的可控性/不可控性对立在语言中的体现方式；库斯托娃（Г.И.Кустова）探讨了用контроль（检查，检验；监察；监督）概念分析行为的几个问题，如действие（行为）与контроль（检查，检验；监察；监督）的概念相关性、表示非标准行为的动词的可控性/不可控性特征、要求可控性特征的一些语境等；В.Ю.阿普列相（В.Ю.Апресян）分析了表示自然过程的动词（如гореть<燃烧>、светить<发光>、течь<流动>）直义和转义间的相互关系及其转义搭配的语义规则；基里连科（Е.И.Кириленко）分析了英语阶段动词的区别性语义成分；谭傲霜分析了汉语中"不"和"没"两个否定形式的深层区别及两者与行为的关系，探讨了两者的作用范围和功能。

2.心智行为

1992年5月，课题组举办了有关心智行为和心智领域概念的研讨会。这次研讨会讨论的主题主要有：心智场的结构；心智行为和心智影响、心智能力和心智状态述谓的语义；心智行为和心智行为结果名词的意义；心智行为的逻辑；逻辑悖论；心智述谓的句法（"人—思想""思想—命题"类关系）；判断的真值评价等。

阿鲁久诺娃认为，日常的思想远离真理（истина）和真理性（истинность），如俄语名词Мысль（思想）很少用于表示判断，它也不同形容词истинный（真实的）搭配，能同它连用的是表示伪真值评价的верный（准确的）、правильный（正确的），而且并不排除评价过高、讲错话、妥协和异议等情况。Мысль（思想）也不能用来表示众所周知的真理或者具体的信息，因为后者的真理性或可证实性排斥мысль（思想）概念。逻辑学家和科学家表达思想是为了对其进行证实或证伪，而日常生活中思想的出现是为了解决迫切的问题。它们是在实用推理、计划和方案的语境中形成的，所要求的不是真值评价，而是价值论评价（аксиологическая оценка），它们的产生是源于需要。Мысль（思想）一词的其中一个

意思就是 забота（关心，担心，忧心）。关于 Мысль（思想）在日常意识中的地位及名词 Мысль（思想）本身的使用，罗扎诺夫的话做出了很好的说明：

　　　　Ей-богу：поспать лучше，чем управлять.Но эта мудрая мысль приходит под 50 лет；раньше все хочется «управлять» и «спасать».О планете — мысль у Бога.У нас должна быть мысль о своем обеде，своей жене，достать бы хорошего докторишку вовремя и проч.«Мы мелкие люди，и у нас мелкие мысли.» Это — мудрость.（真的，睡一睡要比去管理好。但是直到快 50 岁时才想到这一明智的思想，以前总是想"管理"啊想"拯救"啊。关于宇宙——这是上帝的思想。而我们应该想的是自己的午饭，自己的妻子，或者是能及时地找到一个好医生，等等。"我们是微不足道的人物，我们有的只是微不足道的思想。"这就是真知灼见。）①

　　Мысль（思想）与生活实践的联系和其对未来的诉求性特征可由 замысел（意图，打算）、помысел（想法，主意）、промысел（天意，天命）、домысел（推测，臆测）、умысел（蓄意，预谋）及派生出这些名词的带前缀动词的意义所证实。动词 мыслить（思维）在古俄语中的主要意义与将来相关，其释义是："собираться"（准备）、"надеяться"（希望）、"злоумышлять"（预谋犯罪，蓄意作恶）等。

　　与 мысль-забота（思想—担心）对立的是与一般哲学范畴相联系的 идея（理念，观念）概念。罗扎诺夫感叹道："Конечно，это скучно，если без общих идей［…］.Но для них — дружба.Мы с Павлом Александровичем могли бы отлично прожить всю жизнь бок о бок［…］под вечер предаваясь философским идеям и даже философским тревогам."（当然，如果没有共同的理念那将是无聊的。……但对于他们来说——是友谊。我们与巴威尔·亚历山大罗维奇傍晚时分沉湎于哲学理念甚至哲学焦虑，能够这样紧挨着精彩地度过整个一生。）② 然而，人们不仅仅沉醉

---

①　Арутюнова Н. Д.，"Введение"，*Логический анализ языка. Ментальные действия*，М.：Наука，1993，c.5.

②　Там же.

于 идея（理念，观念）之中，还试图将其引入生活。Идея（理念，观念）闯入生活的自然过程，在此基础上形成了标语和口号。这样，尘世生活与被柏拉图归入特别的无形本质世界的理念不无区别。

　　能体现生活机制在心智概念形成过程中的作用的另一个语义域是表达个人理念概念（идейные концепты）的一些词汇，如 убеждение（看法，见解；信念）、взгляд（看法，见解）、принцип（原则；信念，行为准则）、воззрение（观点，见解）等。这些概念都是从 идея（理念，观念）转换而来，убеждение（看法，见解；信念）一词本身是用 идея（理念，观念）而不是 Мысль（思想）来下定义的，如奥热戈夫词典中的释义为 "Твердый взгляд на что-н., основанный на какой-н. идее, мировоззре-нии"（基于某种理念和世界观对于某事物的坚定看法）。当植根于人的意识中的 идея（理念，观念）表达其立场、举止和行为时，则变成了他的 взгляд（看法，见解）或 убеждение（看法，见解；信念）。当局追求的是 убеждение（看法，见解；信念），这并不是偶然的；人们选择 убежде-ние（看法，见解；信念）；进入 убеждение（看法，见解；信念）外延的是伦理规则。对于施为句来说重要的 "说和做" 的问题由 "信念和做" 的问题所补充。Убеждение（看法，见解；信念）可能不用语词表达出来，这是一种意识现象，但它应该表现在 "做" 上。自发的行为反映的是人的本性，而深思熟虑的意志行为反映的则是人的信念。Убеждение（看法，见解；信念）是人的道德法典，人的信念与其行事相符不仅是道德上的要求，而且是将 убеждение（看法，见解；信念）同 взгляд（看法，见解）、идея（理念，观念）、воззрение（观点，见解）区分开来的语义特征。①

　　由此可见，心智领域语词的意义不仅仅由正确思维的结构和形式来确定，更重要的是由它们在其中得以形成的生活机制和人类活动类型所决定。课题组对心智行为及其语言表现的思索主要体现在论文集《语言的逻辑分析：心智行为》中。该论文集分 3 个栏目共收录了 22 篇论文。

　　"心智空间"　（7 篇）：Ю. Д. 阿普列相基于系统词典学思想，对 считать（认为）类心智述谓同义序列（думать <认为，以为>、считать

---

① Арутюнова Н. Д., "Введение", *Логический анализ языка. Ментальные действия*, М.: Наука, 1993, с.5–6.

<认为>、полагать <认为，以为>、находить <下结论，断定>、рассматривать <认为，视为>、смотреть <看待，持……看法>、усматривать <认定，看出，认为>、видеть <认为，看作>）中各个动词语义和用法上的区别做了系统的比较分析；加克以《思想空间：心智场词汇系统化实践》为题对心智场的结构进行了系统的描写，描写主要涉及场的核心（动词 думать<思考>和名词 мысль<思想>）、由思维的基本特征所决定的场的区段、区段内部的变体、近邻和远邻五个方面；克赖德林考察了分类特征句（如 X <есть> настоящий Y/X 是真正的 Y）的语义特点，尤其是深入地分析了 настоящий（真的，真实的，真正的）以及以它为代表的词群（подлинный<真的，真正的>、истинный<真实的>、сущий<真正的>、форменный<地道的，名副其实的，真正的>等）的语义特点；马克耶娃考察了 думать（思考）、мыслить（思维）、мнить（以为，认为）、гадать（猜测，料想）这几个心智动词语义的历史变化，此外，还特别分析了 мыслить（思维）和 думать（思考）在古俄语中的语义共性和在现代俄语中的区别，以及 мыслить（思维）、думать（思考）与 мнить（以为，认为）的语义对立；穆拉文科（Е.В.Муравенко）高度评价了茹林斯基（А.Н.Журинский）在编写自给自足的语言学测试题目方面的实践和贡献，并以自己编写的四道题目为例对这种题型的特点做了一些解释和说明；里亚布采娃分析了科学篇章中心智模态的类型、外显形式、简化及隐涵；特鲁布（В.М.Труб）以表示合理活动（целесообразная деятельность）的词汇为研究对象，分析了合理行为过程在词汇单位意义上的体现及其中一类词汇——对话性述谓（另一类为描写性述谓）的功能。

　　"心智动词"（9 篇）：阿鲁久诺娃系统地分析了表示二次真值评价（伪真值评价）的述谓 правильно（正确地）、верно（准确地）的语义和用法；布雷金娜和什梅廖夫考察了假设言语行为的特点及其语言标志；格洛温斯卡娅分别考察了表示三类心智影响（即让对方理解、让对方获得知识、让对方产生观点）的典型代表动词 объяснять-объяснить（解释）、доказывать-доказать（证明）、убеждать-убедить（使信服）的语义和用法；约安涅相以几种语言为材料，根据心智述谓引入的判断类型将心智述谓的可信性标志分为三类（典型信息标志，如 кажется<似乎，好像，看来>；非典型信息标志，如 наверное<大概，大约，看来>；语境相关信息

标志，如 видимо<看来，可见；想必，大概>），并分别对其语义特点和语用表现进行了分析；科博泽娃在描述心智名词总场和表示心智行为对象或结果的心智名词词群特点的基础上，详细地对比分析了 Мысль（思想）和 идея（理念，观念）两个词的意义和用法；劳费尔依据表示 уверен-ность（信心）和 убежденность（信念）两种心智状态的述谓 уверен（有信心）和 убежден（坚信）的用法，将这两个述谓间的语义区别归结为八个特征上的对立并分别进行了分析；帕杜切娃关注的是心智动词体现出来的一种作者称为完成时体偶（перфектная пара）的特殊体偶现象，这种现象表现为完成体过去时和未完成体现在时之间具有伪同义关系，作者考察了完成体的完成时意义、构成完成时体偶的词汇前提，提出了能够解释完成体和未完成体动词之间这种伪同义关系的详解范例，并分析了完成时体偶现象在其他词类中的体现及完成时状态与语境的关系；普伦吉扬和拉希林娜（Е.В.Рахилина）对 безумный（疯狂的，精神错乱的）和 сума-сшедший（精神失常的，神经错乱的）语义的"非理性/日常性"对立在这两个形容词与不同类别名词的搭配上的体现作了系统分析，并简要探讨了这种对立体现出来的相关词典学问题；沙图诺夫斯基在客观观点和主观观点的框架下分别考察了与这两种观点相对应的俄语动词 думать（认为，以为）和 считать（认为，看作）显著的语义区别及各自的句法、交际和语用特点。

"心智语言"（6 篇）：博鲁霍夫对弗洛连斯基《纪念塔和真理的确立》（*Столп и утверждение истины*）中分别体现人心智能力两个领域的 рассудок（理性；智力；理解能力）和 разум（理性；悟性；智慧）概念进行了辨析；沃兹涅先斯卡娅（М.М.Вознесенская）和德米特罗夫斯卡娅以普拉东诺夫的长篇小说《切文古尔》（*Чевенгур*）为材料，考察了理智和情感在普拉东诺夫的小说主人公思想中的相互关系和相对比重，认为这一问题的研究对于描写人物的特征和重构单个作品的文学世界来说非常重要；格林采尔在逻辑学发展的历史背景下考察了模仿（мимесис/под-ражание）概念，分析从关注这一范畴在柏拉图有关语言的推论中的使用着眼；乔尔娜娅（Е.Г.Черная）在可能世界的语义基础上分析了对笛卡尔"我思"原则的最新逻辑重构，主要分析"我思故我在"原则是不是关于思维和存在之间存在某种逻辑推论变体的主张，以及其存在可以通过"我思"原则加以验证的那个本质的概念地位是什么这两个问题；什梅廖

夫通过考察 знать（知道）和 верить（相信）两个动词的语义特点和用法区别，解释了什么情况下可能 "Я знаю，да не верю"（我知道，但我不相信），两者最为重要的区别在于 знать（知道）表示的状态是消极的，受主体获得的信息所制约，而 верить（相信）表示的状态受制于主体的自由选择及源于此选择的心智行为。

3.言语行为

1993 年 5 月，课题组在俄罗斯科学院语言所举办了 "言语行为语言①" 研讨会。阿鲁久诺娃认为，语言本身使语词与行为非常接近：（1）俄语中标记他人言语的语气词 де（据说，说是）、дескать（据他<们>说，你就说）包含动词 делать（做，进行）（дескать/据他<们>说，你就说>＝сделал сказать/做了 "说" 这一事情）；（2）语言中包含动词 делать（做，进行）、借代性地表示言语行为的表达非常普遍，如 делать объявление（宣布）（заключение/下结论、утверждение/做出论断、сообщение/通知）；（3）许多动词既属于言语行为也属于非言语行为，如 обманывать кого словом / делом（用语言/行动欺骗某人）、предать кого словом / делом（用语言/行动出卖某人）、помогать кому речами / действиями（用语言/行为帮助某人）；（4）传统医学治病是通过行为，而心理分析则是通过语词；（5）言语行为述谓大多数情况下具有双重类指，如 хитрить（耍花招，使诡计）、вводить в соблазн（заблуждение）（使受到诱惑/使产生错觉）、унижать（侮辱）、обижать（欺负）等述谓就将语词与行为综合起来，而不管是哪一种情况都会引起同样的心理反应：高兴和忧伤，伤心和愉快，仇恨和喜爱。②

从一般行为到言语行为的转变是自然而然的事。直接将一些类型的言语行为同行为等同起来的观点源于奥斯汀 20 世纪 60 年代初提出的施为理

---

① 阿鲁久诺娃（Арутюнова，1994a：3）在解释研讨会的题目（包括该研讨会的论文集）为什么用 речевые действия 而不用 речевые акты 时强调，虽然言语行为理论（теория речевых актов）给语言学带来了很多，如揭示语词与行为关系的言行句概念（перформатив）及与之相联系的以言指事（локуция）、以言行事（иллокуция）、以言成事（перлокуция）概念，但该理论已接近完结，它是一种封闭性的理论，其元语言也是封闭性的，但材料却是无穷的。因而该理论有待扩展，而一个可行的途径就是在分析人的言语活动时更加循序渐进地研究行为模式和心智行为的模式。

② Арутюнова Н.Д.，"От редактора"，*Логический анализ языка. Язык речевых действий*，М.：Наука，1994，с.3.

论（теория перформативов），该理论将发誓、许诺、判决、授予名号等与行为等值的言语行为视为施为句（перформатив，源于拉丁语 performo，表示"действую<行动，行事>，совершаю<进行，完成>"）。施为句与仪式、典礼相近，但问题并不仅仅在于施为句本身。言语行为的结构在其基本特征方面也在复现行为的模式：有意图、目标和产生的效果（结果）。而且还存在一些领域，其中的所有行为都可归为言语，如政治和外交、管理和司法、公文处理和诉讼等。此外，这些领域中书面和口头言语行为之间的界限也常常是模糊不清的，如 делать заявление（宣布）、выражать протест（反对）、заключать мир（договор，соглашение）（签署和约<合同，协议>）、выносить вердикт（宣判，判决）、давать предписания（下达命令）等。相比较而言，言语行为与一般行为（非言语行为）都有意图、动机、或显或隐的目的、附带的效果、直接或间接的结果、后果、功利性或美学评价；如果破坏了通常的行为规范，人既要为言语行为负责，也要为非言语行为负责；两者都可以成为控告的理由，都需要辩护；言语行为和非言语行为都在时间上发展，都有"始"和"终"，有"完结"；对于两者来说，都在探究将言语行为和非言语行为联系起来的实现策略：语言能促进事情，而行为也能促进语言。[1]

　　尽管语言与事情之间、言语行为与行为之间存在类似的地方，但言语行为仍然表现出自己的特色，其基本的区别性特征是针对性（адресованность）。阿鲁久诺娃认为，言语行为指向"他人"——个人的或社会的受话人、熟人或陌生人、同时代的人或未来的几代人、自己本人（不同于"我"的"他人"）、死者的灵魂，最后乃至于上帝或圣者，从而进入人际的和社会的关系语境。为了使言语成为行为，应当满足相应的要求，朝"绝对的空"说的言语不是言语行为。言语行为和行为之间存在着反向联系，话语的特征影响进入人际关系语境的行为的结构，影响举止、行为的模式化：行为被赋予了针对性和符号性特征。礼节、仪式、礼貌既是言语行为的特点，也是非言语行为的特点。人际关系按照言语相互影响的模式被结构化，这样，指向受话人的话语常规性地获得了言语行为的特征和地位，而期待着对方能理解的举止行为总是符号性的，必须阐释。因而

---

① Арутюнова Н. Д.，"О работе группы «Логический анализ языка» Института языкознания РАН"，*Логический анализ языка. Избранное. 1988— 1995*（Под ред.Н.Д.Арутюновой и Н.Ф.Спиридоновой），М.：Индрик，2003，с.12–13.

进行 "Что значит ваш поступок?" （您的行为是什么意思呢?）这样的发问并不是偶然的，说话人以此将行为与言语画上了等号。[1] 言语行为区别于非言语行为的另一个更重要的特征是其中存在参与行为实现的完整或简化的判断（命题内容）：命题是行为的 "工具"。言语行为的以言行事之力与命题内容密切相关。与此同时，提示、命令、请求等一些目标要求完整、清晰的表达，而另一些目标则不需要，有时甚至避免清楚的含义（如 говорение языками<用语言说话>的说法）。这样，从言语行为可以走向使言语行为脱离时间范畴的心智行为，因为判断是无所谓时间的。正因为存在命题内容，言语行为不仅能获得伦理和功利性评价，还能获得真值评价。而行为则失去了真值性特征，可能被认为类似于真值评价的是就行为与现实的相符性对其作出的评价。这里一个更为显著的表现是 ложность（虚假；谬误）概念适合于行为。既可以通过语词，也可以通过行为来欺骗别人，语词和行为在这种情况下都是虚假的。人的举止和行为远不总是符合其本性的，行为的不真实性类似于言语的虚假。然而更重要的是，话语和行为与某种规范、规则相联系：话语应该满足真值性要求，而行为应该满足伦理或实践上的规定。因而可以说语词的真实（правда слов），也可以说行为的真实（правда дел）。[2]

那么是不是任何一个命题（判断）都蕴含着对言语行为来说典型的交际目标呢? 很明显，回答是否定的。关于宇宙结构的一般性真值判断（比如 В сутках двадцать четыре часа<一昼夜有 24 小时>或 Земля имеет форму шара<地球是圆形的>）最不太可能与以言行事之力联系起来，因而不太可能直接进入生活语境。但这类判断却很容易被纳入心智活动语境中，并在其中获得功能性特征，成为 аксиомы（公理）、посылки（前提）、тезисы（论题）、гипотезы（假设）、подтверждения（证据）、опровержения（反驳词）、доказательства（证据，证明）、теоремы（定理）、доводы（理由，论据）、аргументы（论据，论证）、контраргументы（反证）等。心智行为只要其内容没有成为一般性的真理，它就无法脱离思维主体：追求真理的目标不会妨碍对话性。心智行为的功能对于回应争辩、争吵、辩论、法院审理等理论性话语的以言行事之

---

[1] Арутюнова Н. Д., "От редактора", *Логический анализ языка. Язык речевых действий*, М.: Наука, 1994a, с.4.

[2] Там же.

力的形成具有很大的影响。

这样一来，言语行为一方面与非言语行为具有共性特征，另一方面与心智行为具有共性特征。使前两者互相接近的首先是目标指向性，而使后两者接近的则是存在命题内容。言语行为在心智活动和现实活动之间扮演着中介者的角色，并与它们一起构成统一的综合体。也正因如此，关于言语行为的讨论与关于行为模式和心智行为的讨论进入同一个系列，分析言语行为和非言语行为的模式开辟了两条继续研究的道路：一个导向脱离时间的心智领域，另一个导向时间在不同语言的词汇和语法中的概念化的方向。[①] 课题组有关言语行为的语言问题的讨论集中体现在论文集《语言的逻辑分析：言语行为的语言》中。该论文集分 3 个栏目共收录 26 篇论文。

"言语行为的语法"（8 篇）：加克考察了含言语词汇的言语反射句（речевые рефлексы）的形成和结构特点，以及在交际中的事实功能、加确功能、以言行事功能、评价和批评交际对方的功能等；意大利学者朱斯提-菲奇分析了巴尔干斯拉夫语言中他人言语（чужая речь/пересказыва-ние）的主要语法形式——转述式（пересказательное наклонение）的使用特点及其与动词时态的关系；克尼亚泽夫（Ю.П.Князев）在分析描述行为与其结果之间相互关系的一些概念（如"直接结果、间接效果、行为目的"等）的基础上，探讨了直接效果动词（如 говорить/сказать <说>、просить/попросить <请求>、приглашать/пригласить <邀请>等）的功能特点及其形式体现；克龙高兹通过分析言语动词的支配模式及其前缀派生聚合体，考察了言语动词基本语义对立的表现，即语义或者指向篇章，指向说话人与篇章的关系（如 врать<撒谎>、острить<说俏皮话>、грубить<说粗鲁的话>、сказать<说>），或者指向说话人借助于言语同人和外部世界客体间的相互影响（如 лгать<说谎>、шутить <开玩笑>、ру-гать<咒骂>、говорить<说>）；库斯托娃和帕杜切娃分析了施为动词（пе-рформативные глаголы）用在伪施为句中和表达完成时状态这两种非施为用法；帕杜切娃分析了施为动词的时体特征，认为施为动词从时间角度来看表示的是与说话时刻同时的行为，而从体的角度来看，表示的是在说话时刻开始和结束的行为（即在言语行为的持续时间段内完成）；波德列

---

① Арутюнова Н. Д., "О работе группы «Логический анализ языка» Института языкознания РАН", *Логический анализ языка. Избранное. 1988— 1995* (Под ред.Н.Д.Арутюновой и Н.Ф.Спиридоновой), М.: Индрик, 2003, с.14.

斯卡娅（В.И.Подлесская）考察了言语动词的非直接使用及其语法化特点，分析了这种非直接使用的各种语用功能；罗马什科考察了希腊语词 rhêma（深渊）的语义发展，认为这种发展一方面取决于语言的语义结构，另一方面取决于操该语言的人明确的前语言学知识（民间语言学）。

　　"言语行为的语义"（8 篇）：布雷金娜和什梅廖夫强调言语行为描述中含评价成分时区分评价属于说话人—阐释者还是属于言语行为主体的重要性，并通过分析 обвинять（认为……有过错）、осуждать（指责，斥责）、винить（怪罪，责备）、упрекать（责备，指责）、попрекать（埋怨，数落；指责，责备）等言语动词的语义和语用特点，对俄语中的这种评价言语行为进行了深入的研究；金丁（С.И.Гиндин）注意到描写书面交际的词汇较少的现象，分析了语言中解决描写口头交际与书面交际的手段不对称问题的补偿办法（包括口头言语动词的转义用法、合成性词组等）和消除因"口头/书面"对立引起的同音异义现象的手段，并分析了口头言语作品和书面言语作品的一些区别；科博泽娃和劳费尔主要以各种报纸杂志中的采访文本为材料分析了阐释性言语行为的形式标志、目标类型、语义分类（包括改变意思和保留意思两种阐释性言语行为），并对每一种语义类型进行了语用分析；列翁京娜从雅各布森语言通信理论中言语交际的六个组成要素出发，对同义词 разговор（谈话，聊天）、беседа（交谈，倾谈）、диалог（对话）的区别进行了分析，认为 разговор（谈话，聊天）强调交际内容，беседа（交谈，倾谈）强调表述本身，диалог（对话）强调行为结构，分析了三者之间源于这一基本区别（意思重点不同）的其他语义区别及在用法上的体现；奥地利学者勒泰考察了表示言语活动的固定动名词组（如 дать совет <建议>、сделать комплимент <恭维>等）的句法语义特点及其在各类篇章中的使用；里亚布采娃在论文《交际模态和元言语》中基于对表述、言语影响、价值论话语之间区别的认识，分析了交际模态的表达手段及其作为元篇章时的功能特点，探讨了元言语与言语主体的互动关系；捷利娅以包含 язык（语言）成分、具有形象理据的成语和固定搭配为材料，分析了原型词 говорить（说）的伴随意义；扬科通过比较陈述句、疑问句、感叹句材料，分析了描写世界（описание мира）和言语行为在思维层次和语言表达手段上的区别，认为描写世界所涉世界具有现实世界和思想世界的两重性，而言语行为所涉世界是统一的，言语行为本身就是该世界的一部分，两者表达上的区别则主要体现在语调因素、词汇手段、语法手段等诸方面。

"言语行为的语用：文化语境"（10篇）：阿鲁久诺娃探讨了молчать（沉默）的概念外延、使用语境、语用特点及交际功能等方面的问题；格列克（А.Г.Грек）分析了带有言语和沉默意义的俄语词汇在宗教传统和诗学语境中的深层含义及其折射出来的宗教文化观念和社会现实环境；德米特罗夫斯卡娅比较分析了普拉东诺夫早期创作和中期创作对人、语言、自然间的关系的不同把握，认为早期创作中人与自然的沉默是真理和"世界意义"（смысл мира）的沉默，而在20世纪20年代末30年代初的创作中这种沉默则是"空"的沉默（молчание пустоты）、"注定要灭亡"的沉默（молчание обреченности）；泽姆斯卡娅（Е.А.Земская）在言语行为的语境下考察了礼貌范畴对于交际的重要意义，划分出了两大违反礼貌原则的类型及其次类体现，指出了礼貌范畴研究领域待解决的问题和研究前景；В.Б.伊万诺夫（В.Б.Иванов）考察了波斯语、塔吉克语和达里语三种语言中存在的低、中、高三级礼貌系统及其具体的语言体现；克赖德林从声音（голос）本身的特点和功能入手，分析了俄语中说明声音特征的各种语言手段的使用场合和语用功能；米哈伊洛娃以爱尔兰讽刺歌为材料，在言语影响的框架下分析了言语行为（话语）在有害妖法中的功能及其表现形式；尼基京娜讨论了пение（歌唱）在俄罗斯传统文化中的功能、пение（歌唱）和говорение（说话）的关系及其语言体现，认为民间感知中存在将пение（歌唱）视为говорение（说话）的最高类型的趋势；波尔托拉茨基探讨了体现在莎士比亚作品人物语言和判断中的"说"（слово）和"做"（дело）的问题，分析了这一问题在莎剧中的语言体现形式及其情节构筑功能和主题突出功能；托尔斯塔娅关注的是斯拉夫民间传统中的言语仪式（вербальный ритуал），具体探讨了言语仪式篇章的组成、言语仪式与言语行为的联系和区别、言语仪式的语用分类等问题。

第三节　关于 истина（真理）

真理（истина）概念是所有知识领域的基础，它与Бог（上帝）一起构成信仰的中心概念。真理的存在问题是无须证明的。真理存在于人们的日常意识当中，固定在所有语言的词或词列当中，而围绕这些词聚集着真理在日常言语和文学文本、圣经、科学语言中赖以"言说"的词库。真理①概念是两种元科学（哲学和逻辑学）的对象，真理的主题像一根红线贯穿人的意识和知识，人的语言、信仰、感知和直觉。② 真理在任何情况下都具有不依赖于时间的永恒性、不变性、唯一性、理想世界的归属性特征。真理是唯一的，但只有在世界是双重性的，即世界被分为现实世界和理念世界时，它才是唯一的。理想世界反映（模式化）现实世界，从这个意义上来讲，它是第二性的。③

　　如果某种"他世界"或上帝（宗教的真理概念即是如此）被认为是真理的话，那么上帝创造的世界之存在则是预先确定的了。如果没有上帝创造的世界，真理概念就失去了自己的意义。没有同世俗现实的联系，精神基础本身不可能产生真理概念。因此，上帝的存在是宗教意义上的真理存在的必要条件，但不是充分条件。④ 与此相同的是，哲学上也将真理理解为本体（ноумен），该本体必然与现象相对立，逻辑上与之相联系，但不可能消除它。而逻辑真理则情况有所不同，它的对立面是谎言（虚假陈述）。与建立在物质和精神、现象和实质对立基础上的宗教和哲学对真理的理解不同，真假话语的逻辑对立取决于作为认知主体的人的本质和作为言语主体的人的本质。此时，对立双方均属于一个平面，即判断的世界。选择真值判断则排除了两者必择其一的可能性，所有的谎言应该被摒弃。真理的功能正在于将多重性（множественность）归为唯一性。⑤ 由此可见，第一个二元对立（物质和精神的对立）和第二个二元对立（现

---

① 《哲学百科词典》对真理的定义是："认知主体对客体的正确反映，超越和不依赖于人及其意识而以客体本身的存在状态以对客体的再现；感觉、经验、概念、思想、判断、理论、学说以及辩证发展的整个世界图景的混合内容。"（*Философский энциклопедический словарь*. М., 1983.с.226）

② Арутюнова Н.Д., "От редактора", *Логический анализ языка. Истина и истинность в контексте разных культур*, М.: Наука, 1995, с.3.

③ Арутюнова Н. Д., "О работе группы «Логический анализ языка» Института языкознания РАН", *Логический анализ языка. Избранное. 1988—1995*（Под ред. Н.Д. Арутюновой и Н.Ф. Спиридоновой），М.: Индрик, 2003, с.14.

④ Арутюнова Н.Д., "От редактора", *Логический анализ языка. Истина и истинность в контексте разных культур*, М.: Наука, 1995, с.4.

⑤ Там же, с.5.

象和本体的对立）可以被归结为宗教和哲学理解中形成真理概念的必要条件。而真理与谎言的对立具有实践基础，受一方面作为认知主体，另一方面作为言语主体的人的本质所制约。如果作为主体被选择的是无所不知、信守承诺的上帝的话，那么（逻辑）真理概念的必要性可能就消失了。这样看来，真理是被人、人的意识、人的语言和人的世界的特征呼唤出来的。真理出现的条件在某种意义上是实用性的。真理是克服尘世存在的实际问题，将认知主体推到自身的外部位置，以便随后重新将真理置入生活的溪流并将之作为人类活动的基础的尝试。[1]

真理生活在不断的斗争之中，它试图克服人对世界认识的不完善和其感知上的主观性特征。它的"敌人"不仅仅是尘世存在的实际，而且是人际间日常交往的实际。关于真理与语言的关系，阿鲁久诺娃指出："它如此需要语言本身，就像它也如此'仇视'语言一样，因为语言是诡诈的、不确定的。语言中沉积着人的'阴险'。语言很难表达真理，其中有很多模糊的概念。但复杂的还有语言所言的现实本身，它随时间而变化，其边界不计其数，人关于它的知识也并不充分。在这种情况下，语言同时朝两个相反的方向发展：一个方向由最充分、最准确地表达真理的趋势所决定，另一个方向则由隐瞒真理、放弃真理或用仿真的面具来遮盖真理的'面孔'的愿望所决定。"[2] 而语言始终在信息的不充分性和作出相关真值判断的必要性之间寻找平衡。自然语言始终处于同二值逻辑的斗争之中：动摇它的规则，隐藏、掩盖明确的意义，用主观判断代替客观判断。而逻辑也从自身的角度与自然语言进行斗争，但与此同时也经常诉诸语言。自然语言中偏离真理的手段是非常丰富的，拉科夫曾用一个概括性的名称 hedges（смягчение，字面意思为"防护罩、保险费"）来称呼这些手段。除了情态词之外，这些手段还包括各种各样数量众多的近义符号：刻度上的近似，如 более или менее（或多或少）、довольно（足够，相当）、в основном（基本上，大体上）、по большей части（多半）、преимущест-венно（主要是，特别是）等；归纳上的近似，如 вообще（总的来说，整个说来）、в целом（整个地；总的来说）、в общем（总之，总的说来）、вообще-то（总的来说，整个说来）；言语方式上的近似，如 строго

① Арутюнова Н.Д.，"От редактора"，*Логический анализ языка.Истина и истинность в контексте разных культур*，М.：Наука，1995，с.5.

② Там же.

говоря（严格说来）、грубо говоря（简而言之）、вообще говоря（总而言之，总之）；比较上的近似，如 как если бы（好像）、как бы（好像）、как будто бы（好像，仿佛）、точно（好像，似乎）、вроде（似乎，仿佛）、похоже（似乎是，好像是）；由不确定性符号表示的近似，如 как-то（不知怎么地，以某种方式）、какой-либо（不管什么样的，任何一个）、какой-нибудь（不管什么样的，任何一个）、кое-какой（某个，某些；随便什么样的）、нечто（某事，某物）、некогда（很久以前，从前某个时候）等；评价意义和非具体意义上的近似，如一些非足量谓词 странный（奇怪的，奇异的）、особенный（不一般的，特别的）、необычный（不一般的，不寻常的）；数量上的近似，如 около（大约）、приблизительно（几乎，差不多）、почти（差不多，几乎）、примерно（大约，大概）、километра с два（大约2千米）。①

关于真理，尽管已经有了数量不菲的基础性研究，但该概念的观念背景及其出现的条件还并不清楚。从这个意义上来说，关注真理这一题目可以从头开始。而在完成这项任务的过程中，分析新旧语言表征的概念系统应该扮演重要的角色。② 正是在这种背景下，1994年5月，课题组在俄罗斯科学院语言所举办了题为“真理和真值”（Истина и истинность）的学术研讨会，开展了有关“真理”“真值”问题的讨论，讨论涉及包括上述偏离真理的手段在内的众多与真理相关的问题。相关研究成果收录在论文集《语言的逻辑分析：不同文化语境中的真理和真值》（1995）中，该论文集分3个栏目共收录论文25篇，另附一篇后记“俄语话语中特征的不确定性”和一则附录“寻找真理”。

“单一真理与诸多真理”（7篇）：阿鲁久诺娃在《真理和道德》一文中分析了真理领域和伦理领域的相互作用，认为俄语中的 правда（道理）概念场是两者结合的典型证明，认为只要说到人的行为及其生活事件，真值评价和道德评价事实上总是交叉的；加克在《真理和人们》一文中借助一些语料分12个方面全方位地探讨了研究真理需要关注的问题；列翁京娜区分了 истина（真理）/правда（道理）和 добро（善）/благо（幸福）两组同义概念，并根据“绝对性/相对性”“定位于人的内部/定位于

① Арутюнова Н.Д.，“От редактора”，*Логический анализ языка.Истина и истинность в контексте разных культур*，М.：Наука，1995，с.6.

② Там же.

人的外部”两组特征对这两组概念进行了比较分析；佩尼科夫斯基将道德伦理上的 добро（善）/зло（恶）对立扩展为“本质性的、重要的、显著的、重大的、不容忽视的”与“非本质性的、不重要的、不显著的、不重大的、可以忽略的”之间的这种“高层次/低层次”的普适性对立，认为这种对立具体表现为“本质（Сущность）—现象（Явление）”、“内容（Содержание）—形式（Форма）”等众多对立形式，在此基础上探讨了这种对立的语言表现；斯捷潘诺夫从文化的角度探讨了 Бог есть любовь（上帝是爱）和 Любовь есть Бог（爱是上帝）这两个证同句所体现的世界文化常项、宗教渊源和伦理原则，同时从逻辑科学的角度复原了这两个证同句的逻辑链条，并分析了相关逻辑学家和哲学家从不同侧面对该证同关系的研究；托波罗娃（Т.В.Топорова）基于 правда（道理）概念是 право（权利）概念在伦理领域的发展这一认识，考察了 правда（道理）概念在古日耳曼语诸语言中的语义理据；什梅廖夫从动态发展的角度考察了 правда（道理）和 истина（真理）两个概念之间的区别，认为二者的对立可归结为两个方面，即 истина（真理）属于抽象科学和神学世界领域，而 правда（道理）属于人的世界，истина（真理）与符合现实相关，правда（道理）与符合规则和正确性相关。

　　“真理与真”（10 篇）：阿利索娃以意大利诗人但丁（A. Dante）的意大利语和拉丁语著作为材料，研究了 veritas（истина/真理）在但丁的真值评价所涉及的三个领域（对所述的情态意向、事物内容的价值特征、符号与其含义的关系）中的词汇、句法和篇章方面的表现；格里年科（Г.В.Гриненко）以宗教文本和宗教魔法学说为材料，分析了真理性名词（истинное имя）语义、语用等各个方面的特点；德米特罗夫斯卡娅通过分析普拉东诺夫笔下经常出现的 истина（真理）、смысл（意思）等词的意义和用法，阐明了作家在创作早期和创作成熟期对世界可知性问题的不同认识，揭示了其作品中体现出来的认识论和人类学问题之间的紧密联系；德国学者库色（H. Kusse）结合分析哈尔科夫大主教阿姆夫罗西（Амвросий）的《鲜活的语词》（Живое слово）这一布道文献，阐述了修辞学和布道术、语言和宗教、真理和传教之间的关系问题；尼基京娜论述了俄罗斯宗教信仰文化中关于真理的观念问题；帕杜切娃通过分析纳博科夫（В.В.Набоков）短篇小说《招募》（Набор）的语言特点和情节结构，展现了现实世界与虚构世界之间的关系这一作者所喜爱的主题在该作品中新的呈现方式，认为该短篇小说不仅是叙事结构的一次试验，而且是在文本含义领域的一次全新的探索；波尔托拉茨基探讨了莎士比亚作品中truth（事实；真理）一词使用时的语境类型及其语义特征，并对该词在具体语境中与俄语词 истина（真理）、правда（道理）的对应关系做了一些比较分析；托尔斯塔娅对 обман（欺骗）和 чудо（异乎寻常的事）这两种"偏离真理"的类型在斯拉夫民间文化传统中的仪式化作用做了非常生动的分析；什梅廖夫对虚构世界中指称、真值和语用的体现形式与真实世界的情况做了对比分析，认为文学篇章完全不同于关于现实世界的叙述；越南学者陈文鹤（Chan Van Ko）以《作为真理的阴阳统一体》为题对《易经》中关于"阴阳"的一些思想及其在语言中的体现做了简明扼要的分析。

"真理与真值"（8 篇）：布雷金娜和什梅廖夫对 факт（事实）、истинность（真值）两个概念的关系做了深入的分析，纠正了对 факт（事实）概念的一些错误认识；法国学者帕亚尔（O. Paillard）分析了带有话语词的语句中主观真值的两种体现类型（即语句的主体和观点）；里亚布采娃从间接表述的类型、社会心理语境中的表述、言语的情态类型三个方面探讨了主观情态语境中的真值问题；斯米尔诺娃（Е.Д. Смирнова）从区分形式逻辑系统的论证问题与确定的逻辑类型和推理系统的论证问题出发，阐释了逻辑知识的真理性和本质，认为与"真、假"概念相关的前提决定着逻辑规律和逻辑系统规则；沙图诺夫斯基考察的是描写现实的话语的交际类型；雅科夫列娃运用对比的方法分析了中性副词 действительно（确实，真正）的同义词 поистине（真正）、воистину（诚然，确实）、истинно（真实地）、подлинно（真正地）等肯定句表情变体成分的语义特点；扬科探讨了含 правда（道理）一词的表达的交际地位问题，尤其是结合大量例子分析了陈述与模态的相互关系问题；杰米扬科夫（В.З.Демьянков）则分自然语言逻辑中的真值（基本问题和构想）、语言哲学中的真理、宗教中的真理、文学创作中的真理、真理的语言学问题等五个方面列举了国外研究 истина（真理）的相关文献。

阿鲁久诺娃在后记中着重对俄语中特征词语的语义不确定性问题，尤其是用作特征意义的不定代词的用法，进行了详细的分析。阿鲁久诺娃等作者合作完成的附录，以轻松的语言在关于女人在男人的言语活动中的角色这个一般性问题的框架下探讨了寻找真理的问题，试图借助 как（怎样）？почему（为什么）？кто（谁）？что（什么）？когда（什么时候）？где（什么地方）？кому это выгодно（这对谁有利）？等一连串启发式问题来提供一个寻找真理的范例。

第二章

概念分析的背景概念

　　作为存在界限的时间（время）、作为存在领域的空间（пространство）、作为存在感知者的人（человек）构成了概念这种存在必不可少的条件。时间、空间和人因而构成了概念的常体性意义成分，三者与所有的相关概念都有着密切的联系。我们仅以时间概念与相关概念的关系为例加以简要说明。如时间与真理就是密切相关的，这表现在：真理具有永恒性，如 Истина существует вечно（真理永恒存在。帕斯卡<B.Paskal>语）；真理随时间一起发展、表现，如 Сила истины в том, что она длится（<埃及谚语>真理的力量在于它的持续。）；时间服务于真理，如 Истина — дочь времени（真理是时间之女）。当然，真理的永恒生命也有其消极的一面：它可能不在需要的时刻出现，可能会迟到，如俄语谚语 Бог правду видит, да не скоро скажет（上帝看到真相，但不会马上说）。Время（时间）与 судьба（命运）之间的语义联系也有着明显的语言表现，如有俄语句子"Доля во времени живет, бездолье в безвременьи（好运见于好光景，不幸见于霉运时）"（В.Даль）为证。亚沃尔斯卡娅确信，有理由认为斯拉夫人对时间的感知主要与关于 судьба（命运）的观念有联系，这里的 судьба（命运）是落到人头上的"机会"（случай），是任性的、变化无常的命运。① 重建这种语义联系的基础首先在于表示这种 случай-судьба（机会—命运）的意义系统中反复出现表示时间的斯拉夫语词。其中的一个典型例子是斯拉夫语词 godъ，特鲁巴丘夫（О.Н. Трубачев）重构了其初始意义"случай（机会）、повод（理由）、событие（事件）、срок（期限）、подходящее время（合适的时间）"，

① Яворская Г. М., "«Время» и «случай»: фрагмент семантического поля времени в славянских языках", *Логический анализ языка. Язык и время*, М.: Индрик, 1997, с.45.

并证实该词是由动词 goditi（подходить/走近）派生而来的。类似的意义
"случай（机会）、подходящий момент（合适的时间）"同时体现在斯
洛文尼亚语词 gôd、塞尔维亚语词 rôd、斯拉夫语词 godina（由 godъ 加后
缀-ina构成）、古俄语 година（表示 судьба/命运）等词中。这种现象也出
现在具有其他理据的词汇中，尤其是源于共同斯拉夫语词 čаsъ 的斯拉夫
语词中。所有斯拉夫语中的 час（时刻）都具有表示不依人的意志为转移
的情况巧合意义的时间义素，现代俄语中表示祝愿成功、顺利的"в до-
брый час"（一帆风顺！）这一表达体现的就是古俄语中 час（时刻）具有
的"幸福、成功"意义。在此基础上，亚沃尔斯卡娅结合乌克兰语中的
材料进一步证实"время（时间）—погода（天气）—случай（机会）"
之间存在语义联系。如果说对时间的感知其拟人化特征表现在时间是通过
事件的充盈度而被理解的话，那么命运（机会）则是某种构形原则，是
这些事件的组织方式，相应地，也是感知时间的方式。而且，古代的时间
感知模式对于现代意识来讲并不完全陌生（现代乌克兰语中大量与
година<年代；时刻>搭配构成的词组的意义就是最好的证明，尤其是
лиха година<艰苦的岁月>这一词组），事实上，时间同命运一样是不能选
择的，只能同它妥协，等待时机与之斗争，可以诅咒它，但最终不得不同
意诗人的一句话："时间不是选择的，人们在其中生，在其中死。"① 除了上
述时间概念以外，空间作为概念内容的基本要素，人作为概念生成和理解
的主体，自然与其他概念有着千丝万缕的联系，关于这一点似不必赘言。

　　正是基于对时间、空间和人三个概念基础性地位和背景功能的认识，
课题组在分析"命运—行为—真理"这一三元概念序列之后，马上转入
对"时间—空间—人"这一概念序列的讨论。

第一节　关于 время（时间）

　　奥古斯丁曾经感叹道："上帝啊，还得向你承认，我还是不知道时
间是什么。我只是意识到：当我谈时间的时候，我是在时间里谈；我早

---

① Яворская Г.М.，""Время» и «случай»：фрагмент семантического поля времени в славянс-
ких языках"，*Логический анализ языка. Язык и время*，М.：Индрик，1997，с.49-50.

就在谈这个时间，这个所谓的'早'也只是那个时间的延续。当我不知道时间是什么时，我又是怎样知道这一点的呢？也许我只是不善于表达我知道的东西吗？噢，我是多么贫乏，甚至都无力区分知道什么和不知道什么！"① 法国哲学家拉尼奥（J. Lagneau）也表达过"空间是我权力的象征，而时间则是我无能的标志"的感叹。② 由此可见时间问题的复杂性。人理解时间的一个基本特点在于会区分由自然循环（太阳或月亮循环）所决定的宇宙时间和由事件进程所决定的历史时间（经验的）。前者组织人的生活秩序和经济生活，后者形成据以标定社会和个人生活事件的轴线。前者受自然规律支配，这些规律的作用只是偶然会受到爆炸和灾难的动摇，而后者允许人设定目标；前者的秩序是由自然规定的，而对于后者人总是力图规定其秩序；前者占优势的是相对规范，而后者占优势的则是事件。宇宙时间和历史时间结合在历法中，在这种历法中天文上的循环被分割为一些社会神话片段——周。此时天文时间与神话和宗教事件建立了关联，这些事件规定着行为方式（如斋期和开斋期）和人的情感状态（如谢肉节和受难周），划分出对人有危险的时期（如耶稣诞生与主显节之间的非受洗时间）及能够据此预测未来天气和收成的一些标志性的日子。在一些文化传统中，天文（月亮）时间与占星术有着密切的联系。历史时间在历法中则带上了社会标记，其中会标出一些历史事件的日子，如战争胜利、革命、制宪、城市纪念以及国家和领袖的日子。这些日子也规定着一些仪式性的庆祝活动和行为方式，但不会据此来预测天气。③ 应该看到的是，在上述两种时间框架中，生活在确定的时间和确定的时代的人在该时间也同时生活在不同的时间中——天文时间和占星时间，历史时间和年龄上的时间，宗教时间（神话的，仪式的）和日常时间。所有这些时间都在一定程度上支配着人的生活。④

人的抽象思维正是在时间语义和时间关系的基础上发展起来的，如逻辑推导的观念是受事件时间连续性的启发。与此同时，逻辑如同语法系统

---

① Арутюнова Н.Д.，"От редактора"，*Логический анализ языка. Язык и время*，М.：Индрик，1997，с.5.

② Там же，с.12.

③ Там же，с.11.

④ Там же，с.12.

一样，试图克服时间，这种跳出时间边界的趋势已经显现在自然语言中，体现在真值评价谓词和对正发生之事的时间延展性（протяженность）的遏制两种形式上。给予某种确断以真值评价时，说话人就从现实时间转向了逻辑空间，试比较：Петр пришел вчера в полночь（彼得是昨天半夜来的）和 То，что Петр пришел вчера в полночь，факт（истина，истинная правда）（彼得是昨天半夜来的，这是事实＜实情，真实的真相＞）。将过程或行为的持续归为一个点，说话人便使之失去了时间的基本特征——延展性，但也并没有完全偏离时间轴。① "完成体是局限在时间轴上的过程或事件向局限在逻辑空间中的事实转变的第一步。"② 通过压制时间，逻辑将时间纳入自己的兴趣范围之内，从而在情态逻辑的框架内制定出了将动态世界的概念结构形式化的时间逻辑语言。这样的转变对于逻辑学家自身来说也是始料未及的。赖特指出："起初没有想到的是，用 до（之前）、после（之后）、сейчас（现在）、следующий（下一个）、всегда（总是）、иногда（有时）表示的概念会契合情态逻辑的形式结构（формальные схемы）。" 时间逻辑的基础由行为逻辑所奠定，由对未来事件进行真值评价的预测逻辑③所延续。④

　　语言描写现实，而现实同言语一样也是存在于时间之中，语言因此具有丰富的表达现实时间方面的内部手段——语法和词汇手段。时间是通过对世界进行物质填充来表现自己的，而没有后者时间不可能进入观察视野。因此，时间成分不仅仅是行为和状态指称的特征，也是很多物体及其属性名称语义的固有特征。⑤ 正因如此，1995 年 5 月 22 日，课题组举办了"语言和时间"学术研讨会，语言和时间的关系问题随之成为课题组研究的一个重要方向。课题组主要关注的是不同语言、不同文化和话语类型中体现的时间模式，包括时间在语言词汇库中的概念化、时间在语法系

---

① Арутюнова Н.Д.，"От редактора"，*Логический анализ языка. Язык и время*，М.：Индрик，1997，с.10.

② Арутюнова Н. Д.，*Типы языковых значений：Оценка. Событие. Факт*，М.：Наука，1988.

③ 预测逻辑的研究对象是对将来事件的或然性评价。

④ Арутюнова Н.Д.，"От редактора"，*Логический анализ языка. Язык и время*，М.：Индрик，1997，с.10.

⑤ Там же，с.9.

统中的反映①、时间的单维性对话语构造的影响等。其中特别受到关注的是反映在时间语义上的时间的不同概念化手段，如时间词汇②、前缀、前置词、语气词和其他变异成分。索绪尔认为言语的线性和符号的任意性是决定语言运行机制的两个基本原则，对此，阿鲁久诺娃认为应该加上另外一个决定性因素，即时间运动的单向性特征。这样，时间的线性③（不可能出现分支，单维性）和不可逆性（单向性）构成了言语的基本特点，对试图克服时间所加限制的语言内部组织具有深远的影响，正是它们使得组合和聚合关系得以形成。语言中表达远距离（远端）联系的标志性手段得到了长足的发展，如虚词、表示一致关系和支配关系的符号、代词、前指手段等。这样一来，表达判断的话语的完整性压倒了时间因素的作用。相反，时间的连续性、均匀性等特征不会对语言结构的形成产生实质性的影响，但它们能够发挥语用功能，即从速度、停顿、节奏等方面描述言语，赋予语言或多或少的表现力和美学意义。不过，对声音的持续时长进行的测量可以获得意义区分功能（比较长元音和短元音），亦即参与构建语言的音位系统。④ 需要说明的是，延展性（протяженность）是言语的特征，而不是思想的特征。言语的两个主要特征——线性和单向性——是由言语在时间上的"流动"所决定的，两者影响到语言中系统关系的形成。语言的共时系统无所谓时间，但其本身的形成取决于言语的时间特

---

① 如由布鲁诺（G. Bruno，1548—1600）的思想所推动并在文艺复兴时期得以最终确认的有关时间无限和空间宇宙的观念反映在动词系统的语法模式化中。如果说在延续拉丁传统的语法中，第一人称现在时被认为是初始形式的话，那么从 17 世纪开始该功能则转而为包含着无限理念的不定式所有。这种表征动词系统的新原则是由德国传入俄罗斯的，它由德国语文学家鲁道夫（H. W. Ludolf，1655—1712）在《俄语语法》（*Grammatica Russica*）一书中首次使用。有关在世界科学模式更替影响下的语法传统的蜕变问题，扎哈里内（Д.В.Захарьиный）在《古代俄语语法（15—18 世纪）传统中的欧洲科学方法》一书中作过研究。（Арутюнова，1997a：10—11）

② 这些专门的时间词汇主要是一些名词、形容词和副词，它们专门表示时间片段、持续时长，也表示为它们所特有的主观伴随意义，这些伴随意义显示出时间同人的生活和自然不可分割的关系。此外，语言也发展了辅助手段机制——协调表述所述事件和行为发生时间的前置词、连词、词缀、语气词等。（Арутюнова，1997a：10）

③ 线性（линейность）构成了可以对比时间关系和空间关系的共性参数。线（линия）是时间的空间（几何）隐喻，线性是时间的特征，也是在时间中发展的物事的特征。（Арутюнова，1997a：6）

④ Арутюнова Н.Д.，"От редактора"，*Логический анализ языка.Язык и время*，М.：Индрик，1997，с.7.

征，语言产生于言语中，言语则是在语言机制的作用下开始运动的。①

本次研讨会有关语言和时间关系问题的讨论反映在 1999 年出版的论文集②《语言的逻辑分析：语言和时间》（M.，1999）中。论文集分 6 个栏目收录了 29 篇论文。

"斯拉夫世界的时间"（4 篇）：Н.И.托尔斯泰根据斯拉夫人的观念对年和昼夜内部划分系统惊人的相似性作了充分的描写和解释；托尔斯塔娅对斯拉夫民间传统中通过压缩和拉长时间而使时间成为魔法工具的民俗文化作了系统的比较分析；拉济耶夫斯卡娅分析了乌克兰语中几个表示持续时间段的词语的语义特点和用法；亚沃尔斯卡娅结合词源学和现实语料对斯拉夫语言中 время（时间）与 случай（机会）间的语义联系做了深刻的阐述。

"时间模式"（6 篇）：阿鲁久诺娃以《时间：模式和隐喻》为题系统考察了时间的两种语言模式类型——人之途模式和时间流模式；克拉苏欣（К.Г.Красухин）以词汇和语法材料为基础深入分析了印欧时间的三种模式，即外部时间（作为空间的时间）、内部时间（作为生命力的时间）、主观时间（作为愿望、思想等的时间）；里亚布采娃认为，时间概念是不同质的，它包含着属于物理世界、精神世界、日常世界、科学世界、言语世界、行动世界等不同世界的观念，认为时间可以成为评价的对象、工具和基础，并进而结合非常丰富的词汇语料对时间的价值论模式（评价系统）作了非常系统的分析；谭傲霜将汉文化中的时间模式分为线性历史时间模式和传统（人类学）模式，并借助四对七个基本字符——前/后、先/后、上/下、来/去——着重对其中的传统模式做了系统和深入的分析，

---

① Арутюнова Н. Д., "О работе группы «Логический анализ языка» Института языкознания РАН", *Логический анализ языка. Избранное. 1988— 1995*（Под ред.Н.Д.Арутюновой и Н.Ф.Спиридоновой），М.：Индрик，2003，c.15-16.

② 该论文集同时也是献给当时刚刚去世的 Н. И. 托尔斯泰（Н. И. Толстой）的纪念性专辑。正是 Н.И.托尔斯泰在 1995 年 5 月 22 日以报告《时间序列的相同性及其神话学理解（昼夜—年—生命）》（Изоморфность временных циклов и ее мифологическое осмысление <сутки — год — жизнь>）揭开了"语言和时间"研讨会的序幕。Н.И.托尔斯泰做了一系列有关斯拉夫世界的时间观念问题的研究，尤其是他对时间所作的"自然阐释"（природная интерпретация）在学界有重要影响，如发表在《语言学问题》1963 年第 1 期上的文章《斯拉夫词汇的类型学研究尝试》（Из опытов типологического исследования славянского словарного состава）以斯拉夫语言的方言为材料对 погода（天气）、время（时间）语义场的描写堪称经典。

认为素朴世界图景与科学的观点共存，人类学制约的时间的文化历史模式仍然在词汇中具有绝对主导的地位；越南学者陈文鹤通过分析时间概念的内容以及在星占术中的存在形式，揭示了时间在人的生活中扮演的角色以及在人的语言意识中的反映方式；波塔延科（Н. А. Потаенко）通过分析一些印欧语言中时间性的表达方式及相关语料，总结了构建和阐释话语时所引入的多种时间模式，即自然现象刻度尺（或者划分出春夏秋冬的季节刻度尺）、昼夜刻度尺（日出、黎明、早晨、白天等）、年龄刻度尺（生命领域刻度尺，包括出生、幼年、童年、少年等人生阶段及社会性的划分，如学龄前/学龄、未成年/成年、有劳动能力的年龄/退休年龄）、表盘、日历、事件刻度尺等，试图以此证明构建完整的语言时间模式的可能性。

　　"时间语义场"（8篇）：加克以《时间域》为题对时间语义场的内部结构和外部结构作了系统的举例分类分析；克尼亚泽夫在把握现在时的三种现有研究方向的基础上对现在时的语义和语用特点做了颇有新意的分析；克赖德林对表示"之前"意义的俄语时间前置词 к（快到……时）、до（在……之前）、перед（在……之前不久）、под（临近……, 在……前夕）、по（至, 到……为止）的语义组织做了系统分析；克龙高兹对动词前缀表示时间和行为方式的语义特点做了一些探讨，认为动词前缀参与行为内部时间结构的形成，即行为时间本质的概念化；普伦吉扬对 время（时间）和 времена（时代, 时期）这两种不同的数的形式做了深入的比较分析；阿鲁久诺娃基于对存在的三个基本参数（本体、空间和时间）的认识，强调了时间意义对于 новизна（新事物, 新现象）概念的主导作用，在此基础上分析了该概念的时间语义特点以及与 первое（第一件事）、последнее（最后一件事）等概念的语义关系；拉希林娜以对 старый（老的）与非动物事物名词搭配的四种阐释（分别如 старый лес〈古老的森林〉、старая тряпка〈旧抹布〉、старое русло〈古河道〉、старые монеты〈古币〉）为基础，对这类搭配中事物名词类似于动词体的特征进行了非常新颖的分析；特鲁布结合大量例句对带 еще（仍然, 依旧）、пока（暂时, 临时）、уже（已经）等语气词的话语句进行了深入的语义阐释。

　　"时间词汇"（5篇）：扎利兹尼亚克和什梅廖夫对俄语语言世界图景中昼夜时间的划分特点、相应时间表达法的使用特点及其与相关活动类型的关系作了深刻论述；А.Д.科舍廖夫运用初始概念对词条 сейчас（现在）的常体（核心）意义进行了描写；帕杜切娃通过分析大量的例子对 давно（很久以前，早就）与 долго（长久，长时间）意义的区别与联系进行了详细的描写；雅科夫列娃从将时间理解为事件的容器这一视角沿着语言学线索对 час（时刻）与 минута（分钟）、мгновение（一瞬间）、миг（眨眼间，刹那）、пора（时候，时刻；时节，季节）等相关时间名称进行了对比，沿着文化历史线索对 час（时刻）与 день（天）在旧约和新约的时间名称系统中的相关关系作了深入的分析；扬科结合句子的交际结构对 сейчас（现在）、теперь（目前）、давно（很久以前，早就）等时间状态词的交际功能和交际特点作了分析。

　　"诗学语境中的时间"（4篇）：格里戈里耶夫（В.П.Григорьев）在《在哪儿时间像稠李花一样开放》一文中对贯穿赫列布尼科夫所有创作的时间观念进行了论述；德米特罗夫斯卡娅则分析了德国政治哲学家斯宾格勒（О.А.G.Spengler，1880—1936）的时间观念对普拉东诺夫的影响，并着重分析了这些观念是如何体现在普拉东诺夫创作成熟期的作品中的；列翁京娜阐述了作为"莫斯科时间"诗学小组领军人物的俄罗斯当代诗人茨韦特科夫（А.Цветков）创作中独特的时间观念；法捷耶娃（Н.А.Фатеева）在《时间的互文组织》一文中分四个方面对构建"篇章中的篇章"和"关于篇章的篇章"时时间关系的偏转和重合问题进行了探讨。

　　"逻辑和时间"（2篇）：沃伊什维洛（Е.К.Войшвилло）和波波夫（О.В.Попов）对亚里士多德提出来的"будет так，что P（P是偶然的）"（将会是这样的：P<P是偶然的>）类表述的真值的不确定性问题进行了分析；А.В.齐梅尔林格（А.В.Циммерлинг）在《预测逻辑》一文中探讨的则是涉及将来之语句的理性论证问题。

　　特别值得一提的是，阿鲁久诺娃将语言的时间模式分为两种类型：一种时间模式中人是主要的形象，时间线条代表着生命的流逝或命运的线索①；另一种时间模式中时间的线条代表着自然事物——水流或气流的运动。阿鲁久诺娃将这两种时间模式分别称为人之途模式（模型 Пути человека）和时间流模式（模型 Потока времени）。② 人之途模式

---

　　① 将时间与人的生活视为等同是现象学，尤其是存在主义的典型观点。

　　② Арутюнова Н.Д.，"Время：модели и метафоры"，*Логический анализ языка.Язык и время*，М.：Индрик，1997，с.53.

以运动隐喻（идти<进行>、приходить<来临>、проходить<过去>、приближаться<临近，即将到来>、наступать<来到，来临>等）和方位隐喻（перед<在……之前>、позади<在后面>、назад<向后，往后>、после<在……之后>、следом<紧跟，紧接>等）为基础，同它联系的是предки<祖辈>和потомки<后辈>、предшественники<先驱，前辈>和последователи<追随者，拥护者>，前置词перед<在……之前>、за<在……之后>、позади<在后面>、следом<紧跟，紧接>等。人之途模式的空间隐喻要以明确的位置为前提，运动的方向有从左向右和从右向左两种，阿鲁久诺娃更倾向于后一种，其中将来在右方，过去在左方，运动朝向过去①。时间流模式中时间语言是以从将来到过去的运动隐喻为基础的。所有随后的（следующий день<下一天>、следующий год<下一年>、следующее мгновение<下一瞬间>、следующая остановка<下一站>、последствие<后果>、наследование<继承>、последний<最后的>等）都是跟随正离去的（уходящий，即пред-идущий）走向过去，这一原则体现在下述表达中：прошлый год（去年）、прошедшая неделя（上一周）、наступающий Новый год（即将到来的新年）、время приходит（проходит、уходит、приближается、грядет、минует、течет、длится、тянется）（时间正在到来<正在过去，正在消逝，正在临近，即将到来，正在成为过去，正在流逝，正在持续，正在拖延>）。对于时间流模式来说，时间的运动比时间点要重要得多，这与поток（течение、ход）времени（时间流逝）的隐喻相符。因此，上述动词②多与表示时间段、时间持续的成分搭配，即使像приходить（来）这样的动词也同表示持续时间的名词搭配，如可以说Пришел день（час）свадьбы（婚礼的日子<时刻>到来了），但不会说Пришло два часа（两个小时到来了），可以说Пришла минута прощания（告别的时刻到来了），但不会说Пришла половина третьего（两点半到来了）。这两种模式相互间是吻合的，都与历时时间相反，因此都不具有组篇潜能，不反映事件间的使役关系。其结果是，人完全受制于命运和时

---

① 这与阿拉伯语、波斯语、阿富汗语、希伯来语等语言从右向左的书写形式相符。

② 其中，приближаться（临近，即将到来）和наступать（来到，来临）可以与表示时间点的名词搭配，如：Приближается два часа（正在逼近两点钟）；Наступило три часа пополудни（已经到了午后三点）。

间的直接要求，人是按照自己先人的方式生活的。① 时间概念与人的生活和世界观以及发生在世界中的历史进程联系越紧密，时间模式承受的变化就越彻底。事实上，在时间概念的影响下，随着新事物的出现，旧事物的威信逐渐降低，所有新秩序、新措施、新的生活方式、新时尚、技术创新、新观念、新思想、新理论、新学说、新信仰、新方法、新的艺术都吸引着人。新事物在生活中的角色在一系列语言材料中得到了证实，如词根 нов- 的派生能力很强：новь（生荒地，处女地；新生事物）、новинка（新出现的东西，新作品，新产品）、новшество（新东西，新事物；新办法，新制度；新习俗；新发明）、новость（新闻，新消息）、новизна（新事物，新现象）、новичок（新来的人）、обнова（新买的东西）、обновление（新措施，新办法）、вновь（重新，再，又）、снова（重新，重头；又，再次）、заново（重新，从头开始）等；由 ново- 构成的复合词也非常多：новорожденный（新生的）、новообретенный（新获得的）、новоиспеченный（刚做成的，新建立的）、новообращенный（新入教的）、новобранец（新兵；新手）、новобрачный（新婚的）等。② 乌沙科夫（Д.Н.Ушаков）词典收录了31个类似的词，而达利（В.И.Даль）词典则收录了150多个类似的词。ново- 甚至广泛出现在一些地名中，如Новоград（新城）、Новочеркасск（新切尔卡斯克）、Ново-место（新地）等。

此外，一些学者针对时间问题也提出了许多精辟的见解。克赖德林认为，时间不是放置没有联系和秩序的不同物体的空洞形式，也不仅仅是感知的形式。时间之于人才具有含义："人是时间真正的尺子，他是上帝所给予的那个时间的唯一的改造者和创造者。"③ 生活经验、心理活动、人所有最强烈的印象和情感体验都与时间体验相联系，当它们形成有秩序的结构和形象后，便会形成和组织意识，创造出我们称之为素朴世界图景的东西。时间在素朴世界图景中首先被看作心理和主观上的东西，看作与进入时间中的事件一起在人类或文化记忆中留下痕迹的东西。对于我们来

---

① Арутюнова Н.Д., "Время：модели и метафоры", *Логический анализ языка. Язык и время*, М.：Индрик, 1997, с.56.

② Там же, с.58.

③ Крейдлин Г. Е., "Время сквозь призму временных предлогов", *Логический анализ языка. Язык и время*, М.：Индрик, 1997, с.139.

说，对时间的感受、对它的内心态度远比意识到时间是一种物理上的持续
要重要得多。时间被事件所填充的特点和时间的质要比它的自然流程更为
重要。托尔斯塔娅认为，在传统的斯拉夫民间文化中，时间同外部世界的
其他成分和特征一起被给予了正面或负面的评价：时间可能是好的、坏
的，"干净的""不干净的"，危险的、有利的。人在尘世的命运取决于他
的出生时间，而死后的命运取决于死亡时间。[①] 选择正确的时间来开始是
任何一件事情成功的必然条件：播种、收割、放牧、盖房、织布、说媒
等。时间是人们整个实践和仪式活动最重要的调节器，是规整世界和规定
人们生活的主要手段之一。

第二节　关于 пространство（空间）

1999 年，课题组在杜布纳大学（Дубнинский университет）举办了
学术研讨会，会议主题是"空间语言"（Языки пространства），主要讨
论与不同语言中反映的空间观念相联系的一些问题，包括物质存在的两个
相互对立的基本形式时间和空间的关系、不同语言中空间特征的语义及其
转义、空间关系的不同概念化类型、空间的参数化、空间隐喻、不同语言
中空间观念的语言文化特点、不同作家（如陀思妥耶夫斯基、普拉东诺
夫、库兹明<М.А.Кузмин>、秋切夫<Ф.И.Тютчев>、赫列布尼科夫等）文
学世界中不同的空间图景，以及弗雷格提出的空间逻辑等问题。时间是动
态的，而空间是静态的；时间是单维的，空间是三维的。时间和空间是通
过对物质的感知而被人感知的。空间更为直观一些，空间语义是第一性
的，而且比时间语义更为粗放一些。表示空间位置、事物特征（высокий
<高的>、низкий<低的>、широкий<宽的>、узкий<窄的>、длинный<长
的>、короткий<短的>、прямой<直的>、кривой<弯的>等）和形式
（круглый<圆形的>、продолговатый<长方形的>、квадратный<方形的>、
кубический<立方形的>等）以及其他空间特征的词参与社会和类属关系、
人的内心世界、个人环境、道德特征、神话世界、科学知识的模式化。这

---

① Толстая С.М.，"Время как инструмент магии： компрессия и растягивание времени в
славянской народной традиции"，*Логический анализ языка. Язык и время*，М.： Индрик，1997，
с.28.

些词还是无数隐喻意义的来源，其中扮演重要角色的是 путь（道路）的隐喻，该隐喻在思考人的精神生活及其目标行为方面具有关键性意义。事物—空间世界模式和人在其中的空间位置模式（левое <左边的>、правое<右边的>、переднее<前面的>、заднее <后面的>、верхнее<上边的>、нижнее <下边的>）在认识直接客体、概念和范畴过程中扮演着重要角色。① 研讨会分析的材料包括单个词和一类词以及表示位置的句法结构，空间特征的语义及其在不同语言中的转义，分析主要面向具有语言特色和文化特色的空间概念，如达格斯坦语言、阿富汗语言、北方谢尔库普语言等语言中的一些概念。

　　本次研讨会的相关论文收录在 2000 年出版的文集《语言的逻辑分析：空间语言》中。该论文集以弗雷格的《位置的情态逻辑》和《关于心智状态的位置》两篇文章作为开篇，分 7 个栏目，共收录课题组论文 43 篇。

　　"空间的动态"（6 篇）：博古斯拉夫斯卡娅分析了组织俄语空间形容词语义场的语义对立，研究的对象是以 близкий（近的）和 далекий（远的）为代表的两个语义相反的同义形容词序列，认为作为空间定位标的观察者和篇章中的任意客体、所述情境的动态和静态特征、核心和边缘的对立等构成了两个序列共同的语义对立；扎利兹尼亚克以《克服俄语语言世界图景中的空间：动词 добираться<艰难缓慢地走到>》为题，研究了包含典型语言特色概念的俄语动词 добиться（<经过努力>达到<抱定的目的>，取得<某种成效>）的用法，描写了该动词语义发展的下述途径：为与客体接触而克服障碍→伴随着克服障碍向空间中某个点位移→向空间中某个点位移；А.Д.科舍廖夫用统觉形象（перцептивный образ）的概念来描写名词对语言外现实的语言指称，以此探寻名词的范畴意义；库斯托娃从空间概念化的特点角度对一个以 попасть（来到，进入）为中心的表示"来"意义的运动动词聚合体（包括 влезть<爬入，挤进>、залезть<钻进，爬进>、забраться<潜入，偷入>、пробраться<溜进，潜入，钻到>、проникнуть <钻进，混进，潜入>、угодить <落入，跌进，陷入>；оказаться<不觉来到，突然出现>、очутиться <不知不觉走到，无意中出现在>、появиться<来到，出席>等）进行了分析，分析侧重于体的特点、

----

① Арутюнова Н. Д.，"О работе группы «Логический анализ языка» Института языкознания РАН"，*Логический анализ языка. Избранное. 1988— 1995*（Под ред.Н.Д.Арутюновой и Н.Ф.Спиридоновой），М.：Индрик，2003，с.17.

指称情境的特点、语义对立等几个方面；罗然斯基（Ф.И.Рожанский）依据表示方向的手段、表示方向和定位的手段的区别、朝向观察者或离开观察者的方向、方向的不对称性这四个类型学特征，对语法组织不同的十种语言包含位移意义的结构进行了类型学研究；罗津娜分析了由 пустить（放走）派生而来的表示"消除障碍"意义的俄语动词词群（допустить <允许进入>、подпустить <让……靠近，让……接近>、пропустить <给……让路，放……通行>、впустить <放进，让……进入>）的语义特点，试图为每个动词的完成体形式作出诠释并证明对应的未完成体可能具有不同的意义，而且这些意义是按照普遍的规则从完成体中推导出来的。

"空间的特征化"（6 篇）：波兰学者格热戈尔奇科娃（R. Grzegorczy-kowa）基于波兰语中参与事物定位的垂直性、内部性、表面性、正面等概念范畴，对波兰语中的 wierzch—spód（верх/顶部—низ/下面，底部）这一概念对立进行了分析，揭示出了乌克兰语中反映的一种空间语言模式；库布里亚科娃从语言和概念方面分析了各个学科的学者们对 место（地方）、предмет（物体）、пространство（空间）及其关系的理解以及自己的认识；列别杰娃分析了 граница（界线，边界；分界）、грань（界线，边界）、предел（界，边际，尽头；疆界，边界）、черта（地界，界线）等表示"边界、界线"意义的俄语词汇的语义和用法特点；波德列斯卡娅和拉希林娜分析了体积大的客体在空间的定位现象及表达这种定位情境的带名词五格的特殊结构（可符号化为 X V Y-ом к Z，如 Он стоит лицом к стене<他面朝墙壁站着>），列举了相关的情境类型和相应的语言事实，并对结构中 Y 的语义地位及用五格的原因进行了相应的阐释；里亚布采娃对表示事物数量和尺寸的词汇的语义特点以及它们用来描写人及其内心世界时获得的评价和情感意义进行了分析，进而探讨了将非事物本质事物化的语言机制的作用特点以及口语和诗学语言的共性特征；С.Ю.谢苗诺娃（С.Ю.Семенова）分析了俄语中表示几何或空间尺寸的系列名词（如 высота<高度>、глубина<深度>、длина<长度>、толщина<厚度>、угол<角>、расстояние<距离>等）的语义和语用特点（包括隐喻）。

"空间关系"（7 篇）：加克考察了其他场的称名进入空间场以及空间场的称名转入其他场时的类型表现，并归纳出了用表示空间关系的手段表示的系列普遍意义；丹麦学者杜尔斯特-安德尔森（P.V.Durst-Andersen）借用 контакт/неконтакт（接触/非接触）这一对概念对俄语中带前置词的格系统进行了重新描写；科博泽娃利用篇章范畴术语为不经准备的（即时的）空间描写篇章构建了一套语法规则系统，总结出了生成这类篇章的四种结构策略（композиционная стратегия），并分别进行了实例分析；奥地利学者托绍维奇对俄语中空间状态使役动词（глаголы каузации положения в пространстве）的类型特点和语义特点进行了较为系统的描写；А.В.齐梅尔林格对表示拥有意义的 быть（存在）结构话语的题元结构和句法语义结构进行了分析；沙图诺夫斯基对俄语中的在场句（пред-ложения наличия，如 На столе лежит книга<桌上放着一本书>）同存在句（бытийные предложения，如 У стола есть ножки<桌子有腿>）、定位句（локативные предложения，如 Петя находится в магазине<别佳在商店>）之间的区别进行了系统的分析；扬科通过 сущность/явление（本质/现象）这一语义对立特征对 У меня есть Х（我有 Х，表示虚拟的拥有）与 У меня Х（我有 Х，表示现实存在)① 之间的区别进行了阐释，并对两种结构所描写的情境类型进行了分类分析。

　　"空间类型"（6 篇）：博尔德列夫（Н.Н.Болдырев）分析了参与话语模式化的两类空间——活动者空间（即事件空间）和观察者空间（观察者可以是说话人、听话人或不参与交际的第三方）——的相互作用在英语话语中的体现方式；多布鲁申娜（Н.Р.Добрушина）以《воздух（空气）：物件或空间，物质或精神》为题，在与英语、法语、德语等语言进行对比的基础上分析了俄语词 воздух（空气）的基本意义、语义演变轨迹和使用环境；科贾索夫以《空间的语音象征（"持久"和"短促"的语义）》为题分别分析了有声言语篇章中俄语元音发音"持久"（до-лгота）和"短促"（краткость）在表达时间空间、物理空间和心智空间时的象征性使用引起的语义对立现象；帕杜切娃主要讨论的是转喻问题，具体分析了"时间→空间"转喻转义、转喻转义的类型、本体隐喻及其在词汇语义中的角色等几个问题，并总结出了与空间和时间相关的转喻转义类型；佩列韦尔泽夫（К.А.Переверзев）在纯理论层面上对作为客观存在于物理现实或想象现实中的语言外空间语言概念化之结果的世界、情境、事实和事件等本体对象进行了语言学本体论意义上的思索；雅科夫列

---

① 扬科还专门对 У меня Х（我有 Х）结构所包含的 У меня голубые глаза（我有一双淡蓝色的眼睛）和 У дома две двери（房子有两扇门）类赋予特征句进行了系统的分析。

娃基于对语言具有的思辨性特征（умозрительность）的认识，分析了古俄语和现代俄语中用空间词汇表达 жизнь（生命）、смерть（死亡）、вера（信念）等精神概念的现象。

"空间隐喻"（4 篇）：布雷金娜和什梅廖夫对表示情感特征和出现、消失等阶段的空间运动隐喻进行了细微的语义分析；叶尔马科娃（О.П. Ермакова）在空间隐喻的框架中考察了表示水库、高地、凹地等自然对象名称的词汇的隐喻性使用；梅奇科夫斯卡娅（Н.Б.Мечковская）分析了表示 круг（圆）、колесо（轮子）概念的词语评价—表情伴随意义的特点及其产生原因；菲利片科（М.В.Филипенко）探讨了表示不同类型的"путь"（道路）的各种语言手段的隐喻意义及其反映的"道路"观念。

"文化语境中的空间"（6 篇）：佐尔金（А.А.Золкин）以英语鹅妈妈童谣（*Mother Goose Rhymes*）为材料，分析了狂欢世界的空间结构；卡扎克维奇（О.А.Казакевич）以总字数为 5 万的 3 个谢尔库普语北方方言民间文学篇章语料库为材料，通过分析其中表示空间关系的词汇的语义特点，揭示了谢尔库普人对宇宙空间和道路的认识；科京（М.Л.Котин）以古日耳曼语基督教文献为材料，运用构词认知理论的理论和方法论工具分析了概念 царство（沙皇统治的国家）在古日耳曼语中的发展及表达这一概念的相关词汇的使用；列翁京娜和什梅廖夫分析了 простор（辽阔的空间，广阔的地方）概念和相关词汇的独特性语义内容及其与俄罗斯民族性格和"没有限制"观念的联系；尼基京娜分析了宗教诗歌中空间的结构特点及其语言体现；什梅廖夫在总结对 широта русской души（俄罗斯灵魂的宽广）的多种理解的基础上，以此为主题讨论了 удаль（勇猛）、тоска（忧愁，愁苦）、мир（和平）、воля（意志）、свобода（自由）等相关概念的内容实质。

"文学世界中的空间"（8 篇）：阿鲁久诺娃以《两份陀思妥耶夫斯基的几何学草图》为题分析了陀思妥耶夫斯基偏爱用空间词汇来描写主人公内心世界和心理空间的趋势，以及陀氏使用形容词 широкий（宽阔的）的个性特色及其对俄罗斯性格中 широта（宽广）特征的认识；吉克（А.В.Гик）考察了库兹明个人风格中 путь（道路）、судьба（命运）形象的相互关系，试图回答"道路"为什么会成为其抒情主体的"命运"这一问题；格列克（А.Г.Грек）分析了 Вяч.Ив.伊万诺夫（Вяч.Ив.Иванов）两组诗歌系列《冬日的十四行诗》（*Зимние сонеты*）、《罗马的十四行诗》（*Римские соне-*

ты）中的空间概念及其语言体现；格里戈里耶夫分析了赫列布尼科夫作品中时间范畴和空间范畴的相互作用和诗人渴望在"时空"中运动的特质；М.И.米赫耶夫（М.И.Михеев）在空间范畴的框架中分析了普拉东诺夫文学世界中 пустота/теснота（空/拥挤）这两个概念的情节功能和主题功能；德米特罗夫斯卡娅考察了普拉东诺夫作品中经常出现的世界之树（мировое дерево）这一形象及其功能代替物的象征意义，以及诗人借助这一形象按照神话空间的模式对空间进行模式化的手法；帕诺娃探讨的是曼德尔施塔姆（О.Э.Мандельштам）诗歌世界中作为完整、独立的范畴域出现的空间，认为他是俄罗斯诗歌传统中的第一个空间诗人；蒂尔曼（Ю.Д.Тильман）关注的是秋切夫语言世界图景中的 круг（圆）概念，认为这一概念及相关词汇（如 мир）反映了诗人的空间观念、伦理观念、政治观念和文化观念，круг（圆）同时也是反映诗人创作内在过程的形象。

第三节　关于 человек（人）

别尔嘉耶夫开始探讨人的问题时曾经感叹道："哲学家经常回到这样的意识，即看透关于人的秘密意味着看透了存在的秘密。认识自己吧，通过这来认识世界。"也正是看到作为微观世界的人自身隐藏着对宏观世界的认识，阿鲁久诺娃不禁发出了这样的疑问：该如何认识人这一"既具有君王面貌又具有奴隶面貌的双影性、双重性的奇怪生物，这样一种既自由同时又戴着镣铐，既强悍又软弱，在同一个存在中将伟大和平凡、永恒和易朽结合起来的生物"①呢？伴随着这样的疑问，человек（人）的概念随之进入了课题组的研究视野。

认识人的现象的道路由人文科学和自然科学、艺术和语言所铺设。如果说上帝创造了人，那么人则创造了语言这一最伟大的发明；如果说上帝将自己的形象铭刻在人身上，那么人则将自己的形象铭刻在语言中。事实的确如此，人将所了解的关于自己和他人的一切都铭刻在语言中：生理面貌和精神气质、自己的痛苦和喜悦、自己对事物世界和非事物世界的态度

---

① Арутюнова Н.Д., "Введение", *Логический анализ языка. Образ человека в культуре и языке*, М.：Индрик，1999, c.3.

等。他向语言传达自己的游戏本原和创造才能，因而语言是彻彻底底的人本中心性的。① 人将自己铭刻在自然对象的名称中，同时也将实用和美学评价移入其中，几乎每一个词汇中都能发现人的踪迹，这也正是我们将 человек（人）概念与 время（时间）、пространство（空间）一起作为其他所有世界观相关概念之背景的原因。人存在于语言的整个空间中，但最明显地体现在词汇和句法——词义、句子结构和话语组织上。关于句子结构与人的意识、意图、观念的映照关系，可参见本书第二编第三章第六节的内容。

这样看来，20 世纪哲学的基本方向是在语言的旗帜下发展的就并不偶然了，这是因为人成为了哲学思考的对象，生活哲学取代了自然哲学。奥地利哲学家布贝尔写道："从远古时代起人就知道自己是一个值得特别注意的对象，但正是对于这种处于完整性状态中、具有其拥有的一切的对象，人害怕接近他。"② 当这种障碍排除之后，关于人在世界中的位置的观点本身也发生了变化。语言而不是自然对他来说成为了"存在的家园"。语言不仅反映，而且创造人栖身的那个现实（试比较社会学中的结构主义）。理解人这一现象的道路与其说横跨自然科学，还不如说横跨自然语言。生理上的人受制于自然，但自然对于精神个体则一无所知。因此，尼采感慨道："我们在自然的世界中太好了，因为它没有关于我们的观念。"③ 但人则有这种观念，不仅是观念，而且还包括知识，这些都反映在语言中。传达知识的同时，语言同时也在形成意识。本维尼斯特指出："正是在语言中也多亏语言，作为主体的人才得以结构化，因为只有语言能够将现实，作为存在特征的自己的现实赋予'Эго'（自我）概念——自己的我（мое я）。"④

如果说人在新的时期成为哲学思考的中心的话，那么日常意识则从远古时代起就已开始诉求于人。自然中的生命要求了解自然，人群中的生命

---

① Арутюнова Н. Д.，"О работе группы « Логический анализ языка » Института языкознания РАН"，*Логический анализ языка. Избранное. 1988— 1995*（Под ред. Н. Д. Арутюновой и Н. Ф. Спиридоновой），М.：Индрик，2003，с.17–18.

② Арутюнова Н. Д.，"Введение"，*Логический анализ языка. Образ человека в культуре и языке*，М.：Индрик，1999，с.4.

③ Там же.

④ Бенвенист Э.，*Общая лингвистика*，М.：Прогресс，1974，с.293.

要求了解人。这些知识在神话学和艺术、内部言语和言语交际中得以形成。人是众多新旧文学体裁的对象，包括人物事迹和典型，编年史，传记和自传，"卓越人的生平"，文学和政治描写，书信体裁，惊险小说、感伤小说和其他类型的长篇小说，使徒行传，说教文学，布道，忏悔，特别的演说体裁（猛烈的抨击、辩护、悼文、褒奖文字、纪念会发言、谩骂），特别的言语体裁（聊天、诽谤、咒语和谣言、申诉书、吐露心声和慰藉），特别类型的政治性和法律性言语活动（法典、调查表、人事卷宗、鉴定书和告发书、起诉书和辩护词、法庭调查和双方争讼、结论和判决）。① 应该说明的是，包括这些体裁在内的篇章中的人具有各种名称，这使他区别于其他对象，原因首先是人所在世界的多样性。表示现实中的或虚构的具体人的手段除了专有名词外，还有众多与名词 человек（人）类似的通用称谓：лицо（<带定语>……人，……人士）和 особа（人，人物），личность（<具有某种性格、特点、地位等特点的>人；个人）和 индивид（индивидуум）（个体；个人），персона（<某个>人）和 персонаж（人物，角色，主人公；<旧，讽，谑>人，人物），деятель（活动家）和 фигура（人像，人物塑像；人影），субъект（主体；<具有某些生理和心理特性的>人）和 существо（<作为某种性质、特征载体的>人）等。此外，还有众多称名源于对性别和年龄特征、家庭和工作地位、职业或者在社会等级结构中的位置的指称。

要说到自己意识的状态，人首先应该获得意识。而要获得意识，他者是必需的。他者使 Эго（自我）客观化，将其从认识的主体变成他的客体。巴赫金（М.М.Бахтин）认为："他者的角色显示了出来。只有根据他者的观点，任何关于自身的语词才能得以构造。同时，用自己和他人的眼睛来看镜子中的自己这一简单现象的复杂性也被揭示了出来。"② 认识自己，Эго（自我）也是在认识自己在他者意识中的形象，他似乎在读他，而读需要标出意思和言语化：进入认识范围的所有对象应该被命名，因而人在符号化。存在主义大师萨特在思考他者在自我意识中的作用时这样下结论："我的行为在外部投射我并由他者所理解，由这一点可以得

---

① Арутюнова Н.Д., "Введение", *Логический анализ языка. Образ человека в культуре и языке*, М.：Индрик，1999，с.4.

② Бахтин М.М., *Эстетика словесного творчества*，М.：Искусство，1979，с.313.

出，我就是语言。"① 这种对于 "内部的人"② 的符号学态度对于其他哲学家也是很典型的，如海德格尔通过对意义的诉求来给人的个性下定义："我就是我说的。"③ 阿鲁久诺娃认为，正因为有他者，人不仅能认识自己，也能评价自己，从而诞生了耻感，而这种耻感是必然以同时存在 "目击者" 和 "法官" 为前提的。④ 评价的对象是人，从认识之树中品尝了善与恶的人。从宗教层面来看，造物主是评判人的法官：因为偷吃禁果，人不仅失去了永生，还成为了永远的被告。笼罩在人之上的是地狱里有限期或无限期的痛苦的威胁，人类趋向于可怕的法庭。而他者则获得了新的栖身所，他渗入人的内心，成为了暗探和法官，有时甚至是判决的执行者。这样一来，意识变成了良心，自我认识变成了对自我的评判，对人的认识论态度和价值论态度结合了起来。这反映在人所用的词库上，其中指控色彩较之辩护色彩而言占主导地位。在圣训和布道中，人类的事获得了不好的鉴定。如《使徒行传》中充斥着违法行为、坏的想法和恶习："如果人们不在乎用理性来怀拥上帝，那上帝就会赋予他们反复无常的头脑，做出各种淫荡的行为，因此他们充斥着各种谎言、淫乱、狡诈、贪财、仇恨；充斥着嫉妒、凶杀、内讧、欺骗、不道德；他们尖酸刻薄；他们是诽谤者、渎神者、欺负人者、自吹自擂者；他们傲慢自大，精于作恶，忤逆父母，轻率冒失，背信弃义，薄情寡义，毫不妥协，冷漠无情。他们知道上帝会有公正的评判，做这些事的人应得的是死亡；然而他们不仅做，而且还称赞做这些行为的人。"⑤ 在此，关键不仅在于集中于人身上的文本具有法庭指向性，而且也在于词汇语义在很大程度上也是指向不平凡的和异常的现象，首先指向那些暗藏危险、需要分析和消除的现象。规范通常是作为对异常的否定而得以表述的。就像有正片也有负片一样，几乎所有确立行为规范的禁条都包含着否定，这并不是偶然的。在祈祷

---

① Арутюнова Н. Д., "Введение"，*Логический анализ языка. Образ человека в культуре и языке*，М.: Индрик，1999，с.5.

② 最近一些年，内部人的模式化越来越经常地引起人类学家和语言学家的注意。如波兰语言学家韦日比茨卡创建了统一的，不依赖于语言、文化和民族特征的语义元语言来描写人心理的构成成分，通过这些语义元语言可以进行民族对比和历史对比研究。

③ Арутюнова Н. Д., "Введение"，*Логический анализ языка. Образ человека в культуре и языке*，М.: Индрик，1999，с.6.

④ Там же.

⑤ Там же.

时，人们请求摆脱的与其说是生理上的虚弱和疾病，还不如说是精神上的虚弱和疾病，包括：злопомнение（记仇）、гневливость（易怒）、ненавистничество（仇恨）、зависть（嫉妒）、гордость（自高自大）、надменность（傲慢）、превозношение（吹捧）、многоядение（暴食）、плотоугодие（好色）、чревоизлишество（大腹）、невоздерженность（放纵）、сласто- и властолюбие（好色和好权）、сонливость（嗜睡）、много- и празднословие（长篇大论和空话）、осудливость（爱指责）、непонятливость（头脑迟钝）、неразумность（不明事理）等。这样，人的语言形象渐渐地被歪曲了。①

　　人的语言模式在不同语言之间或同一语言的发展过程中都是变化的，它能够反映人类发展的不同阶段。不同文化中同样的精神功能与不同的生理器官相联系。如在旧约中，同心脏相联系的是人从伦理上对自己行为的监控（良心概念在古欧洲是不存在的）。试比较：Крепко держал я правду мою，и не отпущу ее；не укорит меня сердце мое во все дни мои（我牢牢地抓住我的道理，不会松开它；在我所有的日子里我的内心不会责备我）。来自"心脏"的责备在该语境下不同于良心上的折磨。圣经中心脏是信仰的储藏所，从心脏"溢出"的是圣灵。在现代语言中，心脏更多的是被想象成感情的器官（容器）。我们习惯性地认为，人的头是理智的驻留地，故有 Мысли приходят нам в голову（我们头脑中产生了一些想法）的表述，缺乏理智的人可以称为 безголовый（无头的；头脑愚钝的，没有头脑的）。而在荷马史诗中，理解、思考和采取决定的实际器官用 φρήν 一词表示，该词在生理意义上属于横膈膜（其他器官所处的位置）。正是 φρήν 似乎从外部统领着人的行为，建议他应该如何做以及做什么，将语词塞入他的嘴中。同时，智力（интеллект）用没有生理意义的专门词汇 νόοs（思想）来表示，而情感领域则用同样无关乎生理器官的 θύμοs（胸腺）一词来表示。在古希腊语中没有用来表示作为整体现象的精神（душа）的统一词汇，φνХή（生物的呼吸）一词只是指出有生命存在。②

　　总归而言，人的语言模式是非常矛盾的，远远谈不上可靠，它需要

---

　　①　Арутюнова Н.Д.，"Введение"，*Логический анализ языка. Образ человека в культуре и языке*，М.：Индрик，1999，с.6.

　　②　Там же，с.9.

修正，需要拟定特别的研究方法。与此同时，重建一般的人、历史的人和个体的模式引起了特别的兴趣，可以期待，通过语言学家、人类学家、民族学家、神学家、心理学家、哲学家和文化学家的共同努力人的语言模式研究将得以继续。正是为了进一步探讨人的语言模式和语言形象，1996 年，课题组举办了题为 "文化和语言中人的形象" 的学术研讨会。讨论既针对 "内部的人"（внутренний человек），包括他的组成部分（душа<心灵>、дух<精神>、сердце<内心>）、情感状态、恒常性和变化性的心理特征等，也针对 "外部人" 的形象，包括他的习惯、举止、与他人的关系、情境和交际功能，分析的主要是现代和古代的印欧语言和东方语言材料。课题组认为，在传递知识的同时，语言也形成了意识。20 世纪哲学的基本方向是在语言的旗号下发展的，其根源正在于人成为了哲学思想的对象，生命哲学取代了自然哲学。在这一关于人的语言形象的研讨会上，学者们讨论的主要是 душа（心灵）、дух（精神）、сердце（内心）、стыд（羞耻）、совесть（良心）、ум（智慧，头脑）、рассудок（理性，智力）等概念。这些讨论是针对不同的文化背景展开的，如俄罗斯民间文化、古希腊古罗马世界、西欧文化（西班牙、瑞典、荷兰、英国、德国）、北方民族（谢尔库普人）、远东国家（朝鲜、中国）等。一些论文的主题是秋切夫、赫列布尼科夫、帕斯捷尔纳克（Б.Л.Пастернак）、普拉东诺夫等作家的文学世界及洛谢夫哲学体系中人的形象。学者们对人这一现象的各个方面进行了分析，包括：统觉的、心智的、情感的、意志的、符号的（手势和征兆的民族语义和普遍语义），社会的、交际的（与人的行为、行为模式和人际关系相关）等方面。①

本次研讨会的相关论文收录于论文集《语言的逻辑分析：文化和语言中人的形象》（1999）中，该论文集分 6 个栏目收录了 37 篇文章。

"内心的人"（5 篇）：乌雷松通过对 дух（精神）和 душа（心灵）两个概念的语义描写和辨析试图重新构建出古代关于人的认识和观念；尼基京娜考察了 душа（心灵）、сердце（内心）这两个概念词在一些民间文学体裁文本（主要是宗教诗，还包括咒语、勇士赞歌、哭诉歌等）中的

---

① 　Арутюнова Н.Д.，"О работе группы «Логический анализ языка» Института языкозна-ния РАН"，*Логический анализ языка. Избранное. 1988— 1995*（Под ред. Н. Д. Арутюновой и Н. Ф. Спиридоновой），М.：Индрик，2003，с.18.

使用特点；雅科文科对 сердце（heart/Herz，内心）、душа（soul/Seele，心灵）、дух（spirit/Geist，精神）三个概念词在英语和德语语言世界图景中的联系和区别作了系统的比较分析；扎利兹尼亚克和列翁京娜分析了两个不易翻译成其他语言的词 разлука（分离，分别）和 соскучиться（想念，思念）的深层语义特点；博古斯拉夫斯卡娅按主体的基本能力和客体的可见特征两个因素将 умный（聪明的）、смышленый（伶俐的，机智的）、сообразительный（机敏的，领悟快的，理解力强的）等心智形容词分为两类，并结合大量的例句对这两类形容词的语义特点和用法进行了深入的分析。

　　"语言中的人和关于语言的人"（9篇）：加克在总结言语中人的七种称名类型的基础上，结合大量例证详细分析了法语和俄语在对人的命名上表现出来的六个方面的区别；瑞士学者魏斯（D. Weiss）分析了俄语中最常用的四个表示人的词语 человек（人）、лицо（<带定语>……人，……人士）、личность（<具有某种性格、特点、地位等特点的>人；个人）、особа（人，人物）的指称特征和指称限制，并考察了这些特征和限制如何决定这些词在篇章中的具体选用和表现；瑞典学者尼尔森对俄语和瑞典语中的 человек/människa（人）、мужчина/man（男人）两组概念的所指范围作了较为细致的比较分析；列翁京娜分析了懒的观念（идея лени）在俄语中的表达手段、与相关概念的关系，以及相关词汇在评价意义、民族文化语义等方面的意义区别；意大利学者贝纳基奥（R. Benacchio）以《人类关系的新类型：彼得大帝时代的称呼 вы》为题借助大量的书信等材料证明 вы（您）作为呼语起源于彼得大帝时代；克龙高兹对称呼语的分析表明，称呼语是一种受文化和社会制约的说话人和听话人相互影响的方式，是创造特别的交际空间的方式；列别杰娃从语言修辞的角度分析了无意识信息的三种体现机制——替代机制、反转机制、倍增机制；布雷金娜和什梅廖夫对非语言学篇章中元语言语句的语义语用特点作了大量的举例分析；什梅廖娃和什梅廖夫则集中对幽默中的异族人形象进行了分析，分析主要针对与民族定型、民族性格相关的语言使用特点。

　　"符号性的人"（3篇）：克赖德林对手势语做了全方位的描写，尤其是手势语语义中的民族文化特征和普适性特征；什梅廖夫分析了表示"吐痰"意义的各种表达，尤其是相关动词，如 плевать/плюнуть（唾，吐痰）、сплевывать/сплюнуть（吐唾沫）、наплевать（吐 <几口> 唾沫<痰>)、расплеваться（大啐起来，乱吐起痰来）、плеваться（好吐痰，老是吐唾沫）、отплёвываться（<向旁边或远处>吐唾沫，吐痰）、оплевать/оплёвывать（往……上吐唾沫）、переплюнуть（<把痰、唾沫>啐得越过）、выплюнуть/выплёвывать（唾出，吐出），认为这些词具有表达蔑视、反感、羞辱等个人意向，描写某种冷淡的态度，提供建议等多种语义，这些词的运用与民族性格等休戚相关，甚至能体现对待现实的哲学态度（如 Да плюнь ты …！/你不必在意！）；多布鲁申娜考察了махнуть рукой（不再注意，对……不抱希望）、отмахнуться（拒绝做，回避，轻视）、a（哎呀）、эх（唉，嘿，哎呀）、отчаянный（充满绝望的）、отчаяться（对……绝望，丧失一切希望）等表示绝望意义的表达手段的共性意义和使用的生活场景类型。

"人：主体问题"（4篇）：扬科分析了"说话人"与"周围世界"这一对立在句子交际结构中的反映；А.В.齐梅尔林格结合述谓类型对状态主体和评价主体问题作了一些分析；库斯托娃将同时包含物理成分和非物理—统觉成分的一类动词称为统觉—事件动词，并划分出以 встретить（遇见）和 показаться（出现）为代表的两种动词类型，分别对这两类动词的语义派生机制进行了深入的分析；伊萨基扬（И.Л.Исаакян）基于对"空间前置词+表人名词"词组语义特点的分析，认为这类搭配中的空间前置词构成了隐喻意义聚合体，该聚合体中意义间的关系不同于直义之间的关系。

"人的民族形象"（8篇）：克拉苏欣从词源角度就主要的印欧语种中表达"人"这一最重要概念的语词的不同伴随意义进行了探索；托波罗娃结合词源和古文献就古日耳曼星源神话中的中心人物尤弥尔（Ymir/Имир）① 形象所体现的人类中心论思想进行了阐释；米哈伊洛娃比较了爱尔兰史诗和民间文学传统中的报丧女妖（Banshee/Банши）形象与俄罗斯民间文学形象人鱼公主（русалка）及类似人物形象的共性特征，并突出强调了报丧女妖作为"死亡使者"所体现出的民族文化特色；卡扎克维奇结合谢尔库普语北方方言民间文学文本语料库，对北方谢尔库普民间文学中的人物形象及其四种情感 гнев（愤怒）、страх（恐惧）、печаль（忧伤）、радость（快乐）的表现做了较为深入的研究；拉戈津娜（И.Ф.

---

① 北欧神话中巨人的始祖。

Рагозина）以俄罗斯和法国童话为材料，对两种语言中的 страх（恐惧）和 бесстрашие（无畏，勇敢）概念的语言表达手段及其体现出来的民族观念异同作了比较分析；谭傲霜分析了汉语"灵魂"一词的来源，进而在汉文化语境中对"灵魂"这一语言概念进行了重组；安东尼扬（К.В.Антонян）系统揭示了汉语词"身"的聚合联系系统及系统后面的相关概念系统，尤其是澄清了汉语中的"个性"概念在相关概念系统中的位置及其重要的系统内部联系；哈尔琴科娃（Л.И.Харченкова）和沙什科夫（Ю.А.Шашков）借助大量鲜活的比喻和比较结构语料对俄语和西班牙语中表示人的外部和内部面貌的语言表达手段进行了系统的对比分析。

"作者文本中的人"（8 篇）：阿鲁久诺娃对陀思妥耶夫斯基不同阶段创作中体现的 стыд（羞耻）和 совесть（良心）概念进行了深入的分析，认为在很多情况下正是 совесть（良心）概念决定了作家倾向于采用能够表现人灵魂深处的忏悔式的叙述形式；德米特罗夫斯卡娅研究的是有关 душа（灵魂）和 дыхание（呼吸）之间联系的认识在普拉东诺夫作品中的体现及两词的丰富含义，认为这些认识的形成都可追溯到远古时代；М.Ю.米赫耶夫（М.Ю.Михеев）关注的是普拉东诺夫作品中鲜有通常意义上的肖像描写这一创作特点，认为其中偶有的肖像描写往往突出的是变形、丑陋、独一无二性；格里戈里耶夫基于大量的材料对马雅可夫斯基（В.В.Маяковский）和赫列布尼科夫两位诗人之间的微妙关系做了相当深入的梳理；佩尔措娃和拉法耶娃通过分析一些关于斯拉夫古风的例子，认为赫列布尼科夫尽管表面上背离了象征主义而成为自然主义者，但他仍然延续并发展了由 Вяч.Ив.伊万诺夫（Вяч.Ив.Иванов）领军的现实主义象征主义方向；巴什克耶娃（В.В.Башкеева）对 19 世纪前 30 年俄罗斯文学思维中的年龄聚合体进行了分析，认为与 18 世纪上半叶的五成分结构相比，这一时期的年龄聚合体明显简化为只包含两个成分——молодость（青年时代）和 старость（老年）；古尔斯卡娅（Ю.А.Гурская）基于白俄罗斯和俄罗斯诗歌中反复出现 Рогнёда①（罗格尼奥达）这一专名的事实，揭示了其作为历时民族文化文本所体现的伴随意义和民族观念；波斯托瓦洛娃分析了洛谢夫宗教哲学中的上帝形象、天使世界以及人的形象。

---

① 波洛茨克公爵罗格活洛德的女儿，波洛茨克公国公元 980 年被占领之后，弗拉基米尔公爵强娶其为妻。她是智者雅罗斯拉夫的母亲，留里克家族波洛茨克旁系的始祖。

第四节 关于 движение（运动）

对于作为其他概念之背景的"时间""空间""人"三个基本概念来说，一个典型的共性特征是均具有运动（движение）的属性，运动事实上构成了三个概念的核心内容。时间的运动渗透到任何事物、现象的历时演变和历史更替之中，不同空间中的运动是事物发展、变化的内在动力，人的运动是生命延续、人类发展、社会进步的必然条件。正是看到了运动概念的这种基础性地位，1998年，课题组与杜布纳大学联合举办了研讨会"动态世界的语言"（Языки динамического мира）。会上主要探讨的是物理空间、社会空间和心智空间中 движение（运动）概念化的词汇和语法手段。分析以现代和古代语言为材料，特别关注了 движение（运动）在交际、礼俗和仪式中，在不同民族文化和宗教文化中，以及在库兹明（1872—1936）、Вяч. Ив. 伊万诺夫（1866—1949）、普拉东诺夫（1899—1951）、赫列布尼科夫（1885—1922）、布罗茨基（И. А. Бродский，1940—1996）、曼德尔施塔姆（1891—1938）、帕斯捷尔纳克（1890—1960）等文学巨匠的文学世界中的象征意义。① 本次研讨会的论文于1999年结集出版，该论文集《语言的逻辑分析：动态世界的语言》分6个栏目共收录论文45篇。

"词汇中的运动"（12篇）：阿鲁久诺娃在论文集的开篇论文中探讨了 путь/дорога（道路）这一词对的语义、путь（道路）的隐喻使用、文学作品语境中的 путь（道路）概念（主要关注勃洛克<А.А.Блок>文学世界中的 путь<道路>概念和陀思妥耶夫斯基作品中 дорога<道路>的象征意义）；法国学者吉罗-韦伯（M.Guiraud-Weber）和米卡埃良（I.Mikaelian）对比分析了法语接触动词 toucher（触摸，接触，触动）与俄语接触动词 касаться（接触，触及，碰着）、трогать（摸，触，触动，碰）的语义结构；叶尔马科娃分析了 куда（往哪里，去何处）和 зачем（为了什么目的，为什么）之间的互逆性特点，即针对"询问运动的终点"问题的回

---

① Арутюнова Н. Д.，"О работе группы «Логический анализ языка» Института языкознания РАН"，*Логический анализ языка. Избранное. 1988— 1995*（Под ред.Н.Д.Арутюновой и Н.Ф.Спиридоновой），М.：Индрик，2003，с.16.

答与针对"询问目的"问题的回答往往能互相蕴涵的特点；A.Д.科舍廖夫描写了构成动词 ехать（<利用交通工具>去，来）语义的认知结构，以此解释人掌握这一动词的能力，构筑对这一能力的认知方面进行模式化的基础；迈萨克（Т.А.Майсак）和拉希林娜基于对运动动词的使用中"起点""终点"及相关语义格出现频次的统计数据，以 идти（行走）为例从认知和语义两个角度解释了"终点"语义格出现的频次要远远高于"起点"语义格的原因；马克耶娃主要考察了运动动词 ити（行走）在11—14 世纪、15—17 世纪、18 世纪等俄语发展的几个阶段的语义变化，认为该词在从表示运动到表示动作和状态的道路上发生的这些语义变化与主体、环境和发生位移的方式相关，作为参照背景，作者也描写了 течи/тещи（流淌）和 грясти（行走，行进）两个运动动词的语义变化；В.В.莫罗佐夫（В.В.Морозов）以考察英语动词 come（来）、go（去）及一些同义词为出发点，对它们与俄语和法语中表达相同语义的运动动词进行了比较分析，揭示出了这些语言中运动动词的一些共性和个性特点；帕杜切娃考察了运动动词内部动态意义和静态意义的共时兼容现象，并以时间的运动模式为参照分析了将一些意义与另一些意义联系起来的语义派生模式（能产的和非能产的）；罗津娜探讨了与运动动词的心智意义相关的两个问题，即什么样的概念结构构成这种有规律的多义模式的基础、运动意义向心智意义的转变过程是按照什么样的语言学规则进行的；里亚布采娃通过考察俄语中表示 помехи（障碍，妨碍，阻碍）、преграды（障碍物，拦阻物）、препятствия（障碍）概念的词汇在物理空间、社会空间和心智空间中的意义和用法，认为俄语语言世界图景中的障碍观念（представление о препятствии）是人类中心性的（具有主观指向性）、价值论导向性的（与价值论相联系）、策略性的（具有实践意义）、必须贯彻执行的（充满创造性）；斯皮里多诺娃（Н.Ф.Спиридонова）从声音运动（传播）情境三个成分（声音源、听者、声波本身）的角度探讨了 глухой（耳聋的；低沉的）这一形容词的意义结构及其语义派生过程，构建出了将直义与转义联系起来的隐喻派生链；特鲁布从直接补语的配价地位出发将"寻找活动述谓"（предикаты поисковой деятельности）分成两个大类并分别描写了其下属动词述谓语义结构的特点。

　　"语法中的运动"（7 篇）：В.И.加夫里洛娃以 открывать（-ся）/от-

крыть（-ся）（打开，展开）为例分析了包含及物性障碍作用动词①人称
形式的结构与包含反身动词人称形式和由这些动词构成的以-н/-т 结尾的
被动形动词形式结构之间的相互关系；В.В.古列维奇（В. В. Гуревич）在
对"运动/静止"这一语义对立的语义派生方向进行重新考察后认为，其
语义派生方向呈现出双向性特点，这一特点同样也体现在"行为（动态
特征）/关系（静态特征）""事物/特征（主体/述谓）""主位/述位"
"对象的确定性/不确定性"等语义对立中；克尼亚泽夫对俄语中的名词
间接格、前置词和动词前缀等三类表达空间关系的主要手段的语义和语用
特点进行了归纳；马特韦延科（В.А.Матвеенко）对圣经诠释上的一个公
案进行了回顾，即马克西姆·格列克（Максим Грек）在修订三重颂歌时
将一个动词简单过去时形式处理成完成时态从而引起宗教界对他的控诉，
总结了控辩双方如何理解这两种动词形式以及作此理解的原因；普伦吉扬
基于对运动情境及其组成、定位及其类型、运动定向特点和动词定向等基
本问题的认识，分析了动词定向指示的类型和动词定向指示系统的类型；
奥地利学者托绍维奇对 Стрела летит（箭在飞）一句中的动词 лететь（飞
行）进行了实验性分析，认为该动词是由一系列成分或概念构成的概念
化结构，进而认为动词是由动态（динамика）、静态（статика）和关联
（реляция）构成的概念混合物，因此应该重新看待现存的动词定义；沙
图诺夫斯基分析了表达动态语义的未完成体现在时的语义特点和用法
特点。

　　"民族文化中的运动"（7 篇）：韦列夏金（Е.М.Верещагин）探讨了
东正教大型宗教典籍（如经书和系列颂歌）中表达静态世界的语言手段
的特点；卡扎克维奇以萨满教传说和北方谢尔库普的魔幻童话为材料，分
析了这些民间文学篇章中对萨满（巫师）物理层面、精神层面的运动和
旅行等活动的语言描写；库库什金娜（Е.Ю.Кукушкина）以 14 万字的婚

---

　　① 该文作者将描述形成或消除障碍情境的动词词汇语义类别（лексико-семантическая
группа）称为"障碍作用动词"（глаголы функционирования преграды），如：закрывать
（-ся）/закрыть（-ся）（合上，关上，盖上）；откупоривать（-ся）/откупорить（-ся）（打开
<有塞子的瓶子、桶等>）；закупоривать（-ся）/закупорить（-ся）（<用塞子>盖上，堵住）；
запечатывать（-ся）/запечатать（-ся）（封上，粘上）；распечатываться（-ся）/распечатать
（-ся）（启封，去掉封条）；отворять（-ся）/отворить（-ся）（打开<门、窗>）；приотворять
（-ся）/приотворить（-ся）（稍微打开，掀开一点）等。

礼哭诉歌为材料，考察了贯穿婚礼仪式始终的"位移"（перемещение）这种动态形象的类型及其言语表达手段；列翁京娜和什梅廖夫以分析俄语中表达步行意义的运动动词得出来的五个语义特征为基础，着重考察了其中部分近义词之间的意义区别；米哈伊洛娃分析了古爱尔兰史诗《苏伊布内的疯狂》（Безумие Суибне）中主人公的运动方式，认为其中的跳跃主题及相应的表达词汇是主人公过渡到不存在状态的标志；尼基京娜讨论了俄罗斯宗教文化（旧礼仪派、莫罗勘派和反仪式派）中的путь（道路）概念及其折射出来的人们关于空间位移的观念；亚沃尔斯卡娅比较分析了乌克兰语中表示人运动的典型特点的几个形容词 моторный（动作麻利的）、проворный（麻利的，敏捷的）、меткий（枪法准的，投射准确的）的语义和用法，以此揭示作为民族定型的运动中人的形象。

　　"运动符号学"（6篇）：扎利兹尼亚克以 исходить（从某处传来）、доходить（走到）、находить（寻找）一类词为例，对理智活动概念化中的运动隐喻现象进行了研究；泽姆斯科娃在 порядок（秩序）概念场的框架下分析了 закон（法律）、функция（职务，职责）、место（职位，职务）等一组相关概念；克赖德林分析了交际中的身体接触这种非言语交际手段的功能、使用场合、在不同文化中的区别以及影响其使用的因素；列别杰娃对比分析了英语和俄语中反映基本感知模态（主要包括视觉、听觉、动觉模态）的述谓（如 смотреть/look＜看＞、видеть/see＜看见＞、слышать/hear＜听见＞、слушать/listen＜听＞、слепой/blind＜瞎的＞、глухой/deaf＜聋的＞等）的典型使用场合；德国学者莱文-图尔诺夫措娃（J.van Leeuwen-Turnovcová）在非理性和理性对立的背景下分析了动态和静态的对立，并运用大量的线条画图形描摹出了这种对立关系的语言体现；梅奇科夫斯卡娅从符号化的三个层级（前语言层级、语言层级、元语言层级）的角度对人的身体运动在语言中的体现、相应表达手段的功能及躯体动词等语言手段的发展变化进行了系统的描写。

　　"运动的形象"（11篇）：吉克以 бежать（跑）、двигаться（运动）、кружить（使转动）、кружиться（旋转）、летать（＜不定向＞飞，飞行）、лететь（＜定向＞飞，飞行）、плясать（跳舞）、танцевать（跳舞）等词为例，分析了库兹明作品中抒情诗主体物理空间和心智空间中"向上"运动、"向下"运动、"环形"运动之间的相互关系，认为运动的基本特征（如变化和发展）构成了诗人创作和生活哲学的基本特征；格列克对 Вяч.

Ив.伊万诺夫《1944 年的罗马日记》（*Римский дневник 1944 года*）所载的诗歌中表达动态世界观念和静态世界观念的象征符号进行了分析；格里戈里耶夫通过分析赫列布尼科夫（笔名之一是 Beха）创作中的动态世界及其语言体现，论述了诗人的运动美学观念；德米特罗夫斯卡娅通过分析普拉东诺夫长篇小说《幸福的莫斯科》（*Счастливая Москва*）里夜晚在饭馆时的场景中和中篇小说《姜族人》（*Джан*）里在薇拉房间里的情境中环形运动和直线运动的对立，证实普拉东诺夫借鉴了柏拉图的概念和形象系统，并受到了亚里士多德和德国政治哲学家斯宾格勒的影响；叶梅茨（А.В.Емец）分析了英国诗人托马斯（D.Thomas）短篇小说中运动述谓的隐喻性使用的特点；洛博达（С.Н.Лобода）对古米廖夫（Н.С.Гумилев）和布罗茨基两位诗人的诗歌中表现运动主题的语言手段进行了分析，认为运动的文化语义成分一方面决定了两位诗人世界图景模式的动态性特点，另一方面也是一般人类文化传统的反映；帕诺娃考察了"位移"（перемещение）在曼德尔施塔姆世界图景中的重要位置、诗人表达"位移"意义的语言手段及"位移"隐喻的形象体现等问题；佩尔措娃和拉法耶娃分析了赫列布尼科夫最后一首诗《上帝老头！你为什么走?》（*Старче божий！Зачем идешь？*）的结构和内容，提出了一些假设性的观点，试图揭开该诗的部分谜团；西涅利尼科娃（Л.Н.Синельникова）结合诗语材料分析了俄罗斯诗歌中死亡意象表现出来的一些特点，认为死亡是通往真理之路，是一种运动和变化的文化形象；法捷耶娃分析了帕斯捷尔纳克笔下的 бег（跑）概念，认为"跑"的快速这一特征同时也是作为直接表达形式的诗歌本身的特征，认为诗歌是帕斯捷尔纳克最快、最直接的表达形式，бег（跑）概念因而让帕斯捷尔纳克同时展现了作为"普遍协调的魔幻世界"和作为"情感的急速特写"的宇宙结构；舍舒诺娃（С.В.Шешунова）比较分析了英国作家托尔金（J.R.R.Tolkien）神话史诗《指环王》（*The Lord of the Rings*）和索尔仁尼琴（А.И.Солженицын）四部曲《红轮》（*Красное колесо*）中 колесо（轮子）这一中心形象，认为两部作品的"火轮"这一形象表达了相同的核心主题和象征意义，这种共性源于欧洲文化深层的统一性特征。

　　"运动：价值论方面"（2 篇）：德国学者安施塔特（T.Anstatt）以俄语、波兰语和德语词汇为语料，将运动意义词汇表达评价意义（主要是正面评价）这一语义衍生过程归结为八种模式，认为所有的模式可归结为"将近处的东西评价为好的东西"这一最高模式，认为运动场和评价场之间在共时和历时层面都具有系统的联系；扬科探讨了单向运动动词表达"破坏、损坏"这一评价意义时（如 Крыша течет<房顶漏水>）语义题元的变化特点（如位置题元被置于主语位置），认为运动动词这种语用评价意义的获得是因为有人的因素的作用，只要非动物客体处于主语位置，后面必然有观察、评价情境的人存在。

第三章

概念分析的核心概念

第一节 "истина（真）—добро（善）—
красота（美）"的三位一体特征

阿鲁久诺娃[1]在分析众多学者的观点后认为，数字"3"是宇宙结构的基础范畴，宇宙结构的本质正是伟大的三位一体（真善美）的综合[2]。"真（истина）、善（добро）、美（красота）"作为俄罗斯民族世界观、价值观的核心范畴，自然是课题组重点把握的概念场。遵循研究自然语言的逻辑这一共性任务，"语言的逻辑分析"课题组在"真、善、美"这个价值三位一体中首先研究的是 истина[3]（真）。对"真"的寻找立即将问题从逻辑转向了其他领域——人类生活领域（比较概念 правда<道理>）、法律学领域（比较概念 право<法，法制>）、包括教会文化在内的宗教领域（比较概念 истинная вера<真正的信念>、правоверный<虔诚的>、праведный<严守教规的，虔诚的>）、道德领域（即伦理领域，比较概念 правда<道理>、неправда<谎话，假话>、ложь<谎言，假话>、обман<欺

---

① Арутюнова Н.Д.，"Проблема числа"，*Логический анализ языка. Квантификативный ас-пект языка*，М.：Индрик，2005，c.13.

② 事实上，阿鲁久诺娃在进行概念分析时也偏好这种三位一体的思想路线，如收录于课题组 2002 年论文集《语言的逻辑分析："始"和"终"的语义》中的《前言·整体上言整体·现实概念化中的时间和空间》一文，阿鲁久诺娃在研究 начало（始）和 конец（终）两个概念形成的逻辑前提及时空范畴在概念化现实过程中的互相作用问题时，正是将这两个概念置于"Начало（始）、Конец（终）、Целое（整体）"这一"三方联盟"（тройственный образ）中进行分析的。

③ 关于 истина（真理）概念，可参见本书第三编第一章第三节的内容。

骗，骗局>、враньё<假话，捏造>)。① 同 истина（真）一起出现的还有 добро（善）的问题。课题组注意到了这一点，因而举行了探讨伦理概念的研讨会，并出版了会议材料。在讨论过程中，美学自然地同伦理概念联系起来，красота（美）概念同 добро（善）概念联系起来。добрый мо-лодец（漂亮的棒小伙）与其说是善良，不如说是漂亮、强壮。伦理问题使课题组的兴趣转向了对现实的美学感知，首先是对 красота（美）概念的关注。研究美学评价如何在自然语言中表征，需要分析表达对现实中美/丑的直接感知的修饰语和述谓，这里的直接感知一方面包括对现实的统觉认知，另一方面包括对通过感知、复现现实的文学形象使感情升华，并使感情脱离肉体的欲望这一过程的认知。这两个美学领域的混合常常会导致讨论美学问题时的相互不理解和交流失败。②

　　弗洛连斯基认为，"真—爱（善）—美"这一三位一体概念从形而上学观点来看，本质上并不是三个不同的基础，这是从不同视角审视的同一种精神生活；与此同时，要以 красота（美）为出发点来阐释这一三位一体，采用观察者的视角③是必需的，而正是这一视角绝对不是新约文本的特点，因为这些文本本质上是上帝同信徒单对单的谈话，上帝的话不会被观察和评价。④ 洛斯基认为美是进入"绝对之善"概念的绝对价值："以个人创造形式对上帝之善的共同参与具有绝对价值的形式——爱、美、道德之善、真。真正的善表现在为了创造爱、美、真、生活之丰满的绝对价值。""美作为绝对价值和绝对完美的一个方面，体现在与真、自由、道德之善的搭配之中。"⑤ 对于美学评价与道德评价的不可分性，文学作品

---

① Арутюнова Н.Д., "Истина.Добро.Красота: взаимодействие концептов", *Логический анализ языка.Языки эстетики : Концептуальные поля прекрасного и безобразного*, М.：Индрик，2004，с.5.

② Там же，с.5-6.

③ 这里说的是，使美崇高化，向上直指上天（истина），向下直指世俗生活的深处（добро），这从一个侧面也反映出真善美"三国联盟"（тройственный союз）或"三位一体"（триада）的形成过程。

④ Гаврилова В.И., "Павел Флоренский о «красоте» как составляющей духовной жизни христианина", *Логический анализ языка. Языки эстетики : Концептуальные поля прекрасного и безобразного*, М.：Индрик，2004，с.63.

⑤ Матвеенко В.А., "Красота мира в древнерусских религиозных контекстах", *Логический анализ языка.Языки эстетики : Концептуальные поля прекрасного и безобразного*, М.：Индрик，2004，с.77-78.

是通过人物的行为加以体现的：哪里有善，哪里就有美，哪里是恶，哪里就没有美。《罪与罚》（*Преступление и наказание*）中并没有直接提及行为的美本身，但主人公拉斯科尔尼科夫得到了"где зло，там нет красоты"（有恶的地方就没有美）的警告。俄罗斯经典文学都将美置于最高精神价值之列，如 Л. Н. 托尔斯泰（Л. Н. Толстой）想象中理想的人应该符合"善（добро）、朴实（простота）、真实（правда）"的要求，托氏的这一信条在《战争与和平》中多次出现。有趣的是，小说中 красота（美）两次无意地被加入上述的三合一要求之中，如：

> И не на один только этот час и день были помрачены ум и совесть этого человека …но и никогда，до конца жизни своей，не мог понимать он ни добра，ни красоты，ни истины，ни значения своих поступков，которые были слишком противоположны добру и правде，слишком далеки от всего человеческого，чтобы он мог понимать их значение.① （这个人没有哪怕一天、哪怕一个小时会失去智慧和良心……但是直到自己的生命结束，他任何时候都无法理解善、美、真，也无法理解自己行为的意义，这些行为与善和真完全背道而驰，它们离人所应有的一切相距甚远，以至于他根本无法理解它们的意义。）

"真善美"三位一体在不同的文化类型中有不同的阐释。欧洲文化历史中有从本体论立场和从价值论立场出发这两种对待这一三位一体及其本体地位的不同态度。持本体论态度的学者认为，这一三位一体是现实的、存在的、本体性的，神的名称——真、善、美——本身也是现实性的。像神的能量一样，它们是现实本身的成分。持价值论态度的学者的出发点是该三位一体的价值论本质，这一立场尤其由斯托洛维奇（Л.П.Столович）在其著作《真、善、美》中得以发展。斯托洛维奇认为："研究真、善、美之间最细微的辩证关系时，哲学找到了对于它们而言统一的共同分母——ценность（价值）。要知道，'善'是道德价值，'美'是美学价

---

① Матвеенко В.А.，"Красота мира в древнерусских религиозных контекстах"，*Логический анализ языка. Языки эстетики：Концептуальные поля прекрасного и безобразного*，М.：Индрик，2004，с.78.

值，‘真’是认知价值。"① 就价值论而言，探索"真善美"三位一体的
历史之路是在人统一的意识中逐渐分割统一的"价值流"的过程，在其
中随后被确定为真、善、美、利益的东西最初是融合在一起的，在俄罗斯
人看来，它们最高的联合基础是上帝。应该看到的是，对于现代的世界观
和文化整体来说，典型的趋势体现为不在本体论和实体层面上来解释
"真善美"统一体，而是从接受主体的立场出发，从价值和功能方面考察
它们。与此同时，在当今俄罗斯宗教哲学思想的一些流派中，古希腊中世
纪对"真善美"的现实主义阐释和理解也继续得到了发展。洛谢夫在自
己的名称哲学中试图依据关于神名的圣父学说推导出圣三位一体中"真
善美"每一个神学名称的含义。根据洛谢夫的解释，добро（善）、
истина（真）、красота（美）本质上分别是属于圣父的"权力的主宰"、
属于圣子的"管辖的智慧"、属于圣母的"爱的圣洁"的启示和表现，三
者相应地表现为力量（Сила）、光明（Свет）和美满（Благодать）。②

　　此外，在同一文化类型中的宗教、科学（心智世界）、艺术等人类精
神生活的不同领域，"真善美"三位一体的地位和意义也是不同的③。在
一个领域中其中一个成分占据主导地位，而另外两个成分也改变自己的意
义以适应该主导成分。以宗教为例，宗教以其中心概念добро（善）为依
托，将истина（真）理解为真教义，而将知识理解为信仰，将красота
（美）首先归于精神世界。而心智领域（科学）则将истина（真）变成
了判断和理论的真值评价，使добро（善）与效用和适宜性（功利主义
评价）联系起来，而试图赋予красота（美）一种几何性的特点，即将
"弯曲处弄平使其变为规则图形"。④ 而艺术则正好相反，它将красота
（美）置于中心位置，使它贴近与真理的光辉不可分离的那种技巧。尽管

① Постовалова В.И., "Истина, добро и красота в учении о божественных именах Диони-
сия Ареопагита", *Логический анализ языка. Языки эстетики : Концептуальные поля прекрасного и
безобразного*, М.: Индрик, 2004, c.105-106.

② Там же, c.108.

③ 弗雷格更是从学科来源的角度看重这些概念的不同作用范围，他认为："美学源自'美
的'（прекрасный）这一词，伦理说源自'好的'（хороший）这一词，逻辑学源自'真的'
（истинный）这一词。"（Арутюнова, 1988a: 9）

④ Арутюнова Н.Д., "Истина. Добро. Красота: взаимодействие концептов", *Логический
анализ языка. Языки эстетики : Концептуальные поля прекрасного и безобразного*, М.: Индрик,
2004, c.9.

现实主义者谈到了艺术的教育功效，但艺术并没有将自己的目标局限于此。艺术中的美与科学中的真类似。这是内容和形式之间的关系，是一个符合另一个的关系，这使得触碰到生命不可见的深处以及其他世界成为可能。而在人的价值哲学中，伦理评价具有优势地位，如善常常将外在美挤到第二性的地位。在福音书和其他宗教文本中，表达道德评价的词出现的频率非常高，包括 добро（善）和 благо（幸福）以及它们的一系列派生词：благодать（天惠，神赐；幸福，安宁）、благоволение（好意，厚意）、благоугодно（伏请，呈请）、благовещение（报喜节）、благоговение（尊敬，景仰）、благообразный（仪表优雅的，文雅端庄的）、добродетель（美德）、добрый（善良的）、доброхотный（好意的，善意的）等。更不用说在圣经文本中出现的大量否定性的伦理评价词汇了。[①] 与此相应，美学被置于第二性位置，相关词汇没有得到深入的研究，而伦理评价的语义场则异常广泛，而且区分得特别细微。

当前，学者们不仅对"真善美"三位一体内部成分之间的联系有了新的阐释，而且个别成分之间的相互联系有了新的强调重点。如果说对于古希腊、中世纪时期来说，"美"和"善"的统一具有典型性特征[②]的话，那么当前更为典型的是大主教阿纳斯塔西（Анастасий）在自己的思考和札记中提到的将"美"与"真"联合起来的趋势。阿纳斯塔西写道："人在四处探寻完整的三位一体'真善美'理想的启示，并将自己的注意力特别投向'真'与'美'结合的地方。"[③] 根据费多托夫的思想，"真善美"三位一体在人类存在世界具有普遍的特征。由古希腊人在理想世界发现的"真善美"三个领域，相互之间不可比拟、不能归属，它们植根于同一个神学本质，是统一的；它们是神学观念在现实世界、在创世者——圣三位一体原型上的反映。费多托夫认为，在文化历史上所有试图

---

① Арутюнова Н. Д., "Истина. Добро. Красота: взаимодействие концептов", *Логический анализ языка. Языки эстетики: Концептуальные поля прекрасного и безобразного*, М.: Индрик, 2004, с.14.

② 谈到中国文化，谭傲霜也特别强调"善"与"美"两个概念间的密切联系，认为："伦理范畴通过'善'所在的左翼边界借助搭配'至善至美'中的'美'这一汉字与美学场毗邻。"（Тань，2000а：45）

③ Постовалова В.И., "Истина, добро и красота в учении о божественных именах Дионисия Ареопагита", *Логический анализ языка. Языки эстетики: Концептуальные поля прекрасного и безобразного*, М.: Индрик, 2004, с.108.

通过消除某个成分或将一个成分归入另一个成分来损坏该三位一体，来重新看待该三位一体各成分之间界限的努力都不会导向好的结果。这样的尝试带来的将会是价值王国的动乱不安，此时没有别的出路，只能回归"三位一体的强国"。① 无论是从共时还是从历时角度来看，"真""善""美"三个概念具有不可分割的联系，这种联系在人类语言中有着鲜明的体现。关于课题组对"истина"（真）概念的认识和研究，我们在"судьба（命运）—действие（行为）—истина（真理）"的框架下已经加以详细探讨，在此不加赘言，因而直接从该三位一体的第二个概念добро（善）开始。

第二节　关于 добро（善）

1998 年，课题组举办了有众多哲学家和逻辑学家参与的有关道德哲学和伦理观念问题的学术研讨会。在这次研讨会上，学者们主要就以下问题进行了探讨：道德哲学、道义逻辑、道义文本的类型。通过对 добро（善良）、зло（邪恶）、справедливость（公平）、стыд（羞耻）、совесть（良心）、долг（责任）、грех（罪过）、позор（耻辱）、порок（恶习）、добродетель（美德）、чистота（纯洁）等关键道德伦理概念的概念分析，学者们讨论了道义哲学、道义逻辑、说教性话语（道义文本）② 等相关伦理评价现象和问题，这种讨论是在一般价值背景（如实用评价、技术评价、感觉评价、美学评价）中进行的。这些研究重点关注道义准则概念及其变体，关注信仰和非信仰、宗教和社会学说对作为个体和社会成员的人的德行的影响。③ 参加该研讨会的除了语言学家，还有哲学家（如施赖

---

① Постовалова В.И.，"Истина，добро и красота в учении о божественных именах Диони-сия Ареопагита"，*Логический анализ языка.Языки эстетики：Концептуальные поля прекрасного и безобразного*，М.：Индрик，2004，с.109.

② 如戒条（заповедь）、布道（проповедь）、训言（назидание）、醒世警句（притча）、法律文书（законодательные акты）等。

③ Арутюнова Н. Д.，"О работе группы «Логический анализ языка» Института языкознания РАН"，*Логический анализ языка.Избранное. 1988— 1995*（Под ред.Н.Д.Арутюновой и Н.Ф.Спиридоновой），М.：Индрик，2003，с.18-19.

德尔<Ю.А.Шрейдер>、侯赛因诺夫<А.А.Гусейнов>、Р.Г.阿普列相<Р.Г.
Апресян>、马克西莫夫<Л.В.Максимов>)、逻辑学家（如格拉西莫娃<И.
А.Герасимова>）和神学家（如德国学者库色、俄罗斯学者若夫纳罗维
奇<А.В.Жовнарович>）。分析的范围并不局限于俄语，还涉及欧洲国家
以及一些东方国家的语言和文化。此外，本次研讨会还就宗教语言、圣
诗、文学作品以及日常口语中道义判断的地位问题进行了讨论。

2000 年出版这次研讨会的论文集《语言的逻辑分析：伦理的语言》。
该论文集首篇论文是 С.А.克雷洛夫（ С. А. Крылов）对课题组学术活动
的一个积极参与者、著名语言学家布雷金娜（1929—2000）在语言的逻
辑分析领域的著作的综述，以作为对她的纪念。论文集分 5 个栏目，共收
录论文 40 篇，另有 1 个附录。

"伦理的语言哲学问题"（4 篇）：格拉西莫娃通过对道义逻辑学说的
思想来源、古代文化传统中的一些相关观念以及莱布尼兹、康德、边沁等
哲学家的相关道义逻辑思想等问题的综述以及对改变文化认知情境的因素
的关注，试图廓清逻辑规范模式的哲学基础；马克西莫夫结合认知主义者
和非认知主义者的相关认识，对 добро（善）这一概念的定义问题做了逻
辑—方法论分析，强调下定义时要考虑相应的理论语境和学说背景；谭傲
霜通过重组包括"仁、义、忠、孝、智、信"等概念在内的传统伦理范
畴语义场来重构儒家文化中的伦理理想模式，并辅以其他流派对相关概念
的阐释作为补充；在另一篇论文中，谭傲霜论述了中庸之道的心智性特
点，尤其是《中庸》中为中国人的心智所特有的道德心理层面的内容，
并借助语义元语言将"己所不欲，勿施于人"的古训与圣经中的类似表
述进行对比，以描写中国人和欧洲人体现不同思维方式的不同行为脚本。

"伦理概念"（14 篇）：阿鲁久诺娃对 стыд（羞耻）和 совесть（良
心）这两个社会评价性概念的起源、语义结构、在各种观念体系中的意
义、在自然语言中的体现和使用、与相关概念和语词的联系和区别等问题
进行了全方位的分析；博古斯拉夫斯卡娅对 виноватый（有过错的，有过
失的）和 виновный（有罪的，有错的）两个形容词的深层语义内涵及其
语用特点作了深入的比较剖析，同时也对比分析了另一对形容词
повинный（有罪的，有过错的）和 провинившийся（有过失的，犯错
的）不同的使用场合；加克分析了 грехи（罪过，如 гнев<愤怒>、лень
<懒惰>、зависть < 忌妒 >、гордыня < 傲慢 >、чревоугодие < 贪嘴 >、

скупость<吝啬>、похоть<淫欲>等）和добродетели（美德，如смелость
<勇敢>、справедливость<公平>、умеренность<适度，节制>、вера<信
念>、надежда<希望>、любовь<爱情>等）诸概念不同的题元结构；格里
戈良通过分析句法表征中的责任意义，认为与责任相关的伦理评价可以通
过纯粹的句法手段来表示，即用积极结构中的主语形式或消极结构中的补
语形式来表征"负责任的人"；扎利兹尼亚克以 обидно（委屈，气恼）、
совестно（惭愧，难为情）、неудобно（不好意思，难为情）、грех（不道
德，不应该）、неловко（不好意思，难堪）、неприлично（不成体统，不
礼貌）、неуместно（不得当，不合时宜）、не пристало（不适宜）、не
подобает（不应该，不应当）、не положено（不应当，不应该）、не при-
нято（不合常规）、невместно（不应该，不相宜）、зазорно（感到不体
面，感到可耻）等词为例描写了具有"微妙语义"的伦理概念在俄语语
言世界图景中的特点和语义成分，认为所有这些述谓词本身的语义使得能
将伦理评价视为主体内心状态并将其纳入采取决定的行为当中；А.Д.科舍
廖夫通过分析 долг（责任）概念的意义结构，给出了关于 долг（责任）
的三种定义，回答了"долг（责任）一词适用于什么样的现实情境"和
"在话语中使用词位 долг（责任）的背后是何种典型情境"的问题；库斯
托娃分析了 ошибиться（弄错，出错）和 нарушить（违反，破坏）两个
阐释类述谓的意义和用法，尤其值得一提的是，他将 ошибиться（弄错，
出错）的使用场境归结为"具有错误结果的行为"、"错误的行为"、"错
误的观点、主张、判断"三种类型；德国学者莱文-图尔诺夫措娃从词源
和词义派生角度考察了词汇中一些固定的文化语义对立概念（如 кривое
<弯的>/прямое<直的>、крутить<使旋转>/править<校正，纠正>、
движение<运动>/состояние<状态>）在第二符号系统和欧洲地区语言文
化实践中的扩展；帕杜切娃分析了 вина（罪过，过失）一词语义派生过
程中注意焦点的转移和解释成分层次上的题元衍进现象；帕诺娃以俄语词
грех（罪过）和意大利语词 peccato（遗憾，罪过）为例，多角度描写了
宗教概念 грех（罪过）的宗教文化特点；里亚布采娃分析了日常语言中
伦理知识的事物化（опредмечивание）这一现象，即通过物理行为来描
写伦理意图和行为从而赋予具有物理意义的表达以伦理伴随意义的现象；
乌雷松以《理智的声音和良心的声音》为题探讨了 разум（理性，智慧）
和 совесть（良心）两个概念的伦理内涵及其与 ум（思维能力，智慧）、

рассудок（理性，智力）、интеллект（智力，智能）、душа（灵魂）、сердце（内心）等相关概念的联系；А.В.齐梅尔林格分析了以-о结尾的俄语述谓词（стыдно<惭愧，难为情>、можно <能够>、надо<需要，应该>、суждено<命中注定>等）表达的一些道义概念，认为这些词在逻辑语义层面和表达层面（形态、构词结构、搭配限制等）具有一系列重要的共性特征；雅科夫列娃分析了 чистота（纯洁）概念在现代俄语意识和历史发展中的语义特点，认为在现代俄语中它仍然保留着初始的语义谱系和一系列古时的语义特征（混合性、完整性、一些场合下与抽象的"хорошее"<美好的事物>概念的相互联系性），чистое（纯洁的事物）的意义趋向于具体化。

"道义话语"（11 篇）：布雷金娜和什梅廖夫在对比 стыд（羞愧，惭愧）和 позор（耻辱，羞辱）情境的基础上，重点分析了 позор（耻辱，羞辱）及其派生词的语义和语法特点，并提到了与这些词的使用相关的语法规则演变的历史及它们与主导伦理观念的相互联系；韦列夏金通过分析内容涵盖 11—17 世纪区间的两部古代忏悔文献，揭示了世界伦理规范的相对性特征；叶尔马科娃对计算机行话中体现的伦理问题（如黑客伦理）进行了探讨；克尼亚泽夫结合大量例子对契诃夫作品中叙事时体结构表达伦理评价的功能作了较为充分的剖析；克拉苏欣考察了最古老的印欧语法律文本中"应该"意义的语法表达手段；德国学者库色探讨了宗教话语中的辩护悖论，即含有道义内容的描述性和指令性话语的命题结构与言外之力结构的关系相矛盾的情况；列翁京娜和什梅廖夫通过将 справедливость（公平）与 законность（合法性）、честность（真诚，诚实）进行对比分析，认为正是 справедливость 复杂的语义结构及其与相关伦理概念多种多样的联系使它可以用在众多相互不同质甚至矛盾的语境中；白俄罗斯学者梅奇科夫斯卡娅通过将标准的道义情态意义与几部国家法律和两部世界版权公约文本中所涉及的规范联系起来，揭示出了法律理论中规范的分类与语义学中道义意义的系统化之间高度的相关性；瑞典学者皮欧派尔（L. Pöppel）以赫鲁晓夫（Н. С. Хрущев）的一次发言作为例子，分析了政治话语中使用何种语言修辞手段来回避一些敏感问题的技巧；拉戈津娜分析了小说《罪与罚》中主人公的伦理推理逻辑及其语言表达的特征；沙图诺夫斯基研究了俄语中的允许和禁止两类言语行为的特点。

"民族文化中的伦理"（7 篇）：维诺格拉多娃（Л. Н. Виноградова）

通过描述新娘进入丈夫家时的礼节和习俗，揭示了礼节和仪式行为定型背后的神话、迷信等文化观念系统；卡扎克维奇以用谢尔库普语北方方言写成的 6 万字民间文学文本为材料，分女人伦理、男人伦理和言语礼节三个方面阐述了传统谢尔库普社会的伦理规范；克赖德林分析了素朴伦理在俄语手势和手势成语中的反映；马克耶娃分析了由拜占庭名言集锦翻译过来的古俄语译本《蜜蜂》（*Пчела*）中有关言语举止伦理的表述，构建出了俄罗斯文化中理想的言语举止模式；马特韦延科考察了 11 世纪古俄语文献（译自公元 9 世纪的拜占庭编年史）中道德评价词汇的语义特点和使用语境；托尔斯塔娅分析了民族文化系统中罪与罚观念的神话基础，认为神话道德是以关于人的行为与宇宙状态具有直接联系的观念以及关于人类犯罪的宇宙后果的观念为基础的；什梅廖夫通过对比分析俄语中的 *сми-рение*（谦逊，谦让；温顺，顺从）、*гордость*（骄傲，自豪感；傲慢，自高自大）和英语中的 humility（谦卑，谦逊）、proud（骄傲的，自豪的；高傲的，自命不凡的）等概念的联系和区别，认为不同语言之间以及同一语言的不同伦理系统之间的伦理观念都可能存在很大的不同，伦理系统间的界限体现在语言中，但并不同语言间的界限重合。

“作者文化中的伦理”（4 篇）：格里戈里耶夫结合论述赫列布尼科夫创作中个人风格的伦理取向，在科学话语的框架内讨论了伦理哲学问题以及“20 世纪原则”（*принципы XX века*）与游戏、面具、讽刺和真理范畴、个人风格的多元修辞之间的联系；佩尔措夫（Н.В.Перцов）分析了普希金最后一首十四行诗《玛多娜》（*Мадонна*）的语言和结构特点以及其中反映的宗教伦理问题；波斯托瓦洛娃以圣徒伊格纳吉·布良恰尼诺夫（Игнатий Брянчанинов）的书信为材料分析了东正教宗教传统中他者伦理评价和自我评价的特点；舍舒诺娃分析了梅利尼科夫—彼切尔斯基（П.И. Мельников-Печерский）两部曲《林中》（*В лесах*）和《山上》（*На горах*）中伦理范畴词汇的使用特点和语义特色，认为其中伦理的重要性对于主人公而言堪比陀思妥耶夫斯基和 Л. Н. 托尔斯泰的作品。

在附录中，克拉苏欣、博卡多罗娃、甘扎（Р.М.Ганжа）分别以《中世纪摩迪斯泰派学者的元语言术语》《作为中世纪晚期文化现象的摩迪斯泰学派语法和形而上学》《作为本体论的投机语法》为题对中世纪摩迪斯泰学派的相关语法理论进行了论述。

第三节　关于 красота （美）

2002 年 6 月，课题组举办了"美学语言"（Языки эстетики）学术研讨会，专门分析 красота（美）这一概念以及以其为中心的概念场。对"美"这一概念的讨论构成"真善美"三位一体讨论的最后一个环节，这一系列讨论由研究"真"开始，随后是伦理问题，最后是本次研讨会对美学意义在不同语言和文化中的反映问题的研究。会议总的任务是分析和描写表达正面或负面美学评价的词汇、句法、语调等手段。分析的材料包括当代艺术理论、文学、报刊政论篇章，不同社会阶层的口头言语，方言和民间文学资料，训诂学材料，历史文献资料，古代语言材料等。① 会上分出了八个方面的专题：（1）красота（美）在不同文化和艺术理论中的定义；（2）不同艺术门类（如文字、绘画、音乐等）中对现实对象及其艺术形象的美学评价的差异；（3）美学评价的界限；（4）对自然世界和精神世界的美学评价；（5）"美"与"静/动""混乱/秩序"的关系；（6）隐喻和其他对有生命环境和无生命环境中各种不同类型对象的美学评价的形象表达手段；（7）表达美学评价的判断的可证实性问题；（8）生活和艺术中美学评价的历时变化。② 此外，宗教哲学语境中的美学评价，不同民族、文化和社会区域中美学评价的特点，人的形象及其内心世界的美学化等问题也得到了与会者的特别关注。

这次研讨会的论文集《语言的逻辑分析：美学语言·"美"和"丑"概念场》于 2004 年出版，该论文集由前言和 6 个栏目组成，共收录 50 篇论文。在前言中，阿鲁久诺娃、В.И.齐梅尔林格（В.И.Циммерлинг）分别对 истина（真）、добро（善）、красота（美）三个概念的相互作用和美学中的超个人因素作了能体现辩证法精髓的精辟论述。

"真、善、美：宗教哲学语境中的美学评价"（7 篇）：韦列夏金透过

---

① Арутюнова Н. Д., "О работе группы «Логический анализ языка» Института языкознания РАН", *Логический анализ языка. Избранное. 1988—1995* (Под ред. Н. Д. Арутюновой и Н. Ф. Спиридоновой), М.: Индрик, 2003, с.21.

② 参见俄罗斯网上百科 *Кругосвет* 的 "Логический анализ языка"（语言的逻辑分析）词条，网址为 http：//www.krugosvet.ru/articles/92 /1009218/1009218a1.htm。

瑞士宗教哲学家巴尔塔萨（H.U.von Balthasar）和德国宗教哲学家奥托（R.Otto）对基督教宗教文本的细致分析，证实神学评价存在于斯拉夫俄罗斯的赞美诗创作中；В.И.加夫里洛娃通过分析诗人扎博洛茨基（Н.А. Заболоцкий）在诗歌《不漂亮的小姑娘》（Некрасивая девочка）中对小姑娘"духовная красота"（精神美）的描写和赞美，论述了弗洛连斯基对作为基督徒精神生活组成部分的"精神美"的认识；马特韦延科分析了中世纪时期两本俄语宗教译作中的美学范畴词汇，并将之与中世纪基督教美学观念进行对照，认为在中世纪早期东正教的神学语境下 красота（美）概念属于创世者，同神界的合理、和谐相联系，教会斯拉夫语和古俄语中的美学词汇场不同于现代俄语；波斯托瓦洛娃探讨了基督教思想家、新柏拉图主义者古希腊大法官狄奥尼修斯（Dionysius the Areopagite）神名学说中的"真、善、美"形象以及欧洲宗教文化历史中关于"真、善、美"这一三位一体的学说等问题；罗马什科从词源和词义演化角度出发梳理了欧洲人对艺术的理解发展演变的历史，认为概念和词汇上的不同源于欧洲语言和文化传统的多语言资源；谢戈廖娃（Л.И.Щеголева）考察了彼尔姆的史蒂芬（Стефан Пермский）言行录中 красные ноги（红脚）这一修饰语的宗教来源及其相关使用情况；雅科文科比较了圣经英文译本和德文译本中表达 красота（美）、красивое（美好的事）概念的词汇手段，解释了圣经中表示 красивое（美好的事）的词用得很少，而表示 безобразное（丑陋的事）的词更是几乎没有的现象。

"不同民族、文化和社会区域中美学评价的特色"（12 篇）：别列戈夫斯卡娅（Э.М.Береговская）探讨了 прекрасное（美好的东西）、уродливое（丑陋的东西）概念在法语行话中的表达手段，并总结出了其中的一些特点，如法语行话中缺少表示美丑概念的一般性抽象名词等；温金娜（Т.И.Вендина）考察了俄罗斯传统精神文化中的 прекрасное（美好的东西）和 безобразное（丑陋的东西）范畴，认为这两个范畴是紧密相关的，二者都在人活动的所有领域发挥作用；杰穆茨卡娅对英语和俄语中通过外表刻画人的内心特征时所体现的语言世界图景作了对比分析，揭示出了两种语言相关表达手段的共性和差异；杰米扬科夫在区分积极美和消极美的概念的基础上，以近 40 页的篇幅结合大量的例证系统、翔实地描写了 пленительный（迷人的，富有魅力的）这一修饰语的所指和搭配范围，几乎穷尽了该词可能出现的一切场合；扎利兹尼亚克和什梅廖夫通过分析

враньё（假话，捏造）、быт（日常生活方式，生活习惯）、пошлость（庸俗话，下流行为）、мещанство（市侩习气，市侩心态）等词，探讨了俄语语言世界图景中的美学衡量问题，认为对美的认识嵌入到了大量俄语词的意义之中，总体而言，"小、窄、低"获得的是负面评价，而"大、宽、高"获得的是正面评价；列翁京娜分析了 пошлый（庸俗的，鄙俗的）、вульгарный（粗俗的，粗野的，下流的）、филистер（市侩，庸人）、чернь（平民百姓，贱民；凡夫俗子）等含负面美学评价意义的词汇（包括一些同根词）语义的特点和历时变化，并借助大量例子梳理了作家、学者对这些词的使用和理解；梅德（Н.Г.Мед）通过分析西班牙口语中的美学评价现象，认为口语中的美学含义是通过各种各样的手段表达出来的，这些手段反映了口语在构词、形态句法等所有层面上的总体发展趋势；奥地利学者拉特迈尔（R. Rathmayr）通过分析在俄罗斯搜集的400 多个食品包装上将食品美学化的非语言手段和语言手段（以词汇手段为主，尤其是 красивый <美丽的，漂亮的>、вкусный<可口的，美味的>的伪同义序列），向人们证实美学化过程的的确确涵盖了日常生活领域的方方面面；索恩采娃（Н.В.Солнцева）通过分析两部蒙古文学作品，对东亚、东南亚民族与蒙古民族意识中的"美"的形象做了对比分析，认为它们的美学形象之间存在很多相同之处；谭傲霜分析了现代汉语中核心美学词汇"美"的伴随意义和搭配，证实中国古人看待世界的美学观点与伦理观是密切相关的；中国学者胡世雄（音）分析了修辞学在不同国家和不同时代繁兴和衰败的原因，认为 искренность（真诚）是修辞的灵魂；什梅廖夫探讨了俄语表征视域中美学评价的客体、根据、类型、领域等一些基本问题。

"美学与诗学"（7 篇）：加京斯卡娅（Н.В.Гатинская）分析了俄语中语言隐喻的类型及拟人辞格的功能；格列克通过对比分析 Вяч.Ив.伊万诺夫关于"美"的两篇文章和诗集《北斗星》（Кормчие звезды）中的诗学篇章，为我们展现了伊万诺夫笔下世界的美；格里戈里耶夫挖掘了诗人赫列布尼科夫美学思想的一些方面及其创作的语言特色，并由此探讨了语言美学（лингвоэстетика）的一些元语言问题；梅奇科夫斯卡娅分八个方面分析了对语言和言语的美学评价问题，包括这类美学评价的情感—理智本质、产生、作用范围、类型、发展趋势等；帕诺娃分析了库兹明的诗集《亚历山大体歌曲》（Александрийские песни）中诗作在语言、结构、形象、情节方面的美学特色；塔拉索娃对 Г.В.伊万诺夫（Г. В. Иванов）观念域中"прекрасное"（美好的东西）概念场的结构和相关词汇单位的意义联系及其在诗人诗作中的使用语境进行了分析；舍斯塔科娃（Л.Л.Ше-стакова）依托巴拉滕斯基（Е.А.Баратынский）的诗歌作品及相关研究材料，分析了诗人笔下表达美的词汇手段。

"人的形象的美学光环"（6篇）：克赖德林以日常生活中能引起人注意并给人留下正面美学印象和积极影响的那些身体及其部位的动作（движения）作为研究对象，分析了普适性的和具有文化特色的非言语美学定型各自的特点及其与言语美学定型的相互关系；马克耶娃探讨了古俄语文艺创作中肖像描写的功能及其中美学评价的类型和表达手段等问题；米哈伊洛娃将能作为美丽外表标志的五种颜色分成"红、白、黑"与"蓝、黄"两组，分别对这些颜色及其组合的美学功能进行了分析；拉戈津娜分析了法国作家莫里亚克（F.Mauriac）与陀思妥耶夫斯基在描写理想个人形象时所用手段惊人的相似性，揭示出了前者对后者进行全方位模仿和借鉴的具体表现；苏卡连科（Н.И.Сукаленко）对近东和远东的诗学肖像隐喻与俄罗斯和乌克兰民间诗学中的肖像隐喻及固定的比喻进行了对比分析，进一步证实任何语言世界图景既是普遍的，又具有民族特色；乌雷松分析了俄语中专门表示对人身体的美学评价的一些词汇（如 стройный <匀称秀美的，苗条的>、изящный<优美的，优雅的>、статный<匀称的，合乎比例的>、худой<瘦的，干瘦的>、долговязый <身材细高的>、малорослый<身材矮小的>等）的语义和语用特征及其历时演变。

"美与丑的联想场和定义"（9篇）：布拉金娜（Н.Г.Брагина）结合相关词汇分析和大量例子，对美的形象、美学评价的拟人化（美女形象）、作为力量和权力的美（美女）、追求美的意志、作为恭维呼语的красавица（美女）及其社会功能等问题分别进行了研究；С.А.克雷洛夫从元语言学视角就对不同事物进行美学评价的语言手段、言语流的美学评价、对关于语言的元言语的美学评价三个问题探讨了语言和美学的关系；库斯托娃分 изображение（描绘，描写，塑造）、передача（描绘，表现，再现）、выражение（表达，表现）三组对比分析了 изображать（描绘，描写，塑造）、показывать（描写，描绘，反映）、отражать（反映）、передавать（描绘，表现，再现）、представлять（展示，展现，表现，描绘）、выражать（表达，表现）类"描绘意义"述谓的语义特点；马尔捷米亚诺夫（Ю.С.Мартемьянов）以普希金的剧本《莫扎特与沙莱里》（Моцарт и Сальери）为材料，描写了从抽象的最小的情境任务到用连贯篇章手段构成有逻辑性的完整表达的过程，试图以此揭示"гений"（天才）和"злодейство"（凶恶行为，残暴行为）两个概念的不相容性一步步情境化、具体化，进而转换为完整的戏剧篇章的步骤（即由前篇章到篇章的过程）；А.Л.列昂季耶娃（А.Л.Леонтьева）分析了俄语语言世界图景中美的几种概念化和范畴化类型"красота-свойство"（美—特性）、"красота-качество"（美—性质）、"красота-черта"（美—特征），以及关于美的表述中用到的两种元关联成分（метакорреляты）"красота-причина"（美—原因）、"красота-цель"（美—目的）及其在具体语料中的体现；萨哈罗娃（О.В.Сахарова）在科学和日常意识两个层次上解释了乌克兰语中的 прекрасное（美好的东西）、безобразное（丑陋的东西）概念以及进入这两个范畴功能语义和联想场的意义相近的评价概念或其他概念，特别是运用自由式心理语言学联想实验的问卷调查方法分析了社会、伦理、民族、文化、美学观念对理解"美丑"概念的影响；С.Ю.谢苗诺娃分析了可见事物称名的美学伴随意义，认为固定在事物名词中的称名过程在很大程度上同视觉这一主要的、直接的接受美的渠道相联系；特鲁布分析了表达对事物、人或情境的评价（而不直接涉及评价主体）的词汇单位，重点放在美学成分和其他评价成分如何在词汇单位的意义中起作用问题上，分析以俄语词汇为主，也涉及一些乌克兰语材料；什梅廖娃通过提取不能与 прекрасное（美好的东西）范畴相提并论的观念和概念的方法，试图回答在俄语语言世界图景中到底是什么被认为是 некрасивый（不好看的，难看的）、уродливый（丑陋的，很难看的）、безобразный（极难看的，丑陋的）的问题。

　　"不同文艺创作类型中的美学评价"（9篇）：卡扎克维奇通过对双语材料的分析，考察了反映在西西伯利亚和中西伯利亚北方原住民民间文学中的对美的认识；科夫绍娃考察了俄语成语和民间文学材料中对美的外表、不美的外表、内在特征、外在特征的描写方式和手段以及其中体现的观念；科捷利尼科娃（Н.Е.Котельникова）分析了关于宝藏的俄罗斯民间文学中 прекрасное（美好的东西）和 безобразное（丑陋的东西）概念的表达方式；Н.Н.列昂季耶娃（Н.Н.Леонтьева）从篇章自动理解的模式化这一目标出发，指出了在设计自然篇章处理程序时应该注意的一些方

面，即能使篇章的语义结构更"好"更"美"的一些标准；尼基京娜以
分属东正教和新教的两个宗教团体——旧仪式派和莫罗勘派的教徒集体创
作和个人创作的民间文学文本作为材料，分析了两派教徒对美的认识及
прекрасный（特别美的，非常漂亮的）、красивый（美丽的，漂亮的）
等词汇在这些民间文学文本中的使用特点，以此把握美在现代民间文化中
的地位问题；里亚布采娃从心理空间的美学问题出发谈到了文艺创作的类
型、内部形式、文化和社会意义等文艺理论问题；斯莫利亚罗娃（Т.И.
Смолярова）从法语词 pittoresque（秀丽的，优美的）的来源，尤其是该
词与法国画家帕尔斯（R.de Piles）的联系出发，描述了其三个主要意义
及其与俄语对应词 живописный（绚丽的，美丽如画的）在意义上的联系
和区别；奥地利学者托绍维奇在解释美学关系这一术语的基础上，探讨了
作为美学关系的语言关系的内部联系、隐含的方面、美学价值等诸多方面
的问题，并用图式描绘出了多义、同义、反义、同音等多种语言关系的美
学结构；德国学者莱文-图尔诺夫措娃分析了人为地形成标准语的社会语
言学条件及结果，确定了他称为"美丽谈话的艺术"的交际现象的角色、
形式和功能，探讨了双语现象中的性别因素。

第四章

概念分析的边缘概念

第一节　关于 **начало**（始）/**конец**（终）

1999 年，课题组就 "начало"（始）、"конец"（终）的语义问题举行了研讨会，在该研讨会上，学者们主要分析了以 "конец"（终）与 "начало"（始）、"старое"（旧事物）与 "новое"（新事物）、"первое"（第一件事）与 "последнее"（最后一件事）等概念为中心的概念场。Концы（末端）概念①（从概念 "концы" <末端>分离出 конец <终>和 начало<始>是相对较晚的现象，这两个词都源于同一个词根）只是在较小的程度上体现自然世界的特征，如不能说 конец дерева（树的末端）、конец ноги（脚的末端）、начало ствола（树干的始端）等。河的终点（конец реки）通常称为河口（устье），起点为源头（исток），山的终点为山巅（вершина），山的起点为山脚（подножие）。人们通常用整体和部分的关系来想象自然界及其构成物，而整体则中和了 "始"与 "终"的对立，因而用 кончик пальцев（指尖）、кончик носа（鼻尖）来表示相应身体部位的某个部分，而不是表示它们的边界。

欧克里德和柏拉图世界几何模式的建立以及对时间运动的线性和单向性特征的认识是 "始"和 "终"概念形成和发展的基础，这两个概念开始在同等程度上既适用于时间的流逝和在时间中发生的过程，也适用于空间中具有线性和方向性特征的客体（首先是 дороги <道路>、пути <道路>、тропы<人、畜踩出的道路>、улицы<街道>等）。除了这两个概念以

---

① Начало 和 конец 从词根上来说是同源的，两者之间的区分条件是：成对性、存在两个边界（点）间的线条（距离）以及线条方向的不变性。（Арутюнова，2002a：10）

外，学者们还分析了促使人关注"无始"和"无终"概念的哲学问题，如扎夫涅罗维奇（А.В.Жавнерович）、波斯托瓦洛娃、拉法耶娃、索恩采娃的报告。很自然地，研讨会的主题指向下述基本问题：动词体的问题以及把持续行为压缩为将"始"和"终"结合起来的时间轴上的一个点的可能性问题，动词的语义，动词的前缀形式，人所实施的行为"始"与"终"的有意识性或自发性问题。会上还特别关注了不同文学流派诗学文本的"始"和"终"问题，如德国学者汉森-勒弗（A.Hansen-Löve）关于哈尔姆斯（Д.И.Хармс）作品的"结尾"、美国学者哈克（A.Hacker）关于赫列布尼科夫《命运榜》（*Доски судьбы*）中的"始"和"终"的报告。会上还分析了"始"与"终"之间的"陈腐语义"（семантика обветшания）和"终"与"始"之间的"更新语义"（семантика обновления），以及 конец（终）概念的大量伴随意义问题，试比较 конец-завершение（以完成告终）和 конец-разрушение（以破坏告终），конец как достижение цели（作为达到目标的终点）和 конец как невозможность ее достигнуть（作为不可能达到目标的终点），конец-выигрыш（以赢告终）和 конец-проигрыш（以输告终）。①

此次研讨会的参会论文于 2002 年结集出版，该论文集《语言的逻辑分析："始"和"终"的语义》辟 6 个栏目，加上前言中阿鲁久诺娃的论文，共收录 53 篇论文。

阿鲁久诺娃在前言中以《整体之中言整体·现实概念化中的时间和空间》为题，探讨了 начало（始）和 конец（终）概念形成的逻辑前提及其与整体观念的关系，целое（整体）概念的特征及其与 начало（始）和 конец（终）概念的关系，начало（始）、конец（终）、целое（整体）三个概念之间体现为 начало（始）与 конец（终）对立的中和及两者与целое（整体）概念相融合的相互作用关系，认为 начало（始）、конец（终）、целое（整体）的语义是在诸多时间与空间因素适应于自然世界及其几何模式、传统生活形式世界、文明世界、心智和艺术世界以及语言和言语而发生的常态化相互作用过程中形成的。

"始和终的语义和成语学"（16 篇）：В.Ю.阿普列相从 оживать（复

---

① Арутюнова Н. Д.，"О работе группы «Логический анализ языка» Института языкознания РАН"，*Логический анализ языка. Избранное. 1988— 1995*（Под ред.Н.Д.Арутюновой и Н.Ф.Спиридоновой），М.：Индрик，2003，с.19-20.

活）和 воскресать（复活，再生）这两个动词对应事件中主体的初始状态和终了状态以及前者向后者转变的方式三个方面对两者进行了系统的对比分析，并揭示了两者的区别背后隐藏的人们对生与死的不同观念；巴拉诺夫（А.Н.Баранов）和多布罗沃利斯基（Д.О.Добровольский）采取"目标→源头"和"源头→目标"两种研究方向分析了俄语成语中的 начало（始）和 конец（终）概念及其反映的素朴意识；博古斯拉夫斯卡娅和列翁京娜讨论的对象是带有结果意义的相关语词，两位学者着重分析了 результат（结果）概念在表达因果关系的俄语词汇中的位置、具有结果意义的俄语词及相互间的意义区别、这一领域语言系统的变化三个方面的问题；加克从表达和内容两个方面分析了 конец（终）语义场的特点；В.В.古列维奇探讨了"новое"（新）、"старое"（旧）与"начало"（始）的关系；叶尔马科娃从 начало（始）和 конец（终）的同源现象出发探讨了俄语中的对立反义现象（энантиосемия），认为这在俄语中是一种常规现象；库斯托娃分析了带 начаться（开始）/кончиться（结束）意义的动词在语义方面的一些特点；马克耶娃从历时变化角度考察了运动动词中的"конец"（终）语义，认为这构成了语义发展中的一种类型学方向；马特韦延科以古斯拉夫语和教会斯拉夫语为材料，探讨了表示"继续"的 начало（始）和表示"完成"的 конец（终）语义的具体体现；梅奇科夫斯卡娅考察了 начало（始）和 конец（终）两个概念之间的等同、反义、非对称性关系的具体体现；帕杜切娃分原初运动动词和带前缀运动动词两类分析了运动动词语义中的指示性成分；佩尔措夫研究的是俄语句子语气词 уже（已经）和 еще（还有）的语义常体问题；罗津娜考察了停止类动词的语义和正规多义性特点以及根据所述情境对这类动词进行次类划分的必要性；С.Ю.谢苗诺娃讨论了俄语词汇中阶段关系（核心阶段含义、阶段成分、阶段伴随、阶段联想）的类型化表现；斯皮里多诺娃比较全面地阐述了形容词 последний（最后的，末尾的）的语义特点；什梅廖夫基于自己早年的一篇毕业论文讨论了俄语运动动词（尤其是带前缀的运动动词）所指运动的起点和终点在不同运动类型中概念化的特点。

"始和终的语法"（6篇）：В.И.加夫里洛娃借助可视物理空间和抽象含义空间这一二元对立，从句法搭配角度对 открыть/открыться（掀起，揭开，打开）、раскрыть/раскрыться（打开，掀开，揭开）两组动词语义中的"начало"（始）语义成分进行了描写和阐释；扎利兹尼亚克和什梅廖夫从体学角度分析了与 начало（始）观念相关的一些俄语动词的体学特征，据此获得了关于 начало（始）在俄语语言世界图景中概念化的方式的一些内容信息；克尼亚泽夫分析了俄语时体形式意义中行为阶段及其转喻衍生（各个阶段在时间轴上的过渡和转换）的方向性特点；奥地利学者托绍维奇依据多语种材料对动词系统内规律和规则之外的语法冲突现象进行了分析，这里的"начало"（始）、"конец"（终）概念主要体现在单词派生时相关成分的位置上；菲利片科对动词前缀 вы- 与接名词第四格的前置词 в 在现实运动、隐喻运动、虚拟运动情境中的相容性进行了探讨，作者试图通过这种相容性来折射更抽象的范畴 начало（始）和 конец（终）的相容性；沙图诺夫斯基用 43 页的篇幅对命令式构成的话语中未完成体和完成体的对立进行了系统的分析和描写，这里的"начало"（始）概念体现在命令式必然具有的行为开始意义上。

"始和终的符号"（5 篇）：科贾索夫探讨了音调的阶段标志功能，如升调标志着开始，降调标志着结束，而平调标志着某种状态的持续；洛吉诺娃（И.М.Логинова）讨论了俄语话语中"始""终"语义的语调表达手段；特鲁布分析了作为情境开始和结束符号的时间语气词 еще（还有）、пока（暂时，暂且）、уже（已经）的语义和语用功能及其对话语表层结构与深层结构关系的影响；乌雷松分析了连词 а（但是，可是）表达"叙述中的突然转变"意义的元篇章功能；施瓦茨科普夫（Б.С.Швар-цкопф）通过分析现代俄语中标点符号的功能和位置，考察了 начало（始）/конец（终）对立在标点符号位置上的体现。

"始和终的诗学"（14 篇）：阿鲁久诺娃以《关于 всё（所有，一切）的一切》为题，用 38 页的篇幅从关注 всё（所有，一切）与 конец（终）的联想关系开始，全面分析了俄语全称代词 весь、вся、всё、все 的句法、语义、语用特点及其体现出来的俄罗斯言语的精神，分析以陀思妥耶夫斯基的文学、政论和书信文本为材料；格里戈里耶夫、科洛佳日娜娅（Л.И.Колодяжная）、舍斯塔科娃分析了《20世纪俄罗斯诗学语言辞典》中 начало（始）和 конец（终）两个词条的结构和内容；兹雷德涅娃（Н.В.Злыднева）通过对 ветхость（陈旧，破旧）及相关词汇的语言表现、搭配、深层语义等方面的把握，探讨了普拉东诺夫诗学中 ветхость（陈旧，破旧）主题与 концы

（终）和 начала（始）主题的相互联系问题；卡尔加申（И.А.Карга-шин）分析了俄罗斯角色抒情诗（ролевая лирика）框架结构中开头和结尾的特点和重要功能；列别杰娃探讨了抒情诗篇章中首尾呼应现象的实现手段、语义及美学功能；帕诺娃通过逐句阐释的方法揭示了曼德尔施塔姆诗歌《找到马蹄铁的人》（Нашедший подкову）中начало（始）/конец（终）、создание（创造）/разрушение（破坏）、память（知觉，神志）/беспамятство（失去知觉，不省人事）等语义对立是如何贯穿于诗篇的；彼得罗娃（З.Ю.Петрова）以奥库贾娃（Б.Ш.Окуджава）和布罗茨基字数相同的两首诗歌为材料，对比分析了两位诗人诗歌中的 начало（始）和 конец（终）词汇语义场，以此突出两位诗人完全相对的诗歌风格；拉戈津娜通过考察陀思妥耶夫斯基用到的 "эвклидов ум"（欧几里得的智慧）和 "слияние параллельных"（平行线的汇合）这两个几何术语所体现出来的作家的宗教和哲学伦理思想及其纯粹的几何观，分析了其创作中有限（конечное）和无限（бесконечное）辩证关系的哲学和逻辑语言学模式；里亚古佐娃（Л.Н.Рягузова）探讨了纳博科夫中清晰可见的回文原则（принцип палиндрома）或内部可逆性特征（внутренняя обратимость）的表现，认为二元对立中的相互否定关系在纳博科夫的作品中变成了相互影响和相互过渡的关系，甚至变成了同义关系，话语的矛盾性使得 верх（顶，顶部）/низ（下部，底部）、начало（始）/конец（终）、жизнь（生）/смерть（死）概念之间表现为相互反映的关系；蒂尔曼通过分析秋切夫的文学世界，阐述了普适性文化词汇 начало（始）和 конец（终）背后的含义及秋切夫对这两个词汇概念的理解；法捷耶娃结合多部作品考察了普希金、帕斯捷尔纳克、纳博科夫作品中相同的 "诗人之死" 情节，认为文学家一旦感到必须从一种文学语言转向另一种文学语言时，就会在自己的作品中设置 "双重性格" "个体再生" 等情节，这些情节隐喻性地表现为 "смерть одного —（воз）рождение другого"（一方的死亡即是另一方的再生）；舍舒诺娃以十月革命和国内战争期间的一些文本及 1995—1996 年、1999—2000 年选举活动中的传单为材料，分析了鼓动性篇章中 "始" 和 "终" 语义的体现及其特点；什梅廖娃分析了俄语笑话篇章开头和结尾的特点；雅科文科选取圣经的一个英译本和一个德译本作为材料，分析了圣经中对 "生"

"生命""死"的描写及其体现出来的宗教观念。

"不同文化语境中的始和终"（6篇）：韦利梅佐娃（Е.В. Вельмезова）分析了捷克语咒语篇章结构中开头和结尾的特点及"始"和"终"语义场在这类篇章中的语义组织功能；卡扎克维奇探讨了北方谢尔库普民间文学篇章结构中开头和结尾的形式和内容上的特点；科夫绍娃将扰人故事①（докучная сказка）划分为四类，分别对其结构和内容上的特点进行了分析；库库什金娜分析了первый（第一）和последний（最后的，末尾的）两词在俄罗斯哭诉歌②（причитание）中的使用及其对体裁的指示功能；列翁京娜和什梅廖夫从на закуску（作为结尾，最后，末了）的意义说起，探讨了закуска（小吃，冷盘，凉菜）一词的历史，并以此为线索分析了俄罗斯就餐文化（如上菜顺序）的一些特点；尼基京娜分析了东正教圣诗、反仪式派赞美诗和莫罗勘派圣歌三类俄罗斯宗教民间文学体裁篇章中начало（始）/конец（终）、первый（第一）/последний（最后的，末尾的）等词在使用频次、语用环境、反映的宗教观念等方面的特点。

"有限和无限哲学"（5篇）：韦杰诺娃（Е.Г.Веденова）探寻了начало（始）的语义和数学直觉的起源；扎夫涅罗维奇分析了圣父传统中первое（最先出现的东西）/последнее（最后剩下的东西）、начало（始）/конец（终）的二元对立；波斯托瓦洛娃描写了начало（始）和конец（终）这一对普适性范畴在东正教话语中与东正教世界观相关的一些使用特点和意义特点；拉法耶娃分析了洛谢夫著作中有限与无限的关系这一洛谢夫一生都在关注的问题；索恩采娃探讨了中国古代哲学中儒家学说对"始"概念的理解。

第二节　关于 космос（宇宙）/хаос（混沌）

课题组借助自然语言材料重构世界模式这一总体研究方向直接导向了"космос"（宇宙）和"хаос"（混沌）（"有序"和"无

---

① 指纯粹套用故事的结构而无具体故事情节的伪故事，是一种语言游戏，是帮助讲故事讲累了的人摆脱听者纠缠的一种有趣的托词和有效的手段。

② 通常是在婚礼和葬礼中唱诵，哭别出嫁的女儿或死去的亲人。

序"概念场）的问题①。如果接受乌斯片斯基的观点，课题组最初
选择进行分析的"命运"概念其实就是我们"不期待的混沌、熵"。
如在谈到命运观念没有在信奉佛教的东方出现的原因时，格里戈里
耶娃认为，这是因为那里没有如同希腊一样的产生这一观念的土壤，
特别是没有对于原初混沌的认识，而混沌引起的结果正是对不可预
知性和命运的不可逆转性的信仰（如宿命论、决定论、斯多噶学派
的牺牲主义等悲观性的世界观）。② 2001 年，课题组举行学术研讨
会专门讨论这一问题。研讨会的任务主要是分析相互对立的两个概
念域，其中一个由"космос"（宇宙）这一总概念构成，如 космос
（宇宙）、порядок（秩序）、норма（规范）、закон（法律）、зако-
номерность（规律）、гармония（和谐）、организованность（组织
性）、аккуратность（一丝不苟，有条理）等；另一个由概念
"хаос"（混沌）构成，如 хаос（混沌）、беспорядок（无秩序，混
乱）、аномалия（反常，异常）、девиация（偏差，偏常）、откло-
нение（偏离）、нарушение правила（破坏规则）、бедлам（混乱的
处境，一团糟）、безалаберность（无秩序，无条理）、случайность
（偶然性，偶然的事）、дисгармония（不协调，不和谐）等。关于
"有序"与"无序"对立问题的讨论针对的是处于事物—空间和时
间方位中的生活世界、人的内心生活（心智和情感）、人的行为、
社会文化生活、人际关系、不同类型的话语等各个领域，因而十分
宽泛。文学世界中"混沌"的美学化问题，特别是 Вяч.Ив.伊万诺
夫创作中"混沌"的狄奥尼修斯方面（дионисийский аспект）以及
文化创作中存在的非理性和自发性本原与诗学形式（节奏、韵律、
音步等）提出的美学要求之间的相互作用，受到了学者们的特别关
注。参加这次研讨会的除了语文学家外，还有物理学家、逻辑学家
和哲学家，如斯米尔诺娃、布达诺夫（В.Г.Буданов）、马克西莫

---

① 阿鲁久诺娃在解释"自然语言的逻辑分析"课题组从研究动态世界中的过程转向
分析与宇宙和混沌相关的概念，并由这些概念转向美和丑的概念场的原因时，认为这并
不是偶然的，因为艺术是将混沌变成宇宙的行为，它表现出混沌潜在的宇宙本质，并赋
予它形象和形式，使丑陋的东西变得美好。（Арутюнова，2003а：9）

② Григорьева Т.П.，"Идея судьбы на востоке"，*Логический анализ языка.Понятие
судьбы в контексте разных культур*，М.：Наука，1994，с.98.

夫、韦杰诺娃等。①

　　这次研讨会的论文集《语言的逻辑分析：宇宙和混沌·"有序"和"无序"概念场》于 2003 年出版，该论文集分出了 7 个栏目，加上阿鲁久诺娃所作的序言和芬兰当代著名哲学家赖特的一篇论文，共收录 47 篇论文。

　　阿鲁久诺娃在序言中基于对各个概念的来源和实质的系统把握，从多个方面比较了论文集中关键主题概念 xaoc（混乱）与 космос（宇宙）、порядок（秩序）与 беспорядок（无秩序，混乱）的区别和联系，奠定了该论文集的术语基础；序言之后特别刊登了赖特的一篇论文《心理—物理上的相互作用和物理世界秩序的封闭性》，该论文讨论的是人与现实之间心理—物理方面的相互作用、保证和规整人对外来刺激和信号作出直接反应的机制等问题。

　　"宇宙中的混沌和宇宙"（4 篇）：布拉金娜通过分析 xaoc（混沌）一系列特征的语言形象，进一步考察了语言中有关"神话混沌"的文化痕迹；韦列夏金以《伊里因之书》（Ильина книга）中一些祭祷歌的斯拉夫语译本为材料，通过核算相应词汇背景义素的方法考察了 благодать（天惠，神赐，幸福，安宁）与 закон（法律；规范）的内在语义关系；梅奇科夫斯卡娅基于对 красота（美）概念脆弱性、欺骗性、理智不可控性等特征的认识，认为 красота（美）是不稳定、不可信的，基于对 красота（美）和 xaoc（混沌）辩证关系的认识，作者认为文学实践培养了人们对体现变化、革新理念的"文学混沌"（художественный xaoc）的热爱；什梅廖夫借助语言材料，通过分析 мир（和睦，融洽）/воля（意志，愿望）、покой（安静，宁静）/простор（辽阔的空间；自由自在）、лад（和睦，融洽，和谐）/строй（协调，和谐）等几组概念，揭示了 мир и лад（和睦，和谐）这一表达体现的俄罗斯民族世界观的特点。

　　"个体世界和社会世界中的秩序和无序"（6 篇）：阿鲁久诺娃以《意志与自由》为题，依据丰富的语料在 xaoc（混沌）和 космос（宇宙）的宏观框架下从各种不同的语境（宗教的、社会的、自然的等）对 воля

———————————

　　①　Арутюнова Н.Д.，"О работе группы «Логический анализ языка» Института языкознания РАН"，*Логический анализ языка. Избранное. 1988—1995*（Под ред. Н.Д. Арутюновой и Н.Ф. Спиридоновой），М.：Индрик，2003，с.20-21.

（意志）和 свобода（自由）两个概念进行了全面的比较分析；加京斯卡娅以《"俄罗斯宇宙"中的情感语法》为题分析了俄罗斯文学文本中表达主观阐释和情感评价的句法和修辞手段；叶尔马科娃阐释了作为人内部混沌表现的 безумие（疯狂，神经错乱）概念，尤其是 безумие（疯狂，神经错乱）概念场中五种主要形象的具体表现和该场域语词所共有的两种转义类型；克赖德林和萨莫欣在 гармония（和谐）和 беспорядок（无秩序，混乱）的框架下对 слухи（传说，传言）、сплетни（谣言，流言）、молва（传说，传闻）所表示的"传言"篇章及其对应言语行为的共性特征，这三个同义词各自的句法、语义、语用特征及对应言语行为的特点作了精辟、透彻的分析；里亚布采娃对既作为组织力量（意识状态）又作为破坏力量（社会标记行为）的 любопытство（好奇心，好奇）概念的特征及其语言表现，любопытство（好奇心，好奇）与 интерес（兴趣，关注）、внимание（注意，注意力）等相邻概念的区别和联系及其作为一种行为时的社会语用规范作了深入分析；什梅廖娃通过分析俄语笑话这种民间文学体裁，重构了俄罗斯文化中关于 микропорядок（家庭小秩序）的观念，得出了有益的结论。

"心智世界中的混沌和宇宙"（4 篇）：韦杰诺娃在现代自然科学知识的语境下谈到了"无限"在"秩序"概念形成过程（对宇宙认识的结构化）中的角色问题；格拉西莫娃讨论了逻辑秩序（логический порядок）在科学思维中的相对性特征，尝试用 порядок-хаос（秩序—混沌）这一综合性的概念来描述、理解创造思维的过程；德国学者莱温-施泰因曼（A.Levin-Steinmann）从俄语和德语中的成语、相关词的聚合联系、禁止性标志三个方面考察了人们对 порядок-непорядок（秩序—无秩序）定型的理解，以此证明 языковая картина мира（语言世界图景）等术语不可靠，学界还缺乏完整界定类似术语的方法；斯米尔诺娃从探讨逻辑、语言和本体论的相互作用的角度分析了秩序在心智世界中的面貌以及逻辑在心智世界中的角色问题。

"语言：有序和无序"（6 篇）：弗多维琴科（A.B.Вдовиченко）从语言学研究方法论的角度，借助两则反例探讨了语言研究领域中的 порядок（秩序）/беспорядок（混乱，无秩序）问题，认为现实化（语用句法）的态度是达到方法论秩序的重要条件之一；В.И.加夫里洛娃比较分析了俄语反身动词在通过伪被动结构描述首次秩序化情境（被引发的有规律的自然过程）和通过被动结构描述二次秩序化情境（特别的人为影响过程）时的区别；加克分析了语言的历时和共时两个方面均存在的由混沌到秩序、由秩序到混沌的两种趋势，即混沌被秩序化，秩序内部又产生新的混沌，这些混沌在其他层面或领域又会形成新的秩序（系统）；克尼亚泽夫在秩序（порядок）和控制（контроль）的范畴内探讨了俄语中表达语义非施事化（семантическая деагентивация）和不可控意义（неконтроли-руемость）的述谓手段，认为这些手段及其常用性程度能够体现一种语言的特点；C.A.克雷洛夫从元语言学的视角描述了语言各个层面上的秩序和无序现象，并全景式地列出了元语言学中包括混沌和秩序在内的系统化对象世界的构成；奥地利学者托绍维奇在非常宏观、抽象的层面上探讨了语言关系呈现的关联秩序（корреляционный порядок）和关联无序（кор-реляционный беспорядок）及其表达手段。

　　"词汇语义中的有序和无序"（10 篇）：博古斯拉夫斯卡娅研究的对象是俄语中表示事物在规整连续序列中的位置的形容词（如 следующий <紧接在……后面的，下一个>、предыдущий<以前的，上次的>），分析了这类形容词词群中的意义对立和相关形容词的搭配特点；扎利兹尼亚克和什梅廖夫通过对 разврат（淫荡，淫乱；腐化，堕落）及对应的动词前缀 раз-的语义分析，揭示了俄语隐喻空间中紧凑性和分散性这两个空间特征表达 порядок（秩序）和 беспорядок（混乱，无秩序）语义时的特点；西班牙学者克罗-格尔维亚（E. F. Quero-Gervilla）在总结学界关于前缀对无前缀动词的影响手段这一问题的主要研究方向的基础上，重点探讨了前缀附加给"改造类动词"（作者将其分为两大类）的意义；克雷洛娃（T. B.Крылова）通过分析具有人类特征意义的名词（如 аккуратист<仔细认真的人>、чистюля<有洁癖的人>等）和形容词（如 аккуратный<认真的，一丝不苟的>、чистоплотный<爱清洁的，爱干净的>等）的语义特征，揭示出了其中体现的人们关于"порядок"（秩序）和"чистота"（干净）的素朴语言观念；库斯托娃对 важный（重要的，重大的）和 серье-зный（严肃的，认真的）这两个"人类学"形容词（不修饰事物，只修饰人的世界）不同的语义层级化模式和不同的事件阐释手段进行了分析；列翁京娜对 сплошь（满，全；完全，全部）和 рядом（并排着，并列着；在旁边，在一起）这两个副词的语义和用法进行了比较分析；马克耶娃以三种运动类型划分（前进运动、振荡运动和旋转运动）为基础，

对现代俄语中 метаться（乱窜，东奔西突）、суетиться（奔忙，忙碌，乱作一团）、тыкаться（乱钻）、соваться（胡乱地奔、扑、钻）、мыкаться（流浪；走来走去，跑来跑去）、мотаться（来回悠荡，来回晃悠；奔忙，忙碌）等表示无序运动的动词语义进行了分析；帕诺娃分析了 бог（上帝）一词的意义、它与"素朴宗教"词场中其他词的意义联系及其词义形成中的多神教和基督教文化语境和文化机制；拉希林娜将蛇作为ползти（爬）的原型主体，分析了 ползти（爬）和派生动词 наползать（爬着碰到……上）、расползаться（向四面八方爬去，爬散）、сползти（爬下）其他使用语境的特点（如 ползти<爬>在与本身不动的事物搭配时，表示的是一种不为人所控制、脱离人的视线，因而往往导向破坏和混乱的行为）以及原型情境在其中的体现；特鲁布探讨了词汇单位注解（толкование）的结构中评价范畴意义的分布和变化。

"民族文化中的有序和无序"（5 篇）：卡扎克维奇以六个谢尔库普语北方方言民间文学篇章语料库为材料，分析了民间文学中人的世界的秩序、秩序的破坏及其可能的恢复途径、篇章中规整事件的方法和手段；库库什金娜借助有序和无序（积极无序和消极无序）的观念分析了俄罗斯人的婚礼从一种有序状态经过不同形式的无序状态过渡到另一种有序状态的过程；尼基京娜从分析莫罗勘教徒对 закон（法律）、обряд（仪式）、порядок（秩序）三个概念的理解出发，考察了表示这三个概念的词在相关教派的宗教民间文学中的使用，并将其同世俗民间文学中的使用情况进行了比较；索科洛娃（А.А.Соколова）通过分析外贝加尔方言的词汇，描写了其中体现的宇宙空间模式，重构了农民关于宇宙和混沌起源问题的认识；谭傲霜结合词源考证、词组解释、诗歌欣赏，在"秩序"和"无序"的概念框架下阐释了汉字"乱"的意义特色。

"文学世界中的混沌和宇宙"（10 篇）：格里戈里耶夫分析了赫列布尼科夫作品中的秩序和无序形象，认为他的诗学和美学是通过秩序和无序的特别标准而与其声名远扬的乌托邦王国联系起来的；格列克分析了Вяч.Ив.伊万诺夫狄奥尼修斯式观念综合体中的重要形象——混沌，认为其与诗人笔下得到诗学阐释的其他对象具有同样的诗学价值；科贾索夫试图通过分析俄罗斯诗歌节律体系和语调体系的特点来充实人们对俄罗斯诗歌韵律秩序的传统认识；М.Ю.米赫耶夫统计了普拉东诺夫作品中的关键概念，提出了研究作家语言和偏好、编纂作家语言词典的可操作性思路；

拉戈津娜分析了陀思妥耶夫斯基作品中主人公内心"和谐"和"混乱"对立状态的体现；拉热娃（Е.И.Ражева）分析了英语诗歌中韵律、重音、节奏等偏离规范的情况以及如何阅读英语诗歌的问题；С.Ю.谢苗诺娃通过分析具有篇章生成意义成分的动词的使用特点，考察了作为脱离混乱状态过程的篇章生成过程的一些特点；舍斯塔科娃以作为超篇章（гипер-текст）的作家作品关键词语索引词典（словарь-конкорданс）《20 世纪俄罗斯诗歌语言词典》中 гармония（和谐）的词条解释为依据，分析了该词的主要使用环境和使用频率上的特点，并作出了相应的解释；舍舒诺娃分析了梅利尼科夫—彼切尔斯基小说两部曲《林中》和《山上》中围绕 порядок（秩序）和 беспорядок（混乱，无秩序）概念的两个同义词序列所对应的情节内容和观念内容，认为正是传统的生活方式这一作品的中心主题决定着 порядок（秩序）概念序列在词语数量和使用频次上都占据主导地位；А.В.齐梅尔林格以部分古代诗歌的韵律形式为材料，分析了节奏划分和句法划分的相互影响，以及 метр（音步；节拍）、прием（方式，方法，手段）概念在诗律篇章秩序关系形成过程中的作用。

第三节　关于 число（数）

早期希腊哲学将"数"作为一个重要范畴加以考察，如毕达哥拉斯学派更是明确地提出了万物的本原是"数"的观念，他们认为万物的本原应当是有定型的东西，而万物共同的有定型的东西就是"数"。"数"也是鼎盛时期希腊哲学的集大成者亚里士多德范畴体系中的一个重要范畴。由此可见，人们对数范畴重要性的认识由来已久。正如曾参与课题组学术活动的中国学者任雪梅指出的那样："表达客体外部特征（尺寸、数量、体积、特征发展程度等）的数量范畴，与时间和空间范畴一样，是哲学中的基本范畴之一。"① 正是意识到"数"范畴的普适性特征及其对语言文化的根本性影响，课题组于 2003 年 6 月 2—4 日在俄罗斯科学院语言所举办了"语言的量化方面"学术研讨会。此次会议的主要任务是分

① Жэнь Сюэмэй, "Категория количества и ее выражение в русском языке с китайским", *Логический анализ языка. Квантификативный аспект языка*, М.: Индрик, 2005, с.243.

析世界的数量方面在语法结构、词汇语义，以及各种不同的体裁和语体、日常言语和文学篇章中的体现，分析以语言中对象意义、质的意义和抽象意义的表征作为比照。学者们重点关注了量词、量词功能及其在各种语言中的体现，分析了印欧语和一些东方语言（如汉语和越语）中的数词系统及其相比于其他词类而表现出来的非规整性程度，考察了数（число）的问题和简单数的象征意义，以及各种语言学、逻辑哲学理论和流派中的数量意义系统。研讨会的主题包括：数量范畴，数量范畴的特点及其在词类体系、词汇和语法语义、手势语和语调中的表达手段，数词系统历时和共时方面的特点，准确性和近似性，分度问题（刻度及其界线），有限和无限；时间的量化：对时间持续性的主观评价及这种评价对时间"填充物"（过程、行为、事态）和感知主体内心状态的依赖性，前瞻性和回溯性的时间评价；言语辞格，高估和低估，表达数量意义的语义辞格（比喻、隐喻、夸张、委婉等），数量评价客体的类型；不同话语类型和文学言语中的数量评价，数量评价对话语交际目的的依赖性；数量意义的句法位置及其实现和强化；逻辑和自然语言中的量词类型（全称量词、存在量词等），量词的作用范围，量词的系统组织，不同句法位置上的名词的量化，主体与述谓的量化，量词和语气词，量词意义和否定的相互作用；自然语言中量词意义的演变，量词与确定性范畴，俄语中的量词体系，不同话语类型中的量词。

此次研讨会的论文集《语言的逻辑分析：语言的量化方面》于 2005 年出版，该论文集辟 6 个栏目，加上阿鲁久诺娃的作为前言的文章《数字问题》，共收录论文 49 篇。

阿鲁久诺娃在前言中讨论了量化主题的核心概念 число（数），尤其是数的功能和意义以及 три（三）、один（一）等数字的特殊含义，认为数量语言比事物语义和质的语义包含更多的矛盾。

"量化的语言和逻辑—哲学问题"（7 篇）：弗多维琴科从语言研究对象的本质和语言交际的特点出发，认为就语言研究而言语言学材料中的数量方法（количественный метод）应该让位于确定交际同一（коммуникативное тождество）的认知程序；杰明娜（Л. А. Демина）结合一些逻辑学家和哲学家的观点从逻辑学的角度探讨了量化、意向算子（интенсиональный оператор）和专名的相互影响问题，尤其是包含专名的上下文中量化和意向算子的兼容性问题；德拉加林娜－乔尔娜娅（Е. Г.

Драгалина-Чёрная）为了弄清划分逻辑和非逻辑的本体性原则，对在理解标准逻辑量子和抽象逻辑量子本质问题上的几种不同态度进行了比较分析；С.А.克雷诺夫以数量概念范畴作为研究对象，探讨了 количество（数量，数目）语义场的内部组织及数量领域意义丰富的语言表达手段问题（分节和非分节手段、词汇和语法手段、形态和句法手段、称名和代词手段、编号和非编号手段）；波斯托瓦洛娃以《洛谢夫语言哲学中的名和数》为题，基于欧洲文化历史中的数观念这一背景，系统地阐释了洛谢夫名称学中数的辩证法、神秘论和神话学问题；斯米尔诺娃分析了语言表达的意义类型、构建一定的语义范畴系统的途径和前提、本质类型与意义范畴的相互关系、语义范畴系统对分析方法和话语逻辑结构表征的依赖性、结构化操作在逻辑形式论证中的重要作用等问题；奥地利学者托绍维奇探讨了数量的范畴实质及语言范畴的数量特征两个主要问题，论文的三个部分分别关注的是范畴概念、作为范畴的数量、作为数量的范畴。

　　"各种语言中表示数量的词汇和表达"（8 篇）：博古斯拉夫斯卡娅分析了数量形容词 всеобщий（全体的，公共的，总的）、поголовный（全体的，普遍的，人人的）、тотальный（全面的，总体的）、повальный（普遍的，人人的）、сплошной（遍及全面的，普遍的，无一例外的）的语义及互相之间的区别，并将这些词与意义相近词汇（如 весь <整个；全部，全体>、совместный <共同的，协同的；共同所有的>、взаимный <相互的，彼此的；共同的>等）进行了比较分析；博古斯拉夫斯基（И.М. Богуславский）以 большинство（大部分，大多数）、меньшинство（少部分，少数）两个数量词为例，在研究句中词义的联结机制这一基本任务的框架下分析了数量词各种配价的范围和特点；多布罗沃利斯基基于俄德语平行篇章语料库（以陀思妥耶夫斯基的长篇小说《白痴》为基础构建），对俄语数量词 несколько（几个，一些）与德语中的三个对应词 einige（几个，少许，一些）、mehrere（几个，数个）、etliche（几个，若干）的语义、搭配等进行了系统的对比分析，得出了有益的结论并作出了自己的解释；韦列夏金以使用形式均为形容词的顺序数词和类数词代词（числительноподобные местоимения）的三组语例为材料，考察了教会斯拉夫语中"统计、计算"语义的表达特点；利特温（Ф.А.Литвин）以《量词与词》为题，分析了数量意义的多种表达手段，强调了量词（кванторные слова）首先是具有语言系统单位一切特点的词；А.В.齐梅尔林格分析了具有代词接语（местоименные клитики）的非亲属语言（其典型特征是具有"词形、词缀、接语"三项对立）中指称性表达的量化规则和特点；扬科用形式逻辑的方法分析了古俄语中未完成体动词的多次体次类在句中的使用特点，证实了自然语言单位与形式逻辑语言单位之间存在一些相符关系；中国学者任雪梅基于对数量范畴和数量关系的基本认识，遵从语义和功能的立场比较分析了俄语和汉语中表达数量范畴手段的相同点和不同之处。

"量、质、情态"（8篇）：加京斯卡娅基于自己构建的情态意义总图，以俄语中表达或然性（вероятность）、好像性（кажимость）、可靠性（достоверность）的一种表达手段——组合标志（如 кажется<似乎，好像>、как будто<好像，似乎>、вероятно<大约，大概>等）为分析对象，考察了或然性语义和好像性语义的相互联系，探讨了或然性程度在情态评价形成的不同阶段如何体现在俄语中的问题；格洛温斯卡娅分析了 фактически（事实上，实际上）、по существу（其实，实际上，说实在的）、по сути（实质上，实际上）、практически（实际上，实质上，事实上）这一元语言同义词序列中的各个语词在表达数量意义和阐释意义上的意义区别，认为区别主要表现在数量意义和阐释意义占词义的比重上；叶尔马科娃基于对增强意义与评价意义的认识，分析了 ужасно（非常，特别）、ослепительно（惊人地，异常地）等表示数量意义的增强意义词汇（интенсификаторы）的极性意义特点及性质形容词和性质副词派生增强意义词汇的多种语义途径；扎利兹尼亚克以俄语动词 считать（查数，点数；认为）为研究对象，着重分析了该词的"观点—评价"意义、其作为语言特色词的特点及其将"观点"意义与"计算"意义联系起来的语义派生途径；库斯托娃对表示本质特征、"稀少、特别、特殊"意义、体验语义等不同性质语义的词衍生出"程度高"意义的机制进行了分类分析，并对这种词义引申机制做出了解释；罗津娜分析了原始意义表示从起点向不同方向运动的带前缀 раз-的运动动词派生出数量意义的八种模式；里亚布采娃从指称转喻、事件转喻、语义转喻、修辞意义上的转喻、组合转喻现象等方面对转喻的功能性体现进行了全方位的立体考察，认为作为运用在语言和言语中并将二者联系起来的一种现象，转喻是多功能性的、综合性的、创造性的，因而也是省力的、有效的语言手段；特鲁布对 известный（著名的，有名的）/популярный（驰名的，受欢迎的，知名

度高的）、крупный（影响大的，有声望的，有威望的）/знаменитый
（著名的，有名的，驰名的）、замечательный（卓越的，优秀的，出众
的，特别好的）/выдающийся（卓越的，出色的，杰出的）、великий
（杰出的，伟大的）/гениальный（天才的，极有才能的）/
прославленный（著名的，有声誉的；光荣的）类职业活动评价形容词评
价意义的数量级次性特点（количественные градации）、搭配特点和限
制、交际特点等进行了深入的分析。

　　"不同语言中的数量语义"（12 篇）：В.Ю.阿普列相将俄语中的数量
前置词分为排除量词（кроме₁<除了……之外>、за исключением <除……
以外>、за вычетом<除……以外>）、包含量词（включая <包括……在
内>、не исключая <不排除>）、补充量词（кроме₂ <除开……以外还
有……>、помимо<除开……以外还有……>、сверх<除开……以外还
有……>)三个语义类别，分别就这三类量词的语义和语用特点，交际、
句法和搭配上的区别进行了对比分析，同时也就具体的意义特征考察了其
中每一个类别内部的语义对立问题；若洛博夫（О.Ф.Жолобов）对古斯
拉夫语数词体系的动态发展及其功能和使用特点进行了考察；卡扎克维奇
探讨了谢尔库普语四种北方方言民间文学篇章（20 世纪期间的作品）中
表达数量意义的词汇和语法手段，考察了用方言表达数量意义的地域性特
点以及近一个世纪以来表达数量意义的语法手段系统发生的变化；克尼亚
泽夫以帕杜切娃的指称类型划分理论为基础，考察了比较级结构中的指称
类型及比较级的用法和功能；德国学者库色讨论了数量词（如一些副词
和副词性表达：всегда<总是>、везде<到处>、в большинстве случаев<在
大多数场合，多半是……>、более или менее <或多或少，一定程度上>、
вообще<从各方面说，总的说来；一向是，总是>、все<总是，经常，老
是>、большинство<大部分，大多数>、в целом<整个地；总的来说>等)
和心智动词（думать<思考>、знать<知道>、считать<认为>）的证据性
意义，以此强调语言本身具有证据性功能；韩国学者李秀贤（Lee Soo-
Hyun）和俄罗斯学者拉希林娜研究的是本身表示具体事物，但在与其他
事物名词搭配的名词性结构中获得了数量意义的那些名词的语义特点和搭
配特点，这些名词可以表示不定大量（如 море<……海>、лес<……林
立，……如林>、гора<非常多，一大堆，堆积如山>等）或不定少量（如
капля<少许，一点点，一星儿>、единицы<极少数几个人，为数很少的

几个人>、горстка<很少几个，不多几个>），并且常常具有补充的主观评
价成分，研究面向俄语词汇，以朝语作为对比背景；梅德分物理世界、事
物、人、动物世界、心理世界、抽象世界六个语义领域考察了西班牙语口
语词汇和成语中表达数量评价意义的"集合体形象"（образы
множества）；梅奇科夫斯卡娅对级次意义和数量评价意义的功能相近性
和认知差异、表达级次—数量意义的词汇—成语场的边界和结构、相应词
语和成语的特色和相互间的区别等问题进行了系统的分析；С.Ю.谢苗诺
娃总结了作为认知方法和语言机制的特征化（параметризация）的常规
手段，分析了俄语特征名词的语义特点和词典学信息的特征化问题；乌雷
松对表示物理事物尺寸的形容词（特征形容词，如 большой<大的>、ма-
ленький<小的>、длинный <长的>）进行了语义分析，指出了衡量尺寸
的两种标准（相对标准和绝对标准）以及衡量标尺都具有的三个区域
（中间区域和两个边缘区域），认为关于尺寸及其标准的观念同样适于描
写事物名词；弗里德分析了 равный（一样的，相同的，相等的）、сим-
метричный（对称的，匀称的；平衡的，均衡的）、одинаковый（一样
的，同样的，相同的）、взаимоисключающий（相互排斥的，相互矛盾
的）、разный（不同的，不一样的，有区别的）、соседний（邻近的，相
邻的）等对称形容词的句法特点和句法类型，以及包含这类形容词的名
词性结构与包含 все（所有，全部）、каждый（每个）、оба（两个）等数
量词的名词性结构在句中相互作用的特点；什梅廖夫分析了自然语言中作
为数量评价手段的数词（сколько <多少；真多>、столько<那么大数目，
那么多数量>、несколько<几个，一些；有点儿，有些，稍微>等）和代
数词（все<所有，全部>、некоторые<有些，一些>、многие<许多>、бо-
льшинство<大部分，多半>等）、表示时间数量的手段（如 всегда <总
是>、иногда<有时>、обычно<平常，通常>、часто <经常>、редко<不经
常，很少>等副词）、表示可能情境数量的手段（непременно<一定，必
定>、может <可能，也许>等），总结了客体量化的三个特征参数，并在强
调数量（выделительная квантификация）和测量数量（измерительная
квантификация）对立的框架下分析了数词 пол（半点钟）和名词 поло-
вина（一半，半个）的句法和语义区别。

　　"量化、诗学、体裁"（6篇）：博利沙科娃（Г.Н.Большакова）基于
对纳博科夫个人习语和个人风格的把握，分析了其小说文本中经常出现的

一些处在数的多中心功能语义场不同区域的单位（这些单位从事物的可数性、可度量性、集约性的角度来表示事物、过程和特征的性质，具有数量、质量—数量、数量评价等意义）的语义和功能特点；帕诺娃展示了用语言统计学的方法对曼德尔施塔姆诗歌世界图景中的 Мир（世界）、Пространство（空间）、Время（时间）、Вещи（事物）/Человек（人）词汇场（第五个进入作者视线的是 событие<事件>词汇场）进行研究的成果，认为描写个人习语最有效的方法是将统计手段用于语义分析中，将获得的统计资料与背景联系起来，以便于揭示诗人独特的思维特征及其诗歌和文学世界中的常量；拉德比利（Т.Б.Радбиль）将语言异常视为具有反映作家世界图景这一功能负荷的语义、语用和概念演进，认为普拉东诺夫的文学话语在表征空间—时间关系、主客体关系、属种关系、原因—结果关系上表现出了各种各样的偏离，基于这种认识，作者从词汇—语义、语法、语用语义、概念四个方面分析了普拉东诺夫作品中数量关系的异常表达；舍斯塔科娃基于 второй（第二）的六个意义分别考察了该词在 20世纪诗歌中的使用规律，分析以《20 世纪俄罗斯诗学辞典》涉及的 10 个诗人的作品为材料，同时也参考了该辞典提供的使用 второй（第二）的109 个语境等相关材料；什梅廖娃结合大量例子分析了数范畴、数观念、关于数的背景知识对于生成和理解笑话的重要作用，揭示了俄语笑话对量化（квантификация）这一人类重要的活动领域进行概念化的特点；雅科文科在阐释圣经中的 мера（度量单位，量度；尺度，标准）概念的基础上，对使用了 мера（度量单位，量度；尺度，标准）一词的三首圣经诗的早期拉丁语和哥特语译本与现代日耳曼语译本（英语、德语、冰岛语）进行了对比分析，以此凸显人们对 мера（度量单位，量度；尺度，标准）概念的不同认识。

"生活情境语境中的量化"（7 篇）：温金娜对 добро（善）、зло（恶）这一对基本伦理概念在俄罗斯传统精神文化语言中的数量测定意义进行了深入的比较分析，认为这两个概念对俄罗斯传统文化的整个价值论领域都产生了重要的影响，以至于所有与评价相关的词都获得了数量意义；格里戈良基于对情境的认识，分析了对情境进行量化的可能性，认为情境的联合或区分、情境汇合或分解的可能性是由具体的语言系统和情境本身的特征及说话人的立场所决定的；卡拉-穆尔扎（Е.С.Кара-Мурза）分析了新闻、广告等大众传媒文本中数量意义的非规约性表达手段的使用特点和使用效果，作者将这些手段的使用分为三种情况，即成功的语言游戏、不成功的语言游戏和错误的使用；科贾索夫考察了语句中音长、音质、音调等韵律要素在数量标尺上的不同体现和相应的象征意义，以及各要素之间在量的表现上的互动关系；库兹涅佐娃（Ю.Л.Кузнецова）研究的对象是俄语中带前置词 по（每……一<个>）的分配结构，研究从动词在该结构中的使用特点及与该结构相符的分配情境的特点两个方面展开，作者认为，该分配结构不能用来判断动词的非宾格性特征，对于描写该结构而言最重要的是把握分配语义和分配情境中对象的现实分配程序；列翁京娜和什梅廖夫研究的对象是具有"选择原则的非规定性"意义的语言单位的语义和句法特点，如 угодно（不管，无论，随便，任凭）、попало（随便，不在乎，胡乱地）、попадя（随便，随手）、абы（不管，不论）、придется（随便，随意）、пришлось（随便，任意）、бы то ни было（不管，不论）、бы ни（不管，无论）、хочешь/хотите（愿意……就……，爱……就……）、все равно（无所谓，反正一样；无论如何，在任何情况下）、вздумает(ся)（突然想到）；по-любому（任意，随便）、как ни крути（无论如何，不管怎么样，不管愿意不愿意）、куда ни плюнь（不管怎么样）、какой ни то（随便什么样的，不管是怎么样的）、первый попавшийся（随便哪一个，任何一个，碰到什么样的就是什么样的）、первый встречный（不管什么人，随便什么人）、(как) Бог на душу положит（随便应付，想到什么就做什么）、(чем) Бог послал（有什么就吃什么）、куда глаза глядят（信步而行，走到哪儿算哪儿，爱上哪儿就上哪儿）、подвернуться（偶然碰到）等，两位学者重点分析的是其中的угодно（不管，无论，随便，任凭）、попало（随便，不在乎，胡乱地）、придется（随便，随意）；帕杜切娃通过考察副词的线性重音聚合体、句子和词的同构性、超音质特征的演进（просодические сдвиги）、作为词汇系统性基础的词义特征等问题，分析了数量意义在超音质特征中的具体反映。

第四节　关于 игра（游戏）

阿鲁久诺娃指出："游戏现象（феномен игры）是进入人类学疆域的

所有学科的对象。文化学家关注的是游戏的起源及其在各类文化中的地位；心理学家关注的是游戏事件（冒险、赌博、走运/不走运、输/赢）对人的影响；社会心理学关注的是所有形式的人际交流的类型；哲学家关注的是游戏模式在人的不同思维、行为和活动类型形成过程中的作用；教育学家关注的是游戏在培养和教育孩子中的作用，这种作用随着电脑游戏程序的发展而显著增强。"① 游戏概念存在于人的所有活动类型之中，所有活着的生物和自然客体都在进行"游戏"，更不用说在政治、体育、战争和其他要求采取战略规划和计划进行斗争和竞争的积极活动领域了，甚至连数学和言语活动领域②也都与游戏相关。相应的，进入游戏行为范围的是极其广泛的活动领域：宗教活动、仪式（包括指向上帝的宗教仪式）、魔术、弥撒、圣礼和神秘剧、化装舞会和节庆活动、狂欢和戏剧、马戏表演和癫狂行为、战争和循环赛、奥运会和所有类型的比赛、体育和争论、调情、卖俏、法院审理、艺术③、语言游戏（笑话、双关语、讽拟、俏皮话、近音词、五行打油诗等）等。④ 正是认识到游戏概念在人类生活中广泛存在的特点，2005 年 9 月 7—9 日，课题组组织了研讨会"滑稽（комизм）的语言机制"。研讨会的任务是分析旨在给人这一"会笑的生物"（homo ridens）创造滑稽效果的语言机制。探讨的问题包括：（1）滑稽性边界的确定；（2）逗乐反应的自发性与人为性；（3）笑的有意性和无意刺激；（4）逗乐反应的目的和效果；（5）逗乐刺激的指向性——个人性的和群体性的，直接的和间接的，开放的和封闭的（分离的笑和联合的笑）；（6）儿童笑声的产生及特点，不同社会阶层和领域中逗乐文化的特点；　（7）不同文化中笑声的变体（смех<笑，笑声>、хохот<哈哈大笑声>、хихиканье<嘻嘻笑声，嘿嘿笑声>等）及其功能差

---

① Арутюнова Н.Д.，"Виды игровых действий"，*Логический анализ языка.Концептуальные поля игры*，М.：Индрик，2006，c.5.

② 众所周知，维特根斯坦提出了"语言游戏"概念，旨在强调用语言说话是活动的成分或生活的形式。进入其语言游戏清单的不仅包括具有不同交际目的的话语，如提问、命令、通知、请求、欢迎、感激、发誓、祈求等，还包括俏皮话、剧院中的表演、排练合唱曲目、解答算术题、语言翻译等。

③ 在阿鲁久诺娃看来，艺术能将人引出现实之外，并以此促进人对现实的理解，或者正好相反，使现实的内容更加模糊不清。（Арутюнова，2006：8）

④ Арутюнова Н.Д.，"Виды игровых действий"，*Логический анализ языка.Концептуальные поля игры*，М.：Индрик，2006，c.8.

异，无声的笑；（8）对话、群体和集体交际过程中笑的功能，独自一人的笑；（9）对不同艺术类型作品的逗乐反应；（10）滑稽的逻辑性与非逻辑性（作为荒诞逻辑的滑稽）；（11）创造滑稽效果的逻辑矛盾的类型；（12）心智世界和生活情境中的滑稽；（13）幻想世界中的滑稽及其与日常生活中滑稽的联系；（14）滑稽的民族特点及翻译问题；（15）语言滑稽的类型：шутка（笑话，玩笑）、острота（俏皮话）、абсурд（荒谬，荒诞）、игра слов（文字游戏；俏皮话，双关语）、насмешка（嘲笑，讥讽，讥笑）、розыгрыш（捉弄，取笑）、шарж（夸张手法；讽刺画，幽默画，漫画）、пародия（讽刺模拟作品）；（16）因风格与文本内容不谐而引起的滑稽效果；（17）滑稽的美学和反美学方面；（18）作为第二（虚拟）现实构建方式的滑稽。

　　与会者的关注焦点是 игра（游戏）概念的一般定义，学者们探讨了游戏的特征和目标，如作为战争、比赛、娱乐、训练各种能力（身体上的、心智上的、职业上的、心理上的）的游戏，勾勒出了 игра（游戏）概念的联想场，认为该联想场由 судьба（命运）、случайность（偶然的事）、удача（成功，顺利）、везение（走运，运气好）、азарт（赌博）等概念构成。同时，学者们探讨了游戏基础在各类文化中的角色和根据目的对游戏进行分类的问题，并基于各种语言材料考察了可归入 игра（游戏）概念的各种生活形式：语言游戏、体育比赛、艺术世界特别是文学作品中的游戏、社会游戏、赌博游戏（纸牌赌、轮盘赌等）、人际关系中的游戏、游戏表演、宗教仪式游戏等。学者们还特别关注对文学作品中的游戏进行阐释的问题，尤其是规则和违反规则的作用以及将违反规则变为规则的过程，并分析了俄语和其他语言中游戏术语的隐喻化类型、游戏成分在不同类型话语和生活场景中的作用、游戏在民族文化中功能的改变等问题。本次研讨会的论文集以《语言的逻辑分析：игра（游戏）概念场》为题于 2006 年由"Индрик"出版社出版。该论文集辟 5 个栏目，加上前言阿鲁久诺娃的论文《游戏行为的类型》，共收录 42 篇论文。

　　在前言中，阿鲁久诺娃关注到了游戏概念和游戏现象在人类所有活动中存在的普遍性，结合各个领域（如社会心理学、哲学、数学、人类学等）对游戏概念的研究和自己对该概念的理解，将游戏行为分为两种类别，即孤立的游戏（изолированные игры）和综合的游戏（совмещенные игры），并对这两种游戏的基本特征做了非常精辟的归纳和分析。

　　"语言学与游戏理论"（7 篇）：弗多维琴科基于对自然语言材料情境性、现实性和交际性特征的认识，认为自然语言活动就是一种游戏，但古希腊时期的对象范式则片面强调语言材料的逻辑性和语法规则，忽视了其修辞性特征，而正是由于交际导向性研究的再现和真正语言材料的回归，语言学才成为"关于游戏的科学"；梅奇科夫斯卡娅以语言与游戏的共性特征为关注点，认为游戏的绝大多数特征都典型地符合 20 世纪下半叶到 21 世纪初语言学的发展现状和趋势；И.А.莫罗佐夫（ И. А. Морозов）考察了游戏进行的条件和游戏本身的特征，并分析了俄语中含"游戏"意义的相关动词（如 играть、гулять、забавляться）的意义和用法；波斯托瓦洛娃在分析祭祀、祷告等教堂行为神学—符号学特征的基础上，从对现实的本体论阐释和作用领域的自主性/非自主性特征两个方面对教堂行为与游戏这两种文化现象作了深入的对比分析，认为不能将祭祀和祷告视为一种游戏行为；罗马什科考察了希腊语词 agōn/agōnía（竞赛，比赛，竞争，斗争）及其在欧洲语言中的派生词的语义演变过程，认为这些词汇跨越了游戏语义场的广泛区域，并在进一步的演化中脱离了该语义场，游戏语义场与死亡语义场在进口和出口两个边界上都存在交叉；索斯兰德（А.И.Сосланд）从荷兰社会学家、语言学家、历史学家赫伊津哈（J.Huizinga）对游戏的经典看法出发，探讨了游戏的定义、类型、结构等问题，并着重从吸引力分析（аттрактив-анализ）的角度对作为文化现象的游戏概念作了深入的研究，提出了"游戏是万能隐喻"的命题；А.В.齐梅尔林格的兴趣点是游戏的模式问题及将人的游戏行为与非游戏行为对立起来的游戏的扩展隐喻问题，认为 игра（游戏）一词在现代话语中的大多数使用都是体育或赌博隐喻，并着重考察了"生活就是游戏""语言就是游戏"等表述的含义和真伪。

　　"游戏词汇"（6 篇）：布拉金娜分析了哲学家和人类学家对 игра（游戏）概念的诠释与 игра 描述人际关系时的隐喻使用间的区别性对立，认为这是 игра 所属文化概念的基本特征之一，可将其看作概念反义现象（концептуальная энантиосемия），并结合源自 19—20 世纪文学作品中的大量例子总结和分析了人际游戏的策略类型；В.И.加夫里洛娃专门考察了俄语反身动词和被动形动词在文学篇章中的语言游戏用法，认为这两种手段由于多义性和能够进行多种阐释的特点，因而是引起"词汇游戏"情境出现的不竭源泉；达西科（А. А. Дасько）分析了纸牌卦中所用词汇的语义特点，尤其是各种纸牌卦名称的含义及经常使用的动词等词汇的语义特点，认为纸牌卦语言（язык пасьянса）体现了系统内部游戏现实和完成游戏所必需的行为的特点及不同历史时期不同民族理解和反映世界图景的一些特点；克雷洛娃对 кокетничать（卖俏，卖弄风情）、заигрывать（逗弄，调情）、флиртовать（调情，卖俏）这三个表示异性游戏性交际的动词作了深入的语义区分，认为 кокетничать 与戏剧表演这种游戏类别接近，而 заигрывать 和 флиртовать 均以追求满足和愉悦为目的，在这一点上两者与游戏比较类似，其中 заигрывать 与追求赢钱的赌博游戏更为相似；库斯托娃考察了与各类舞台演出相关的戏剧表演词汇（театрально-игровая лексика）的隐喻意义，指出戏剧和戏剧表演各个方面的特征中被强调的往往是一些并不符合戏剧艺术正面形象的否定伴随意义，认为研究此类词汇的隐喻用法有助于阐明哪些特征被说话人视作戏剧表演和戏剧行为的典型特征以及素朴世界图景中存在哪些关于戏剧和戏剧表演的观念等问题；马克耶娃考察了古俄语（древнерусский язык）和中古俄语（старорусский язык）中带词根-игр 词汇的语义场特点，在参阅大量古文献的基础上，作者认为这类词在古俄语和中古俄语中表示的是不同表现形式的多神教仪式，并重点分析了 игра（游戏）、играние（游戏，玩耍）、игралище（被玩弄的东西，玩物）、игрище（跳舞，做游戏）、игрушка（玩具）等名词所代表的此类词的语义演进方向，如声音序列语义、娱乐语义、比赛语义、舞台序列语义等。

　　"文学篇章中的游戏"（14 篇）：阿巴卡罗娃（Н. М. Абакарова）以《篇章语义空间中的语言游戏》为题，探讨了文学篇章中的具体语言游戏手段（尤其是具有语义不确定性的词汇单位）及其语用功能，认为以语言游戏材料为依据研究英国文学世界图景的概念基础是一个广阔的研究领域；阿比耶娃（Н. А. Абиева）和盖申娜（О. В. Гайшина）基于对游戏活动的本体论和认识论构成成分、游戏的定义及相关词汇（如 play、game 等）的语义特征和语义演变问题的认识，分析了文学创作的游戏特征、游戏和文学中的叙事问题，揭示了游戏和叙事的相互关系及电子文学篇章中构建叙事的游戏策略（超文本策略）的特点；博利沙科娃分析了纳博科夫长篇小说《防守》（*The Luzhin Defense* or *The Defense/Защита Лужина*）篇章空间的语言游戏手段，通过描述小说篇章中与游戏相关的基本词汇的语义表现，象棋、科学、艺术三个词汇语义场的交叉关系以及形象场的结构特点，揭示了纳博科夫偏好用游戏的思维和语言进行文学创作的特点；加京斯卡娅结合大量例句分析了带有 как будто（似乎，好像）、как бы（似乎，好像）、будто бы（似乎，好像）、будто（似乎，好像）等情态标记的可能性表述在文学篇章中的功能及所示游戏情境的特点，探讨了现实基础和游戏基础在语言和文学世界中相互作用的关系；格列克以 Вяч.Ив.伊万诺夫于 1928—1932 年间写给绍尔（О.А.Шор）的书信为材料，探讨了这些书信中作为创作手段的词汇游戏形式（尤其是绰号等专有名词的使用）的来源和功能及其中体现的神话化倾向；伊特金（И.Б.Иткин）分析了屠格涅夫长篇小说《父与子》（*Отцы и дети*）中的游戏主题，认为对纸牌游戏的爱和对乐器演奏的爱是区别小说中"凶恶的"和"恭顺的"两类中心人物的标志之一，认为作者有意地运用了动词 играть 两个意义（游戏、演奏）间的对立；Ю.М.马利诺维奇（Ю.М.Малинович）基于对人、语言、游戏的认识，以拉斯普京（В.Г.Распутин）短篇小说《法语课》（*Уроки французского*）中的赌钱主题为考察对象，明确了赌钱游戏在游戏概念系统中的地位及其与其他语义共生范畴的相互联系，描写了该游戏的词汇语义场、语义层次和词典学应用价值；帕诺娃通过分析库兹明《亚历山大体歌曲》（*Александрийские песни*）中有关重修文本、愉悦读者的话语游戏的例子，阐述了诗人的创作特色；拉戈津娜将陀思妥耶夫斯基小说《罪与罚》中犯罪嫌疑人与侦察员间的较量视作一种智力游戏，认为这是"生死本能"或"竞赛本能"的一种特殊体现，与之最为接近的是国际象棋比赛（因为胜利意味着不是别的，而是欺骗），在此基础上作者运用国际象棋术语将犯罪嫌疑人与侦察员间的这种游戏过程分为开局（дебют）、中局（миттельшпиль）和残局（эндшпиль）三个基本阶段，并结合例证对每个阶段的特点分别进行了深入的分析；拉德比利基于对 игра（游戏）概念结构的认识，结合大量例证分别考察了 игра 概念结构中核心事物逻辑成分与形象联想成分在文学篇章中异常言语化的情形，充分揭示了该概念的相关词（играть/游戏，玩）在文学作品中表达非常规意义的潜能；拉济耶夫斯卡娅考察了作为人际领域概念化手段的乌克兰语概念 гра 与行为概念本质上的相互联系，认为这一概念具有四个方面的功能语义特点，即关于客体知识的不充分性语义、不归属于日常生活方面的属性语义、行为的非标准性（非规范性）

语义、脚本性语义，并分析了这些语义在乌克兰文豪科秋宾斯基（М.М. Коцюбинский）短篇小说《开局》（*Дебют*）中的体现，认为小说叙述者—主人公的行为及情节事件的转变与 rpa 概念上述后三种语义特征相关，而第一种语义特征因为小说的第一人称叙述类型而中性化了；拉热娃以《五行打油诗：是不可译的词汇游戏还是可译的形式游戏?》为题，在考察五行打油诗（limerick／лимерик）① 的缘起和特点的基础上，探讨了这种文学体裁在翻译转换时保留内容还是保留形式更为重要的问题，认为译者的首要任务应该是保留这种体裁典型的诗歌形式，因为特殊的形式是这类体裁诗歌喜剧性和幽默性特色的来源；舍舒诺娃在游戏概念的框架下考察了索尔仁尼琴小说中情爱游戏的进行方式及其与其他游戏的相似性特点，认为这种游戏是借助目光、接触手势（动作）、声音、语调、语词的意义等方式进行的；什梅廖娃考察了包括运动比赛和运动员、纸牌游戏、乐器演奏、儿童游戏的笑话在内的俄语游戏主题笑话的结构和语义特点，并分析了俄语笑话中反映的游戏与固定人物角色、体育比赛或纸牌游戏与家庭生活的关系特点。

　　"民族文化中的游戏"（6 篇）：韦列夏金考察了 11—18 世纪末包含词干-игр-的教会斯拉夫语词的对立性语境语义，基于大量的文献分析，作者认为游戏或者具有中性伴随意义，或者具有积极的伴随意义，是一种有益的活动，或者具有消极伴随意义，是导致淫乱和盲目崇拜的罪魁祸首，并着重分析了动词 взыграти（ся）（兴奋起来）兼具正面和负面评价伴随意义的双重性特征；温金娜在阐述俄罗斯方言中体现出的 игра 三个语义域（本体、隐喻、交际）特点的基础上，结合俄罗斯传统文化语言材料分析了俄罗斯民族意识对游戏或褒或贬的多重性态度，认为 игра 概念的特点是俄罗斯传统精神文化综合性特征的一个证明；卡扎克维奇以包含四种北方谢尔库普语方言的六个民间文学篇章语料库（8 万词）为语料，分析了游戏在北方谢尔库普人民间文学篇章中的各种体现形式及其功能；梅德考察了西班牙口语的评价称名中大量使用与斗牛表演和纸牌游戏相关的词汇的现象，分析了游戏概念在这些评价称名中的语义实现方式；谭傲霜从六个方面系统比较了俄语词"играть"（游戏，玩耍）与汉语词"玩"意义和用法上的相同和不同之处；什梅廖夫从 игра／играть 具有

---

① 一种通俗幽默短诗，由五行构成，韵式为 aabba。

"儿童游戏、嬉戏""追求胜利的游戏（体育比赛或赌博）""演员的表演""在乐器上的演奏"这四种用法的角度分析考察了游戏在俄语语言世界图景中的概念化特色及相应词汇（包括派生词）的意义和用法特点。

　　"社会语境中的游戏"（8 篇）：科夫绍娃分析了现代报刊标题中作为一种智力娱乐文本的先例篇章的来源、典型变换方式及其篇章功能；列维茨基（А.Э.Левицкий）和涅黛诺娃（И.В.Недайнова）描写了体育运动项目的原型结构，并通过对比分析各类体育运动的原型或非原型特征（如足球与橄榄球、板球与棒球），认为非原型体育运动虽然源于原型体育运动，但可以形成自己的规则，沿着自身的道路发展，体育运动情境非原型模式的发展是产生新的体育运动项目的途径；芬兰学者穆斯塔约基（A.Mustajoki）分析了网球运动中述谓动词 выиграть（赢，获胜）语义体偶的特征，认为该动词的语义体偶存在 участвовать в турнире（参加循环赛）— выиграть турнир（赢得循环赛），сыграть матч или его часть（参加一场比赛或其中的一部分）— выиграть очко /гейм（подачу）/сет（партию）/матч（赢得一分/一局<发球>/一局<一盘>/比赛），играть（матч）с кем-н.（同……比赛）— победить（в игре）кого-н.（在同……比赛中获胜）三种情况，并结合关于网球运动的语料对这三种情况分别进行了详细的举例分析，得出了关于俄语语义体的一些结论；萨哈罗娃通过自由联想实验考察了乌克兰语语言世界图景中游戏概念的特点，并以基辅交际领域中骗子的言语行为为例分析了人际交流过程中游戏性和破坏性交际策略的实施特点；乌雷宾娜（Е.В.Улыбина）结合文化心理因素统一体，通过与个体的成瘾性紊乱进行对比，考察了游戏依赖性的符号学本质，而这种符号学本质决定着游戏在文化中的地位，作者认为这种分析可以确定游戏的那些使之同时成为个体发展手段并包含出现病态的危险的特征；沙皮尔（М.И.Шапир）从社会语言学的角度考察了词语 донос（告密）词典释义在意识形态影响下的政治化演变，认为这种语词游戏是一种语言政策手段；А.Д.科舍廖夫用 42 页的篇幅分 7 节（并附有 5 个附论）分别分析了游戏行为的语言本质、游戏概念的一般性特征、游戏概念的解释潜力、игра（游戏）和 играть（游戏，玩耍）的词源及其在共同斯拉夫语中的用法、演员表演和乐器演奏的游戏属性、游戏的类型（有标记游戏和无标记游戏）、игра（游戏）这一语言范畴的结构等问题；列翁京娜和什梅廖娃在论文集的最后列出了 57 道要求根据提示话语回忆对应的诗句并说出诗歌作者姓名的语言和文学游戏题及其答案。

第五节 关于 ложь（谎言）/фантазия（幻想）

　　2006 年 6 月 26—28 日，课题组在俄罗斯科学院语言所组织了"在谎言与幻想之间"（Между ложью и фантазией）学术研讨会。参加会议的有 100 多个学者，与会并做学术报告的有来自伏尔加格勒、叶卡捷琳堡等俄罗斯国内 12 个城市的 21 名学者，来自基辅、日托米尔、卢茨克、哈尔科夫等乌克兰城市的 9 名学者，以及来自白俄罗斯、奥地利、澳大利亚、美国、爱沙尼亚、芬兰的 6 名学者。42 名来自莫斯科的学者也在会上作了报告。研讨会由阿鲁久诺娃作开场报告，题目是"视觉与幻象"（Ви́дение и виде́нье），特别受到学者们关注的是 Вяч.Вс.伊万诺夫（Вяч. Вс. Иванов）院士的报告"Вс.Вяч.伊万诺夫（Вс.Вяч.Иванов）幻想散文的修辞特色"和 Ю.Д.阿普列相院士的报告"沿着语言的空间从真理走向谎言"。研讨会的闭场报告由电视主持人、演员加尔金（М.А.Галкин）担当，题目是"讽刺文的结构"。

　　此次研讨会的主要任务是分析有关人的外部世界和内部世界的表述中表达对"真"的不同偏离类型的词汇、语法和语调手段。分析的材料是共时和历时状态中的不同语言，研讨会组织者倡导运用对比方法进行研究。分析的问题包括：（1）人的虚假和形象称名的范围和类型及其运用的原因和目的；（2）对人的内部世界范畴（思想、判断、感觉、观念、概念、表象）的否定真值评价，谎言、谬论、幻想和幻象之间的语义域：неправда（谎言，假话；欺骗，诈骗）、ложь（谎言，假话）、враки（假话，胡说，瞎扯）、заблуждение（错误认识，谬误）、иллюзия（错觉；幻想）、бред（谵妄，谵语；呓语，梦话）、ерунда（胡说，胡扯，瞎说，胡说八道）、грезы（幻想；梦境，梦幻）、мираж（海市蜃楼幻景；幻影，幻想）、вымысел（想象，幻想，虚构；杜撰，臆造，谣言，谎话）等；（3）社会性世界和不同语用情境中对"真"的偏离；（4）其他世界的词库及其评价；（5）"假象"词库，其词源及其在生活和艺术中的运用，动词 казаться（样子像，看上去像，好像是）、мерещиться（仿佛看见，仿佛听见，似乎觉得）、чудиться（仿佛觉得，产生幻觉）等；

（6）关于过去、现在和将来的判断其真值评价的不稳定性和波动性，推论、推测、预见、预言、猜测的逻辑；（7）法庭语境中对"真"的偏离，审讯和审判，真理、正义和道德，指控和辩护的逻辑；（8）伪造真相的方式，在修辞与欺骗之间，对幽默、怪诞、讽刺漫画、仿制品进行真值评价的可能性；（9）虚假与虚伪，坦诚与装假，真实与虚假；（10）科学、文学、演艺、神秘主义语境中"真"与"假"的相互转变，可证明性问题，"真"与虚拟世界的仿真；（11）认识论概念（уверенность<信心>、убеждение<信念>、вера<信心，信念>、верность<忠诚>、достоверность<真实可信，可靠>等）语义中真值的级次；（12）"知觉真相"（视、听、尝、触、闻）在欺骗性程度上的差异；（13）不同交际情境中偏离"真"的程度；（14）语义及其接近真相的程度（语言手段的近似性），不同语言和语义域中的空缺与冗余；（15）通过远离真相而接近真相，想象、幻想、象征和神秘论，不同民族、学派、流派、社会阶层的诗歌语言，民族文化中的真相与幻想。

此次研讨会的论文集《语言的逻辑分析：在谎言与幻想之间》于2008年由"Индрик"出版社出版，该论文集辟8个栏目，加上英年早逝的俄罗斯科学院语言学研究所知名学者沙皮尔作为前言的论文，共收录论文58篇。

沙皮尔在《索洛古勃（Ф.К.Сологуб）的象征之谜：在谎言（ложь）与幻想（фантазия）之间》一文中通过解读梭罗古勃的一首诗，揭示了诗人如何小心得体地捉弄、操纵读者，如何嘲讽读者想象的胆小，指明他的诗可以采取或严肃或戏谑的方式进行解读，但其中的深意也许只有语文学家才能准确把握。

"沿着谎言和欺骗的道路"（6篇）：Ю.Д.阿普列相以《沿着语言的空间从真相到谎言》为题，在综合考察表达虚假世界语义的词汇（特别是谓词及其题元派生词）基础上，着重论述了存在于真相与谎言之间的几组重要的语义对立及其语言表达手段，尤其是词汇手段；德拉加林娜-乔尔娜娅基于坎特伯雷的圣·安瑟伦（Anselm of Canterbury）对Бог（上帝）一词的解释和对上帝存在问题的讨论，认为共同的人类经验的现实世界是由许多可能世界、生活形式、语言游戏组成的，因此不能将现实世界视为众多可能世界中的一个；科津采夫（А.Г.Козинцев）在雅各布森语言六功能理论的基础上，结合三个指称世界（мир референции）的观念，重点论述了语言的第七种功能即反指称功能（антиреферентивная функция）的特点，认为这种功能体现在所有喜剧文本中；博古斯拉夫斯基集中探讨了被取消确定性的语境下与副词化（адвербиализация）相关的语义反射（семантические рефлексы），包括副词化命题的真值、提升命题的真值、影响副词化的因素、副词的作用范围、副词的语义特点、副词的交际特点等问题；菲利波夫（В.О.Филиппов）借助对佛教禅宗以心传心（коан）的阐释，试图回答"语言系统（符号系统）在多大程度上能够描述超出其直接管辖范围、超出其符号意义域范围的事物"这一问题；弗多维琴科基于对撒谎者悖论（парадокс лжеца）的探讨，认为出现悖论的根源在于虚假的自指（мнимая самореферентность），要消除这种悖论，则应该将其视为具有自身特点（特别是脱离交际过程时的非自我证同性、思想与语词的分离性）的自然言语材料。

"欺骗和装假的语义"（7 篇）：阿鲁久诺娃以《视觉与幻象（可靠性问题）》为题，在考察视力、眼睛的特征和功能基础上，按照词根的不同将俄语中表示视觉感知的词汇分成四类并分别探讨了其语义和功能特点及其在文学作品中的使用频度，深刻揭示了视觉感知或真或假的矛盾性特点；扎利兹尼亚克基于俄罗斯国家语料库和互联网资料，通过大量例证揭示了俄语动词 мнить（认为，以为；希望，想）在 18—21 世纪之间发生的语义变化，认为在现代俄语中 мнить 一词中的"虚假"语义成分已从隐含状态变成了名副其实的主导语义成分，该词主要表达"基于过高的自我评价而具有错误的观点"之义，具有四种支配模式；А.Д.科舍廖夫提出了与外部世界相对应的生活世界（Жизненный мир），认为生活世界具有全人类共有的天然世界（Природный мир）和民族独有的民族文化世界（Этнокультурный мир）两个层次，基于这种认识，从对相关词 правда（真相）、ложь（谎言）、обман（欺骗）语言意义的分析、对 действие（行为）和 желание（愿望）等基本概念的阐释、对欺骗行为特征的揭示、对 обман-обмануть（欺骗）概念的定义等方面，全面描写了 обман-обмануть（欺骗）这一普适性概念及对应行为的具体特征；博古斯拉夫斯卡娅着重分析了俄语中表达现实世界与虚假世界之间对立的一组形容词（мнимый<臆想的；虚假的>、показной<装样子的，故意做出的>、притворный<假装的，佯装的，虚假的>、деланный<假装的，装模作样的，不自然的>、напускной<假装的，故意装出的>、наигранный

<假装的，装出来的>、натянутый<不自然的，拘束的，拘谨的>、прину-
жденный<不自然的，勉强的，故意做作的>、фальшивый<假装的，虚伪
的，不真诚的>、нарочитый<故意的，有意的，存心的>、неискренний
<虚伪的；不真诚的；虚假的>、неестественный<做作的，不真实的，不
自然的>、искусственный<假装的，矫揉造作的，虚伪的>）的语义特点，
尤其是其多义性特点及这些词之间的基本语义对立；多岑科（Е.Л.Доцен-
ко）在分析法庭诉讼过程中影响言语手段选择诸要素的基础上，结合乌
克兰最高法院的一个具体诉讼案例阐述了如何选择合适的词汇等语言手
段，通过说服（убеждение）和暗示（суггестия）两种方法来对法庭各方听
众施加影响的问题；拉济耶夫斯卡娅在简要回顾百科全书等查询信息类文
本（справочно-информационные тексты）研究现状的基础上，重点分析
了这类文本在交际任务、词汇—句法等方面的语用修辞特征；库斯托娃通
过分析从俄罗斯国家语料库中获取的大量例句，系统地分析了能与形容词
истинный（合乎事实的，真实的）和ложный（伪造的，虚假的；虚伪
的；不符合实际的）搭配的名词的语义类别，及这两个形容词在与不同
语义类别的名词搭配时所发生的语义变化，并进一步指出了истина（真
理；真相，真实情况）与ложь（谎言，假话）、истинный（合乎事实
的，真实的）与ложный（伪造的，虚假的；虚伪的；不符合实际的）的
不对称性特点。

　　"历时层面的真实与谎言"（5篇）：韦列夏金在阐释犹太教和基督教
《圣经·旧约》等相关宗教文本中的谚语的基础上，探讨了信仰话语
（конфессиональный дискурс）所体现的关于已知此世非真实性和未知来
世真实性的观念，认为不能将信仰意识与日常经验等同视之；波斯托瓦洛
娃基于东正教本身自我意识的立场分析了东正教世界观对于范畴系词 ис-
тина-заблуждение（真理—谬误）的阐释，并将其与非宗教世界观进行了
比较研究，具体而言，一方面分析了东正教世界观的特征，认为这决定了
对 истина-заблуждение（真理—谬误）的解释，另一方面涉及的是宗教
世界观对于 истина（真理）作为认识（знание）和作为内心经验
（духовный опыт）这两个方面特征的认识；克拉苏欣认为只有规定和禁
令的圣经十诫体现的并不是真正的道德规范，但从其中关于禁止说谎的第
九条诫令中读到了ложь（谎言）积极的一面，并从人不是世界的主人因
而无法保证誓言的兑现、клятва（誓言）是伪证（лжесвидетельство）的

诱因角度重新诠释了福音书有关"禁止发誓"的训诫；马特韦延科基于大量古俄语文本中的例证，分析了 обман（欺骗行为）和 выдумка（臆造，虚构的东西）概念的产生、在古俄语文本中的体现及人们对欺骗和虚构行为的多元评价态度，并结合丰富的例子比较系统地分析了表达 обман（欺骗行为）和 выдумка（臆造，虚构的东西）意义的斯拉夫语词汇的意义和用法；加京斯卡娅出于对 достоверность（可靠性）范畴及表达"符合现实、真实性"意义的语言手段的兴趣，系统考察了 воочию（亲眼<看见>，目睹）一词的语义语法历史，通过搜集和分析古俄语文献中的大量例句，总结出 въ очию 这一词形在古俄语文献中具有"在……眼中""当着某人的面""当面，直率地（说，骂人，嘲笑等）""眼前"四种意义，认为该词形作为知觉意义的放大器，在圣徒传记中表示的是关于神怪现象、超自然事件的视觉证据。

　　"语言游戏语境中的讽刺模拟作品和讽刺体裁作品"（8篇）：特拉赫滕贝格（Л.А.Трахтенберг）通过对17—18世纪俄罗斯四部古代手写文献的文本分析，认为其中荒诞情境的构建只需要一些短小的文本片段，其中运用的一些共性手段包括名词短语、数名搭配、句子等，认为17—18世纪俄罗斯古代手写文献中至少包含两类荒诞文本，即关于不可能事物的文本（静态的）和关于不可能行为的文本（动态的），此外，作者还探讨了荒诞手法在文学篇章中的功能、荒诞与隐喻的区分等问题；德米特罗夫斯卡娅通过对纳博科夫英文小说《塞巴斯蒂安·奈特的真实生活》（*The Real Life of Sebastian Knight*）及其他俄文、法文小说标题、人物姓名、语言的精练分析，展示了作家作为公认的字母换位（анаграмма）大师对多语言字母换位符号（мультиязыковой анаграмматический код）的娴熟运用及其中体现的 реальность（现实）和 ложь（谎言）概念相互转换的主题，揭示了作家"艺术即欺骗""艺术中虚构构建真实""生活中的真实在艺术中转换成虚构"等创作观念；М.Ю.米赫耶夫在总结安德烈耶夫（Л.Н.Андреев）作品《加略人犹大》（*Иуда Искариот*）对福音书片段的直接引用（просто цитата）、扩展性引用（цитата с расширением）、反驳（возражение）或转换（трансформация）等三种处理方式的基础上，全面地列举并分析了安德烈耶夫的这部小说及布尔加科夫的《大师与玛格丽特》中与福音书相关的片段及其处理方式，以及布尔加科夫与安德烈耶夫作品在处理福音书片段方面的密切呼应关系；图罗夫斯卡娅（С.

Н.Туровская）从现代主义美学背景出发，借鉴叶夫列伊诺夫（Н.Н.Ев-реинов）等戏剧理论家关于"艺术比现实本身更现实""戏剧性与强烈印象是唯一的现实"等观念，分析了布尔加科夫长篇小说《大师与玛格丽特》的创作手法，认为戏剧化的氛围渗透到了这部小说的方方面面，认为戏剧化的空间消解了 ложь（谎言）与 истина（真理）、правда（真实）的对立关系，使传统伦理和美学概念的边界不再清晰，而作为谎言文本主体的 лжец（撒谎者）其功能在于向读者—观众施加神奇的影响；里亚古佐娃结合众多学者对纳博科夫创作手法的研究，深入阐述了纳博科夫对 истина（真理）/правда（真实）与 творчество（创作）/обман（欺骗）/вымысел（臆造）/фантазия（幻想）/ложь（谎言）等概念及相互关系的认识，进而揭示了纳博科夫对文学创作本质的深刻理解；帕诺娃将勃洛克（А.А.Блок）抒情作品和叙事诗《美妇人》（Прекрасная Дама）、《陌生女郎》（Незнакомка）、《白雪姑娘》（Снежная Дева）等中的女性形象归结为索菲娅（София）这一个原型，在此基础上揭示了勃洛克笔下索菲娅诗学（Софийная поэзия）的创作特点，认为勃洛克创作了 150 多部关于索菲娅的诗歌，并以其《白雪姑娘》一诗为例，进一步剖析了勃洛克笔下索菲娅话语（софийный дискурс）的象征性特点，认为索菲娅在其中是直接以现实中的妇女、女皇、女神三种位格形式出现的，相应地，其与抒情主人公的相遇情节也是沿三个方面发展的，作者总结认为索菲娅是象征的所指，而所有相关文本均是象征的能指；舍舒诺娃从探讨 фэнтези（幻想小说）一词在俄语中的出现、派生及人们对它的定义和认知等问题出发，结合宗教对幻想和真实之间相互关系的认识，揭示了幻想和真实的关系主题在相关文学作品中的具体体现，通过典型的文学例证论述了证实幻想可服务真实的道理；奥布霍夫（А.В.Обухов）在与传统幻想作品进行比较的基础上，结合作品分析总结了 20 世纪 50—60 年代英美科幻文学新浪潮的典型特征，比如：原先的"现实/非现实"对立已经消失，理解的现实性成为了核心概念，世界只存在于主人公的意识中。

　　"逼近真实和偏离真实"（11 篇）：沙霍夫斯基（В.И.Шаховский）和塔赫塔罗娃（С.С.Тахтарова）分析了言语交际中故意偏离真实的原因及说话人为此而采用的相应言语策略和语言手段；瑞士学者德宁豪斯（S. Dönninghaus）通过分析语义参数（семантические измерения）的方法描

述了 обман（欺骗）词汇语义场的宏观结构，将该词汇语义场归结为以假信息迷惑、使迷失方向和欺骗结果三种宏观区（макрозона），并从误导（введение в заблуждение）和迷惑（запутывание）、引开手段（отвлекающие манёвры）、隐瞒（сокрытие）三个方面阐释了其中使交际对方迷失方向的方式；格里戈良从动词在表达有意/无意、可控/不可控情境方面表现出来的潜在多义性和句法语义角度比较深入地考察了话语中对前述上文进行确切说明的表述（уточняющие формулировки）的语义特点和语境功能；博罗维茨卡娅（Е.Н.Боровицкая）在区分句法偏离、交际偏离、语用偏离和修辞偏离的基础上，结合具体的语例，从社会语用学的研究视角探讨了隐喻表达和话语中的谎言及其各种变体，认为谎言表述已然成为一种语体（如幽默体、讽刺体、辛辣讽刺体等），并对谎言（ложь）与幻想（фантазия）作了概念区分；阿比耶娃在分析和总结对 истина（真）概念的理解和定义基础上，基于无文字时期、有文字时期和借助电脑的交际形式这一话语范式的三阶段划分及对话语常体形式的分析，分别对口头言语行为、书面言语行为和借助电脑交际条件下的言语行为（电子话语）的要素和特点进行了符号学描写，认为对 истина（真）这一概念阐释的变化伴随着交际形式的变化，在人类进化过程中思维不断地沿着程式化程度增强的方向发展，渐渐学会了操纵从现实中不断进一步抽象出来的信息，而这种能力体现在相应的信息编码水平上；列维茨基讨论了范畴化操作过程中不可避免的概约机制（механизм приблизительности），并从认知层面的称名过程、称名策略、称名战略及交际层面的交际战略、交际过程、交际策略等方面分析了概约标记符（маркеры приблизительности）的多种使用场合和交际功能；奥地利学者托绍维奇结合对塞尔维亚语、克罗地亚语、波斯尼亚语三种语言之间的区别与联系的例证分析，对比分析了内向式伪证同（интровертная псевдоидентификация）和外向式伪证同（экстравертная псевдоидентификация）这两种伪证同方式的具体体现，集中探讨了在对待语言间的区别问题上区分者何时、如何以及为何持虚假立场的问题；卡扎克维奇则以谢尔库普语、克特语、埃文基语民间文学和日常生活文本为材料，探讨了标记被述场景真实性程度的词汇和语法手段，认为对于谢尔库普语、克特语、埃文基语叙述者来说标记信息的真实性程度是非常重要的，这反映了对于言语的严肃态度这一传统文化的典型特征；特鲁布通过分别分析不同类型语言游戏手段及评价意义表达手段的语义和用法特点、ошибаться（弄错，出错）等心智述谓的词汇语义特点、чувствоваться（感觉得到；可以发现）等反身动词及похоже（似乎是，好像是）等无人称词汇单位的句法语义特点、скрыть（隐瞒）和умолчать（避而不谈）等动词的题元结构和命题语义特点，比较深入地考察了玩笑（шутка）、错误（ошибка）、感觉性偏差（сенсорные девиации）、避而不谈（умолчание）等各种偏离真实情形的具体表现和特点；努里耶夫（В.А.Нуриев）通过对比分析法国女作家萨冈（F.Sagan）小说《心灵守护者》（*La garde du coeur*）三个俄译本中的一些译例，探讨了译者在翻译过程中的主观想象问题，认为翻译过程中原文意思的曲解和增加是不可避免的，译者能做的就是重读、编辑译本以限制翻译幻想（переводческая фантазия）的程度；С.А.克雷洛夫和米特罗凡诺娃（О.А.Митрофанова）从话语逻辑语义分析的角度来探讨与模棱两可信息、只在想象世界框架内可证实的信息、关于主体内心感受的信息等相关的问题，认为想象的可能世界是一种具有结构化术语体系和文本构成的语言学规则的特殊研究领域，研究关于可能世界和想象世界的文本（如飞碟学、占卜术、传心术、梦、内部言语、非言语符号学、文学文本等）是获得知识的一种有效的间接途径。

　　"日常意识中的真相与谎言"（7篇）：梅奇科夫斯卡娅在区分语言意义、语言意识（语言世界图景）、日常意识等概念的基础上，考察了"真实（правда）—谎言（ложь）"语义场相关词汇认知语义的词源学证据，基于丰富的语料分别系统地探讨了语言概念"谎言"（ложь）、"欺骗"（обман）和"真实"（правда）、"真理"（истина）的搭配、语义、分布、评价、语用等方面的特点，并深入分析了日常意识概念"真实（правда）—谎言（ложь）"与同名语言意识概念多个方面的区别；科夫绍娃以60名莫斯科大学哲学系大一学生回答有关"谎言（ложь）和幻想（фантазия）的区别"问题时给出的答案为素材，认为这些答案的一个主要特点是格言性，发现学生常常将"谎言（ложь）和幻想（фантазия）"这一对立与伦理对立（如"恶—善"）、美学对立（如"丑—美"）等进行类比，学生回答问题时在很大程度上会依托"童年—老年""幸福—不幸""自由—不自由"等毗邻概念，或者联想到古时原始对立（如"高—低""纯洁—肮脏""开放—封闭""满—空"等），并从伦理原则、美学原则、毗邻概念、联想等四个方面对学生的各种格言式话语

（афористическое высказывание） 进行了归类分析；拉德比利在将原型世界（прототипический мир）划分为本体层、逻辑层、价值层、语用层四个层次的基础上，结合大量例证着重探讨了第一个层次上出现的原型世界语言概念化中的异常现象，包括主体述谓结构异常、事件结构异常、情态域异常、时间和空间结构异常、决定关系异常等，进而将语言视为产生各种异常可能世界的环境；芬兰学者穆斯塔约基将现实划分为现实世界、虚拟世界、内心世界，相应地将说话人的目的也归为说实话、欺骗、说了谎话但并没有欺骗三类，并结合具体例证分析了其中每一类的各种不同表现及其成立的要素，最后从 "为何说话人说 X 说谎" 和 "X 为何说谎" 两个方面系统地总结了说谎的各种原因和动机；格拉德科娃（А. Н. Гладкова）利用韦日比茨卡自然语义元语言理论的语义对比分析方法，借助俄语国家语料库和 COBULD 英语语料库，在分析俄语词 откровенно（坦诚地）和英语词 candidly（坦白地，直率地）、frankly（坦白地，直率地）词频和词源特点的基础上，结合大量例证系统地对比分析了这三个词的语义和用法区别，利用韦日比茨卡提出的 65 种元语义原初因子为每一个词进行了元语言解释，并分析了背后决定这些词汇之间语义区别的俄语和英语主导文化观念；格列克在总结语法学界对于非现实语义（ирреа-льная семантика）的研究及托波罗夫、科夫图诺娃（И. И. Ковтунова）、Вяч. Вс. 伊万诺夫等学者对于诗学文本中非现实语义表达手段和显著特征的认识基础上，以俄罗斯象征主义理论家和实践家 Вяч. Ив. 伊万诺夫系列作品《赫斯珀里得斯》（Геспериды）中的三个诗歌文本《诗人之神秘剧仪式》（Мистерии Поэта）、《后记》（Epirrhema）、《致幻想》（К Фан-тазии）为材料，结合诗歌的主题和内容分析了其中丰富的非现实语义及其表达手段；加利丘克（О. В. Гальчук）在简述乌克兰新古典主义领军人物泽罗夫（М. К. Зеров）的文学主张及所受非客观批判的基础上，结合诗例对其诗歌中的文学形象和创作主题及其体裁特征进行了综合分析，认为他通过对世界文学形象尤其是古希腊罗马文学形象的积极阐释和对梦境形象的多功能运用，从宏观和微观两个层面构建了作为假象（фикция）的现实性的文学形象，并试图从古希腊罗马乃至圣经文学来源中找到社会生活、精神生活和个人生活事件和情绪的等价物，认为作为假象的现实性是泽罗夫对现实中他理解但并不接受的意外灾难的美学反映。

　　"民间文学摇摆不定的真知灼见"（5 篇）：利亚蓬（М. В. Ляпон）以

《从谎言中揭示出的真理》为题，结合大量名言警句，从"真理和公理"
"谎言的等第评定和带'负号'的真理""关于真理和谎言的寓意及内部
的人""真理与悖论""寻找真理"五个方面分析了人们对"真理（иси-
на）/谎言（ложь）"这一对立的别样理解，强调了真理和谎言概念的
相对性，认为名言警句常常揭示出"真理"的某些负面作用和"谎言"
的某些正面作用；别列斯特涅夫（Г.И.Берестнев）在阐释暗示（намёк）
的本质和功能的基础上，着重分析了俄罗斯语言意识中暗示的概念结构，
认为这一结构与操该语言的人的初始理解相关联，解释了暗示的深层结构
特征和功能特征，认为暗示是一种有目的的言语行为，并揭示了暗示的基
本内容机制，认为这些机制反映了说话人和接受者在创建和理解暗示时的
心理历程；梅德基于对作为一种非真理（не-истина）的谎言（ложь）的
理解，结合分析西班牙语及其他罗曼语系语言的材料，将关于"好说谎
的人"（лживый человек）的各种称谓划分为四种词汇—成语语义类别：
撒谎者（лгун）、骗子（обманщик），爱说大话的人（хвастун），伪君子
（лицемер），谄媚者（льстец），认为其中每一类称谓均与说话者不同的
目的相关，并具体分析了每一类称谓评价语义的构成特点；韦利梅佐娃针
对俄罗斯后民间文学传统中出现了比其他国家更多的新谚语这一事实，从
描述性箴言和规定性箴言相对立的角度出发，认为俄罗斯传统民间文学中
本身存在大量语义对立的谚语，这正是当代俄罗斯出现大量新谚语（对
传统谚语进行轻微的形式改动导致新谚语的语义发生根本变化）的原因；
什梅廖娃从笑话（анекдот）与谎言（ложь）、欺骗（обман）的共同特
征（即说话人说的是他明明知道不是真实的）出发，考察了不同系列笑
话中丈夫、醉鬼、吸毒者、犹太人、楚科奇人、俄罗斯新贵等各种主人公
的说谎类型，认为笑话以一种扭曲和怪诞的方式反映现实，因为谎言与欺
骗固定地存在于人们的生活中，成功或不成功的说谎者因而总是俄罗斯笑
话中不变的主人公。

　　"那么现实到底在哪"（8篇）：什梅廖夫注意到相较于 лгать（撒谎，
说谎）及其派生词所对应的负面评价语义，врать（撒谎，说假话）及其
派生词表示的行为在俄罗斯素朴伦理中往往并不一定是应该批判和谴责的
行为，作者结合大量例证证实了俄罗斯文化中人们对待日常谎言、文学谎
言、轻率谎言的包容态度，并运用韦日比茨卡的自然语义元语言对 лгать
和 врать 做了充分的诠释；拉戈津娜在探讨反事实条件句（контрфакти-

ческое условное предложение）关涉的预测和反事实解释这两种心智话语
过程的基础上，根据主句或从句是否存在表层否定，总结了此类条件句中
施益因素（бенефактивная этиология）实现的四种模式（亦即此类假定句
中反事实解释的四种结构模式）及其次类，并结合大量例证分析了各种
模式中预测（прогноз）和解释（толкование）的具体表现特点，比较了
不同模式在深层内容、结构层面及预测成分与解释成分结合程度方面的区
别；М.В.马利诺维奇（М.В.Малинович）、Ю.М.马利诺维奇基于众多哲
学家的论述和观点，并结合口头创作、歌曲和诗学文本中的语例，对可能
性（кажимость）的本质特点、语言表现及其与人感知和认知世界能力的
关系等问题作了深入的探讨，认为可能性是人内心世界的一个语义常量，
作为普适性的认知结构存在于所有自然语言中，是虚拟世界
（виртуальная реальность）与虚幻世界（ирреальность）之间处于边缘状
态的世界，认为基础词位 казаться（好像是）词汇语义聚合体的言语符号
按照不同方式参与话语意思的生成，因为虚幻意义总是与确定性/非确定
性、指称性/非指称性等语用意义交织在一起；叶尔马科娃注意到了隐喻
与可能性范畴的相似性，考察了隐喻与表示可能性的 казаться（好像是）、
показаться（好像是）、представляться（看上去是）等系词的搭配是否成
立以及这种搭配是否会使名词述谓失去隐喻地位等问题，并从隐喻的类型
角度分析了隐喻在这种搭配中的三种不同表现，作者同时也探讨了隐喻与
否定的关系问题，认为否定试图使隐喻回到现实世界但遭到了隐喻的
"阻抗"，因而有些情况下会导致隐喻意义和直接意义的中和；布拉金娜
试图通过考察 память（记忆）与 воображение（想象）之间的关系来证
实现实世界与可能世界之间界限的多变性和开放性，作者在系统比较 па-
мять 与 воображение 七个方面的相近性和六个方面的区别性的基础上，
阐释了构建关于过去的形象过程中 память 与 воображение 或相互补充或
相互替代的机制，认为关于过去的非完全可靠文本的一种构建机制就基于
память（记忆）与 воображение（想象）的作用，认为人的愿望、当前
现实、可能世界均会对解释过去产生影响，作为其结果重构的分别是期望
的过去（желаемое прошлое）、预见的过去（провидческое прошлое）、
可能的过去（прошлое кажимости），作者同时从四个方面提及了哲学
家、符号学家和心理学家对于二者之间关系的认识；克尼亚泽夫沿用卡谢
维奇（В.Б.Касевич）将非现实性划分为强调情境潜在可能性的积极非现

实性和强调未实现或不可能实现的消极非现实性的观点，认为现实性/非现实性特征首先可用来描写陈述式与其他间接式的对立，并系统考察了愿望式（волитивные наклонения）、认识式（эпистемические наклонения）表达非现实性语义的类型化特征及陈述式（индикатив）的各种时态表达非现实性意义的能力，同时引入"一次性（единичность）/重复性（повторяемость）"这一对立来评判情境的现实性/非现实性，发现一次性情境和重复性情境在表达现实性/非现实性方面均存在多样化的情况，作者进而认为现实性/非现实性对立在语言中表现为一个标尺，其一端是最可靠（最现实）的当前报道，另一端则是假定式的反事实用法；萨哈罗娃认为现实性范畴的相对性和受限性决定了对其阐释的多样性及其重建形式的多样化，基于此认识，作者选取театральность（戏剧性）概念作为研究对象，分别结合词典学的解释、心理语言学联想实验、戏剧学理论来探讨科学世界图景、素朴世界图景、职业世界图景中театральность（戏剧性）概念与"现实/不现实/虚幻"范畴多样化的相互关系；扎利兹尼亚克和什梅廖夫系统考察了лесть（谄媚<名词>）、льстить（谄媚<动词>）、льстец（谄媚者）等同根词的语义演变，认为лесть和льстец只能单一地用于谄媚语境中，而动词льстить（未完成体）/польстить（完成体）及其派生词лестный（赞赏不已的）、лестно（评价很高）等则经历了进一步的语义演变，作者结合大量例证分析了这些词在使用中的语义和情境特点，并重点总结了其语义演变的三个步骤，一是将最初的词源意义"欺骗"缩小为专门表示有意夸大言语行为接受者的优点，二是将重点移至接受者及高度评价给其带来的愉快感受上，三是正面评价成分取代愉快感受的主体处于中心位置。

第六节　关于肯定（ассерция）/否定（негация）

　　2007 年 5 月 28—30 日，课题组在科学院语言所组织了"接受和否定"学术研讨会，学者们就语言中的接受和否定问题进行了广泛研讨。有 6 篇论文以"逻辑哲学方面的否定"为主题在开幕式全体会议上作大会交流，6 位学者在闭幕式全体会议上发言，另外有 60 多篇论文在"不同语境中否定的功能""否定与词义""历史方面的否定""否定的语法和语义方面""交际中的否定""否定的美学方面""不同语言中的否定：对比分析""否定的类型与功能""不同类型篇章中的否定代词" 9 个分组会议上进行了交流。

学者们讨论的问题主要包括：逻辑学和语言学中否定的概念和定义，否定概念的出现和发展及其在自然语言中的表达形式；句法中的否定，否定语气词、否定代语、否定副词、否定连词，语句的实义切分、名词指称和重音移动的不同情况下否定的变化，主句和从句中的否定，否定作用的范围，否定提升，一般否定句和个别否定句，存在句、述谓句、方位句、证同句等句子类型中否定的特征，词序的作用及词的重音分配；否定和真值评价；否定和交际意向；以言行事动词（думать <认为>、считать <认为>等）的否定，疑问、命令和请求的否定，双重否定，对比否定，否定和系动词，多种语言（罗曼语系语言等）中否定句的分裂；散文、诗学、对话篇章中否定的作用，正式和随意对话中的否定答话，表达拒绝、反对、不同意、反驳的手段，对 отказать（拒绝）、отклонить（劝阻；不接受）、отвергнуть（拒绝；否决，否定）等动词的诠释，语义完成句和未完成句中的否定；否定与各种词汇意义类型（直义和转义）的搭配限制，情态和语义算子功能中的否定，否定与名词、形容词、动词、副词、代词、连词等不同词类词汇意义的相互作用，否定的前缀表达 не、ни、без-、от-等，否定形式的词汇化，否定形式的词典解释，否定时动词题元结构的特征，否定与接受，否定在词的义素结构框架中的作用范围；否定和情态，否定之否定，法庭对话中否定（控诉和辩护）的作用；词典学释义中否定的作用，否定和对立，反义词的词典定义；完全否定和部分否定，特征的否定和层级，否定的强化和弱化；否定语句的未完结性，否定，完结表述和未完结表述；否定评价及其词汇手段，将否定语气词纳入词的构成。

此次研讨会的论文集《语言的逻辑分析：肯定（аccерция）和否定（негация）》于 2009 年由"Индрик"出版社出版，该论文集辟 11 个栏目，共收录 43 篇论文。

前言是阿鲁久诺娃的一篇论文《对他者语句真值的交际反应》，阿鲁久诺娃依据《陀思妥耶夫斯基语言统计词典》对陀氏作品中否定词 нет（5438 次）和 не（67165 次）使用频数的统计数据，强调语言中表达否定意义的句法和词汇手段非常丰富，其中达利词典《大俄罗斯民间口语详解词典》（*Толковый словарь живого великорусского языка*，1979）以 не-开头的词条就超过了 900 条（还不包括进入每个词条的派生词），探讨了 нет（不是，没有）的意义和用法及含 не-的复合前缀（如 недо-）的构词能力问题，指出了否定由句法转向词汇的倾向，并简要分析了作为 "да（是）—нет（不是）" 词汇化等价物的 "истина（真理）—ложь（谎言）" 和 "правда（真相）—неправда（假话）" 等词的语义语用特点及相互之间的区别。

"肯定和否定：逻辑—哲学和心理学方面"（9 篇）：韦列夏金在否定神学（апофатическое богословие）及其追随者关于本体（Нумен）名称主要观点的基础上，强调运用语言学方法考察否定术语的必要性，分析圣三主日礼拜晚祷时跪拜祷文中的否定词语时总结并分析了范畴内否定（внутрикатегорийное отрицание）和领属否定（посессивное отрицание）两种否定类型的特点，作者回溯了关于基督神性和人性本质的四种学说，通过分析迦克墩会议（Council of Chalcedon）教父们推出的定义框（определение-opoc）文本中相互排斥的领属否定定语并置现象，从语言学角度论证了他们既反对两性论又反对一性论并认同两种对立性领属否定的相容性（既无法融合又无法分割）观点的合理性；德拉加林娜-乔尔娜娅以《否定本体论：缺席的存在和存在的缺席》为题从逻辑历史的角度概述了为逻辑操作而选取某种本体论所带来的后果，认为否定话语（отрицательные высказывания）本体论的中心问题是 "否定现实"（отрицательная реальность）的范畴地位问题，通过考察古印度逻辑学派和佛教学说的争论，认为否定话语既可看作表达缺席的存在，也可看作某些平常实际事实存在的缺席，并援引提出想象逻辑理念的喀山逻辑学家瓦西里耶夫（Н.А.Васильев）的观点，认为矛盾规律是经验的和现实的；М.В.马利诺维奇和Ю.М.马利诺维奇从哲学、逻辑学、语言学的角度分析了肯定（Ассерция）、否定（Негация）、因果性（Причинность）三个范畴在人的心智符号域中的地位及与世界符号域在概念类推方面的相互联系，认为这三个范畴反映了心智本质和身体本质在现实世界中的状态，存在范畴是将三者联系起来的共同根源，结合具体话语的语例分析认为三者在话语实现过程中能够相互作用和相互转换进而衍生出新的意思；莫斯卡廖娃（Е.В.Москалева）在分析四种传统俄语新词（неологизм）类型的形态和语义特点基础上，对比分析了俄语和英语用否定词缀构成新词时的异同点，认为句法新词中形态新词的构成广泛使用否定词缀，否定词缀常常具有语用色彩，其能产性常见于一定的言语框架（如青年俚语）内，可视为语言中已有词语意义的否定及现有词汇单位的词汇语义变体，同时，并非否定词缀构成的所有词汇都具有否定语义；波斯托瓦洛娃系统探讨了东正教世界观恭顺（смирение）这一概念的语义和宗教文化特点，认为否定和肯定属于构成宗教世界观概念域的通用范畴和逻辑操作，进而从认知上帝的否定和肯定途径角度分析了恭顺形象的内容基础，结合宗教观念考察了恭顺概念场的悖论本质，并从遗觉构成物、神秘主义现象、本体论现象、禁欲主义现象四个方面综合考察了恭顺形象的基本特点，最后分析了恭顺概念在东正教世界观中的语言文化面貌；拉戈津娜在总结逻辑学界及语言学界关于论战性否定（полемическое отрицание）和描写性否定（дескриптивное отрицание）之间区别特征的不同观点基础上，将该二分法扩展为两层对立——交际和逻辑受制约的否定 vs.交际不受制约和逻辑独立的否定，推断性否定 vs.非推断性否定，并结合约翰福音书中的例证借助逻辑概念和符号分析了否定推理的类型（直接否定推理<和驳斥>和间接驳斥）及其具体表现；拉德比利在概述逻辑学界普遍认为否定是心理活动领域现象而非现实存在领域现象的观点基础上，从反映素朴世界图景的自然语言中的语言实际使用角度，厘清了否定的本体性和独立性存在及其概念异常（концептуальные аномалии）的属性，结合表示否定实体或偶然现象的一些语词本体性使用的各种情况以及互联网文本中的一些实例，认为这些本体性的否定用法（如 небелый<非白>、небог<非上帝>、недверь<非门>等）能够在成语性或非字面意思的阐释框架中从情态阐释、评价阐释或两者相混合的角度获得理性解释，而这源于否定的逻辑特征和交际语用特征；里亚布采娃将列费夫尔（В.А.Лефевр）《良心代数》（Алгебра совести）一书对善、恶范畴的形式化演算方法和思路用于描写单个人的"良心代数"，划分出了两种伦理系统——第一伦理系统（Не делай зла! <不要作恶!>）和第二伦理系统（Делай добро! <要行善!>），认为前者对善与恶之间的妥协持否定态度但对人与人之间（特别是在发生冲突的情境下）的妥协持肯定态度，而后者对善与恶之间的妥协持肯定态度但对人与人之间（特别是在发生冲突的情境下）的妥协持否定态度，进而分析了不同伦理系统下个体的不同伦理类型（圣人、英雄、凡人、伪君子）、个体进行道德选择时经受的不同情感（罪责、折磨、谴责、忏悔）以及个体间的不同关系（妥协、联合、对立、冲突），认为对伦理概念的评价取决于伦理系统的类型及评价者的个体类型，认为个体的"良心代数"不是孤立的现象，而是与社会的道德伦理价值体系密切相关，并结合对陀思妥耶夫斯基《罪与罚》、奥斯特洛夫斯基（А. Н. Островский）《钢铁是怎样炼成的》及莎士比亚《哈姆雷特》等文学作品的分析，揭示了不同历史、不同文化条件下人们道德选择的不同模式；雅科文科在分析圣经的正教院俄语译本中 отречение（否认）概念基本特征的基础上，运用词汇语境补缺和重补法（лексико-контекстуальное апплицирование и реапплицирование）对比分析了"否认"语义在圣经的古犹太语（希伯来语）、希腊语原本与俄译本、英译本、德译本、冰岛语译本等各种译本中的不同表达方式及其所体现的不同观念，揭示出了原本和不同译本所表征世界图景之间的语言和概念差异。

　　"俄语中的否定"（4 篇）：博尔谢夫（В.Б.Борщев）、帕杜切娃、帕尔季（Б.Х.Парти）、捷斯捷列茨（Я.Г.Тестелец）、亚诺维奇（И.С.Янович）等学者以"俄语中的句法、语义和语用否定"为题，在区分句法否定（сентенциальное отрицание）和构成否定（конституентное отрицание）的基础上，综合分析了句法否定、语义否定和语用否定的特点及其与肯定句的相互关系，系统考察了影响否定句生成的句法、语义和语用因素，试图证明带 не 的否定句 Коля не в Лондоне（科利亚不在伦敦）不是肯定句 Коля в Лондоне（科利亚在伦敦）的句法否定和语义否定，而是语用否定，并通过分析句子的主述位结构和前景结构确认 Коли нет в Лондоне（科利亚不在伦敦）是上述肯定句的矛盾性否定，是否定形式的理想选择；加京斯卡娅结合大量词典和古文献，系统考察了 конечно（当然）一词的出现时间、初始意义、内部形式、词义演变过程、词典诠释的变化，得出了一些可信的结论：конечно 语义的形成早于其他表示真实可靠意义的情态指示词，词源上源于名词 конец（末端，尽头）和形容词 конечный（末端的，尽头的），在古俄语中用作实词，表示"最后，完全、彻底，确实，肯定，无疑"等绝对性意义，随后意义弱化，表示"正如可以期待的那样"，最后逐渐失去与内部形式的联系而成为纯粹的虚词，现代俄语中 конечно 一词在使用时表现出来的意义的多样性和矛盾性可视为与其初始意义的某种呼应；马特韦延科结合 9 世纪乔治·阿马尔托洛斯（George Hamartolos）希腊编年史在 11 世纪的俄语译本及部分其他古文献，考察了希腊语否定前缀的语义及其在古俄语中的翻译转换方式，认为希腊语否定前缀在古俄语中常常转换为处于复合词第一部分的实义词干（演化为实义前缀），这些实义前缀带有相应词干意义的"反射"，对特征的否定是在全部否定和部分否定之间摇摆，能够表达"灾难、不幸、邪恶、不舒服"等色彩，作者通过历时考察带否定前缀俄语词汇的变化，挖掘出了词汇消亡或存活的部分原因，如不符合中世纪语言的意义体系、与同义手段竞争的劣势等，并认为每一个存续至今的词语都有一个自身的"天命"，而词语的消亡常常是个别性的现象或源于偶然；什梅廖夫结合对俄语、英语、意大利语、波兰语、捷克语中一些例词的分析，系统考察了语言中尤其是俄语中类型化、常态化、规约化的无意义和无表现否定（незначащее и невыраженное отрицание）现象或同语反义（энантиосемия）现象，从表面否定的压力（一些词<尤其带否定前缀>在使用中被错误地用于反义现象的日常化，如разморозить）、表达最小极限意义情况下的否定、隐含的否定、语用效果的规约化（言语蕴涵的规约化、讽刺否定或反语、评价的同词反义）、混合的情感、时间隐喻、时间借代方面探索了同词反义现象出现的认知和交际来源。

　　"不同类别话语中否定的特征"（3篇）：法国学者科尔-查欣（I.Kor-Chahine）和俄罗斯学者拉希林娜以俄语非标准动词 хватать 接三格和接带前置词 у 的二格这两种句法结构（包括肯定和否定形式）为考察对象（A.Зарплата у меня небольшая，но мне/ * у меня зарплаты хватает<我的工资不高，但对于我来说够了 >；Б. Знаешь，мне/ * у меня хватает нашей соседки<你知道，对我来说有我们的女邻居已经够了>；В.Ему/ * у него не хватает только шутовского колпака<他只是没有丑角的尖顶帽>；Г.У него/ * ему не хватает переднего зуба<他没有门牙>），从句法（是否存在主体）和语义（内涵<интенсиональность>、部分意义<партитивность>、生格主体<генитивный субъект>的语义、否定时补语题元的前瞻式或回溯式阐释）两个角度深入分析了两种结构间的不可替代性及在诸多方面的对立性，解释了上述四种句子结构成立或不成立的原因；梅德比较系统地分析了西班牙语和葡萄牙语中一类按表情扩展原则构建、包含冗余成分的否定情感句的词汇构成和句式特点，认为否定的表现力取决于句法结构、词汇手段和周围语境之间特殊的相互作用；什梅廖娃结合大量的俄语笑话，从肯定和否定的角度将由问答式对话构成的俄语笑话分为

四种类型并分别分析了每一类笑话笑点产生的原因，第一种用 да 和 нет
作为对一般疑问的回应来表示回避意义，第二种不用含有内容的回答而用
看似答非所问的 да 和 нет 作为对特殊问句的回应，第三种不用肯定或否
定的回答而用含有内容的回答作为对一般疑问的回应，第四种则是针对包
含虚假假设的问题给出回答。

　　"否定的语义—语用方面"（3 篇）：梅奇科夫斯卡娅依据陈述（дик-
тум）的不同将促使语句（побуждение）划分为六种基本类型，并明确了
促使语句情态（модус）的情态语义连续统属性（мольба／乞求、
просьба／请求、совет／建议、рекомендация／劝告、предложение／提议、
предписание／吩咐、требование／要求、приказ／命令），在此基础上描述
了促使语句的回应句情态连续统（从无条件服从到部分听从再到完全拒
绝）中各种回应的表达手段和情态特点，尤其是重点分析了完全拒绝的
语体表现及语用图谱（从正式—礼貌的温和拒绝到攻击性拒绝），描写了
不同客观语义类型的完全拒绝（拒绝给，拒绝做，拒绝说和回答，拒绝
允许、同意）的各种模式化表达手段，认为拒绝话语中情态比陈述更为
重要；С.Ю.谢苗诺娃以母亲去世后根据记忆搜集的家庭语句为材料，从
口语的特点和话语的语义角度比较系统地分析了否定在各种家庭交际场合
中的语用功能、情感功能和评价功能，描写了材料中所体现的否定的各种
表达形式及其与肯定的辩证关系；特鲁布基于将否定分为中性否定（не
Р）和对立否定（не Р，а Q）这一传统分类，认为两类否定都具有深层
的对立结构，在此基础上结合例句分析了否定句语义阐释的六种类型及其
结构和语义特点，并从 Q 成分是否处于注意焦点或交际焦点以及是否具
体化的角度比较分析了否定句阐释的三种交际类型及相互之间的区别。

　　"文学篇章中的接受和否定"（4 篇）：阿扎罗娃以《否定语法与先锋
派》为题，结合典型例证分析了俄罗斯 20、21 世纪先锋派诗学广泛采用
的 "ме—не" 转换、用作独立否定的 а、动词否定后置、否定跨行（от-
рицательный анжамбеман）、内嵌否定（встроенное отрицание）等非固
定否定（скользящее отрицание）手法，揭示了该诗学流派不满足于采用
习惯位置的 не、нет 常规否定手段，探索非规定性或补充性否定手段的趋
势；别洛娃（А.В.Белова）结合诗人古米廖夫不同时期的大量诗歌作品，
分析了诗歌文本中表达肯定／否定的各种不同语言手段在揭示作者形象和
安娜·阿赫马托娃形象中的作用；М.В.加夫里洛娃（М.В.Гаврилова）通

过分析布伊达（Ю.В.Буйда）短篇小说中否定结构的意义和用法，揭示了这些否定结构在 Жизнь（生命）、Смерть（死亡）、Любовь（爱）等中心世界观概念形成过程中的角色和作用，认为在布伊达的作品中否定结构是反映作者世界观特点的基本文学手段之一，逻辑否定具有了形象性进而常常是主人公精神高度紧张之际的直接反映，认为作品对否定结构的广泛使用源于否定学（апофатика）传统；格列克基于象征主义诗人 Вяч.Ив.伊万诺夫与现实主义诗人帕斯捷尔纳克在诗歌表达手段的丰富性、多样性及对待世界的原则态度方面的相似性，对两位诗人诗歌作品中大量否定性的词汇、句法、修辞手段的深层语义特点作了深入的比较分析，认为两位诗人的作品中否定手段都参与了肯定常项的形成，认为通过否定表达肯定是语言常用的一种手段，认为肯定氛围中的否定与人类存在经验的某些领域相关，取决于诗人对待世界的深层态度、对艺术本质的认识、诗学传统及个人特性，认为两位诗人语言和文本中否定形式的选择是由其修辞指向和语言策略及诗歌文本的个性化组织所决定的。

"异常否定"（4篇）：别列斯特涅夫在《或是或否：悖论的策略》一文中从存在两种内容现实及人善于用两种方式思考这两个基本原理出发，结合实例深入分析了禅宗经文、罗马尼亚及法国剧作家尤内斯库（E.Ion-esco）的荒诞派戏剧以及俄罗斯诗人普里戈夫（Д.А.Пригов）诗歌创作这三种完全不同的文化现象在语言悖论（языковой парадокс）运用方面的共性特征，认为同意和否定是在逻辑思维框架内实现的认知操作，但同时也存在超越逻辑思维的超验化（трансценденция）现象，而悖论的策略性认知意向正体现为能够解决这种超验化的问题；利亚蓬在话语语法（Грамматика дискурса）的框架下，结合大量话语例证分析了带有表面否定的词汇习语、句法习语等话语熟语（дискурсивные идиомы）的意义和用法，结合布罗茨基的诗歌，分析了指示词 он、тот、там 或表不言语意义的 прочерк（空格线）、пропуск（空白，删节）、зачеркиваю（删除）等回避直接称名的假性隐而不发手法（квази-умолчание）对于揭示诗歌主题的作用，分析了"слишком...，чтобы..."（太……，以至于……）等句法结构内部否定与原因制约关系感染错合（контаминация）的特点，并分析了"извини（те），но..."（请原谅，但是……）、"прости（те），но..."（请原谅，但是……）等口语道歉类套话内部蕴涵的悖论逻辑和两种相互排斥的情态，认为这两种句套都是"хотя...，но..."

（尽管……，但是……）的变体，通过这些分析揭示了修辞表述和词汇熟语在话语中丰富的表意能力；苏霍韦尔霍夫（А.В.Суховерхов）在分析悖论（парадокс）的定义和特点的基础上，结合对"理发师悖论"等经典悖论及一些逻辑陷阱的分析，深入浅出地揭示了逻辑悖论和语言悖论的一般运行原则，认为这些悖论出现的原因在于语言在自我描述过程中被迫既做集合又做子集的内在矛盾及现实的客观矛盾，并提出了预防出现类似悖论的可能途径；亚申娜（Е.А.Яшина）在分析悖论表述的定义及其结构语义组织特点的基础上，将文学语篇中的悖论划分为基于对立或对照的悖论、基于对比的悖论、基于名句的迂喻式悖论（парадокс-перифраза）等三种类别，并以源于俄语文学和英语文学散文作品中的大量引语为例证，分析了上述悖论类型中否定的意义及其实现手段，认为否定是悖论对立实现的典型共生项，而否定的体现主要表现为语义层面的反义词词汇意义的对立、对比单位词汇意义中个别义素的对立，词汇层面的对别连接词和否定语气词，句法层面的重叠和排比。

"Да（是）和 Нет（否）：确定——否认"（4 篇）：韦利梅佐娃在梳理维诺格拉多夫（В.В.Виноградов）将 да（是）、нет（不是）视为感叹词的观点及历次科学院语法对两者词类属性的不同认识的基础上，分析了 да（是）、нет（不是）两词在形式词法和语义句法上与感叹词、语气词的共性特点和不同之处，进而强调了这两个词在词类体系中的过渡性地位乃至词类这一概念本身的相对性和模糊性；德米特罗夫斯卡娅在题目为《ДА+НЕТ＝DEATH》的论文中以纳博科夫的长篇小说《防守》为分析材料，基于纳博科夫作品中存在多语言字母换位语码（мультиязыковой анаграмматический код）这一前提，并结合多语种词源分析，探讨了об-ратный мат（反将死）等国际象棋术语与纳博科夫小说情节和主题的密切关联，认为英语词汇 DEATH（死亡）是俄语词汇 ДА（是）和 НЕТ（不）的整体字母换位，通过分析这一字母换位在小说情节发展过程中的不同表现，揭示了这一手法在纳博科夫作品中发挥的重要结构功能；多布罗沃利斯基和列翁京娜结合大量例句，对俄语词 нет（不）与德语词 nein（不）及相关变体的语义和用法进行了系统的对比分析，发现了两者之间的语义区别，认为两者绝非自然的翻译对等物；列维茨基在分析范畴化过程的认知和交际特点及影响因素的基础上，探讨了范畴化过程中因事物的模糊性和非确定边界而导致的指称不确定性问题（референциальная нечеткость），认为与此相关的判断包含了否定成分，认为现代英语和俄语中大量的否定表达手段使得说话人能够对事件、事实和现象表达自己不同的态度意味，并结合大量英语例句分析了话语中程度副词、情态词、情态动词、形容词和副词比较级、假定式、感叹词、构词手段等渐进性否定标记（маркеры градуирования негации）表达否定意义的用法特点，认为这些在含否定的话语中表达客观情态和主观情态的手段具有情态功能、评价功能、认识功能、表情功能等功能。

"系列语法范畴中的否定"（3篇）：阿格拉纳特（Т.Б.Агранат）基于大多数乌拉尔语言中的否定都是借助特殊的变位否定动词加实义动词的无定形式来表达这一特点，结合各种语言乃至方言中的大量例证，分析了波罗的海—芬兰诸语言中语法范畴的表达在否定动词和被否定动词词形之间的不同分布现象，认为借助否定动词表达否定与体和式的对立相联系，而用残缺的形动词（каритивное причастие）表达否定则与语义角色相关；格里戈良结合大量例句分析了俄语动词尤其是行为动词否定时的语义特点，认为行为动词的否定可能仅仅涉及行为的目的、实现方式和结果中的一个方面而不否定其他方面，可能涉及对行为的解释，可能涉及题元（即否定相应客体的存在而不涉及动词本身的内容），认为动词的否定不是单义的，对它的理解和解读需要结合具体的语境；拉祖特金娜（Е.М.Лазуткина）从动词的否定、动词词位中的否定、命题中的否定、成语化的动词结构四个方面系统地考察了不同类型动词句中否定的表达手段及意义和功能特点，认为肯定和否定是双重概念，作为关涉不同层级义素的算子与评价色彩一起在话语的陈述部分和情态部分发挥作用，动词语义结构中意义的否定成分或者是明示的或者是潜在的，而否定与动词意义成分之间相互作用的细微语义差异是在原型交际情境中历史形成的。

"异国语言中的接受和否定"（6篇）：安东尼扬以《汉语中的可能语义（潜在的式形式）》为题，结合大量例句系统分析了汉语中由复合动词（如"看见"）派生的潜在的式形式（формы потенциального накло-нения）（V-*de*/*bu*-C，如"看得见""看不见"）的构成、意义和用法，认为俄语中与之对等的是某些语境中的简单将来时形式和不定式句，同时又重点分析了借助"了"构成的潜在的式形式（如"跑得了""吃不了""好不了""坏得了"）等的构成、意义和用法，并对此结构第一成分为动词和第一成分为形容词两种情况下的意义进行了对比分析，认为前者只

表示"可能/不可能"意义，而后者同时表达"可能/不可能"意义和认
识论（评价）意义；卡扎克维奇以克特语、谢尔库语、埃文基语民间文
学、生活故事、猎人故事等不同体裁的口语文本为材料，总结了塔兹河中
游、上游及叶尼塞河中游地区这三种语言中否定的构词和变形词缀，否定
语气词、代词和副词，否定动词等否定表达手段的意义和用法，揭示了这
些非亲属语言在长时间的接触过程中形成的一些地域性特征，其中谢尔库
语和克特语句法和词法上的否定表达手段表现出了惊人的同构性特征，而
埃文基语中则否定表达手段贫乏，在典型黏着语丰富的词法体系背景下却
完全没有词法手段来表示否定；迈萨克在总体描述高加索地区格鲁吉亚
语、亚美尼亚语和阿迪格语均不止一种否定表达策略这一特点的基础上，
专门考察了东部高加索语族（纳荷—达吉斯坦语族）的代表语种乌金语
中否定标志 te =（基本的有定形式<финитные формы>，如现在时、三种
过去时、三种将来时）、否定标志 ma =（命令式形式）、否定标志 nu =
（无定形式<нефинитные формы>，如形动词、副动词、不定式、动名词
等）等三种否定策略的使用场合和用法特点，指出动词否定策略上的不
同可以作为对动词形式乃至语句类型进行语义分类的重要参数之一；莫列
夫（Л.Н.Морев）从类型学的角度考察了包含 25 种语言的傣语诸语言中
表达否定的方法手段（包括否定语气词和功能性的分析词形）及否定范
畴在此类语言中的实现机制，将傣语中数十种否定语气词归为四个基本类
别，并强调了这些语气词与汉语否定语气词的联系，同时，对傣语中否定
的形态特点、动词范畴属性、位置特点及其在特殊句型中的不同呈现进行
了比较充分的分析；罗然斯基则考察了芬兰—乌戈尔语系波罗的海—芬兰
语支中沃德语的疑问关系代词及与之功能相似的不变化词汇否定形式的构
成规律，通过分析大量的语言事实，作者证明了沃德语否定形式中的叠辅
音（геминация）是作为词法手段的叠辅音的鲜活例证，而作为一种词法
手段，否定形式中的叠辅音应当被视为一种重叠现象（редупликация）；
索恩采娃以汉语为例，比较系统地考察了东亚和东南亚语言中否定现象的
呈现规律，认为这些语言中的否定均可分为否定名词和否定谓词（动词、
形容词、副词）两类，并且通过分析汉语中"不""没有""别"这三种
基本否定手段的意义和用法，认为这些语言中的所有否定均与时体词法范
畴的标记相关，否定和标记一起构成了表达时体意义的完整系统，基于
此，作者认为有关东亚和东南亚语言中词法成分为非必需成分进而否定存

在词法范畴的说法是错误的。

　　"理解不懂"（2 篇）：布拉金娜从 тьма（黑暗）、хаос（混乱）等否定语义名词的语义描述与其神学阐释相矛盾、肯定语义名词和否定语义名词描述方法的不对称导致词典释义的歪曲等现象出发，认为带前缀 не-和 без-的否定名词需要单独进行解释，而不能仅仅借助否定概念或对应肯定语义名词的语义反映来进行诠释，作者考察了 понимание（理解）和 непонимание（不理解）语义的对称性特点，分析了 непонимание 凝聚否定评价，固定否定伴随意义，作为 разногласие（意见分歧）、конфликт（冲突）、несогласие（不同意）、отказ（拒绝）等语词的委婉语，作为言语交际的语用策略，在固定隐喻词组中表达障碍形象等语义特点，从存在主义角度揭示了 непонимание 的意义受制于客体类型的特点，提出完全可以建立与作为理解的哲学（философия понимания）的阐释学（герменевтика）相对应的不理解的哲学（философия непонимания）；扎利兹尼亚克深入地诠释了 понимать（理解）这一动词具有的两种意义 понимать$_1$ 和 понимать$_2$，认为两者分别与某种心智状态（理解对象是命题）和评价（理解对象是心智客体）相联系，与此相应，не понимаю（我不理解）应区分出通常的不理解（обычное непонимание）和侵犯性的不理解（агрессивное непонимание）两种情况，作者通过分析俄罗斯国家语料库中出现 200 余次的"Я этого не понимаю"（我不理解这一点）这一语句的意义，认为此语句在绝大多数情况下都具有评价意义，从语义、语用和惯用法三个因素角度对这一语句进行了全面的解释，认为这一语句产生效果的语言学机制在于"понимать$_1$/понимать$_2$"与"中性意义/价值色彩意义"这两组对立的不同组合，并结合语料库中的例证比较分析了两种情况下的不理解在与算子 мочь（能够）的相互关系及使用成语性单位等方面的不同。

本编小结

通过对课题组概念分析实践（судьба<命运>→действие<行为>→истина<真>→время<时间>→человек<人>→движение<运动>→пространство<空间>→добро<善>→начало<始>/конец<终>→космос<有序>/хаос<无序>→красота<美>→число<数>→игра<游戏>→ложь<谎言>/фантазия<幻想>→肯定<ассерция>/否定<негация>）的梳理，我们可以看到，课题组选择的概念看似分散，实则有着内部的密切联系，其中一个显著的表现是诸多概念在课题组的研究中构成了各种不同的"三位一体"，如作为概念分析之发端的"судьба（命运）—действие（行为）—истина（真理）"、作为概念分析之背景的"время（时间）—пространство（空间）—человек（人）"vs."движение（运动）"、作为概念分析之核心的"истина（真）—добро（善）—красота（美）"等。这并不是偶然的，因为就人类思维的共性来看，存在的形式是三位一体①的，作为物质存在的两种形式之一，空间具有三个维度，而时间表现为过去、现在和将来的连续性。阿鲁久诺娃②甚至认为，句子作为思维基本单位的判

---

① 三位一体是基督教基本信条之一：上帝就其本质而言是一个，但有三个位格：圣父、圣子（逻各斯）和圣灵。该术语出现于公元 2 世纪末，关于三位一体的学说在 3 世纪由奥利金等学者发展成熟。(《苏联百科词典》，1986：1128) 这里"三"体现的数量意义属于波依提乌区分出的第二种数，即包含在我们计数的东西之中的数（第一种数是我们借以计数的数），这种数可能指向的不是许多对象，而是一个对象的不同名称。由此看来，三位一体（Троица）其实是一个上帝，上帝的三个名称——圣父、圣子、圣灵——不是属于不同的神灵，而是上帝的不同身份。关于一个上帝和其三种形象和名称的思想赋予了"1"和"3"永恒的象征意义，也影响到了一些哲学观念和数的理论。关于三位一体统一和不可分割的观念，无论在目的论中还是在社会学中都是非常稳固的，尽管对它的解释也会有些不同。(Арутюнова，2005：11) 这种三位一体思想也影响了众多俄语概念的内涵结构。

② Арутюнова Н.Д.，"Проблема числа"，*Логический анализ языка.Квантификативный аспект языка*，М.：Индрик，2005，с.13-14.

断，也是按照三位一体原则①构成的；单个的个人同样是三位一体的，它自身包含三种生活方向：身体的、心灵的和精神的，而且其中的每一种就其本质来讲也是三位一体的，因为包含与智慧、意志和感情的关系。同时，对于每一个主题概念，课题组的研究呈现给我们的往往是相辅相成、互相对立、相互作用的概念对，如"начало（始）"与"конец（终）"、"космос（宇宙）"与"хаос（混沌）"、"истина（真理）"与"ложь（谎言）"、"добро（善）"与"зло（恶）"、"прекрасное（美）"与"безобразное（丑）"、"ассерция（肯定）"与"негация（否定）"等。循着三位一体、二元对立这两条思维主线，我们能够大致把握课题组概念分析实践的总体脉络。事实上，正是概念之间的这种"三合一""两相对立"的复杂联系交错杂合在一起，才构成了俄罗斯民族世界观相关概念的复杂网络，决定着俄语语言世界图景的基本面貌。

从对具体概念的分析来看，课题组始终坚持立体式、全方位的分析原则，即一方面立足于包括语音、构词、词汇、词法、句法、篇章等在内的各个语言层面，全面揭示世界观相关概念在语言系统中的体现；另一方面完整呈现每一个概念场的概念要素，系统把握概念场的场性结构和相关成素（如同义序列、反义序列）的语言表现。这种分析秉承从意义到形式的研究路线，以广度与深度、描写与阐释、历时与共时相结合为特色，为我们提供了概念分析的经典范例。

---

① 文艺复兴初期德国哲学家库萨的尼克拉（Nicolaus Cusanus，1401—1464）讲道："统一体（единство）不是别的，正是一种三位一体，因为它意味着不可分离性、区别性和联系。"（Арутюнова，2005：13）该说法再好不过地确定了句子—判断的三位一体本质，其中主体是不可分离的，述谓表达的是可区别性观念，而系词将其与主体联系起来，从而构成统一体。

结　语

　　语言学与逻辑学、哲学从起源到发展过程的内在关联决定了语言研究中逻辑倾向和哲学倾向的形成。无论是对于语言学研究中的逻辑流派，还是对于语言哲学研究中的逻辑方向，语言的逻辑方面都是学者们探讨的中心问题之一。主要受英美分析哲学和俄罗斯传统语言哲学的影响，阿鲁久诺娃倡导成立了"语言的逻辑分析"课题组。课题组本身的名称直接源于英美分析哲学中的"逻辑分析"这一方法论方向。课题组在完成了对言语行为的逻辑分析，即揭示出语言在日常交际条件下发挥功能的特殊逻辑（规则、规定、约定）的基础上，最终将研究定位于概念分析领域，体现的是以内容为导向、以形式为依托的"意思→文本"研究思路。这种"逻辑分析→概念分析"的研究方向转变不仅与语言哲学本身的发展趋势相吻合，而且也折射出人文学科的整体发展方向。这种重视考据和系统、注重宏观与微观、描写与阐释相结合的研究方法大大拓展了语言研究的疆域，深化了语言研究的内涵，仅仅从课题组出版的 17 部有关概念分析的论文集中我们就足以充分领略到这种研究的显著成效。

　　课题组选择了概念分析的研究方向之后，对概念分析的本体论、认识论和方法论问题都做了深入的理论探索，从而奠定了坚实的理论基础，这充分体现在课题组成员的研究实践中。概括起来讲，基于对概念及概念结构的本体论认识，课题组最终选择世界观相关概念作为分析考察的主要对象；在认识论上主要秉持从概念出发的哲学出发点、侧重于概念符号学表现的符号学立场及认知和文化兼顾的目的论取向；在方法论上，课题组的具体研究方法表现出了相当程度的共性特点，包括分析内部形式；分析抽象名词的隐喻搭配；同义辨析；民族文化对比；场性分析；句法表现分析等。

　　借助对有关概念分析的 17 部论文集共计 673 篇论文的简要综述，我们分析、梳理了课题组的概念分析实践：судьба（命运）→действие（行为）→истина（真）→время（时间）→человек（人）→движение（运动）→пространство（空间）→добро（善）→начало（始）/конец（终）→космос（有序）/хаос（无序）→красота（美）→число（数）→игра（游戏）→ложь（谎言）/фантазия（幻想）→肯定（ассерция）/否定（негация）。可以看到，课题组选择的概念看似分散，实则有着内部的密切联系，即以"судьба（命运）—действие（行为）—истина（真理）"作为概念分析的发端，以"время（时间）—пространство（空间）—человек（人）"vs."движение（运动）"作为概念分析的背景，以"истина（真）—добро（善）—красота（美）"作为概念分析的核心，以"начало（始）/конец（终）""космос（宇宙）/хаос（混沌）""число（数）""комизм（滑稽）/игра（游戏）""ложь（谎言）/фантазия（幻想）""ассерция（肯定）/негация（否定）"等概念作为概念分析的边缘个体性概念。概念间的联系还表现为诸多概念在课题组的研究框架中构成了各种不同的"三位一体"，如上述的"истина（真）—добро（善）—красота（美）""судьба（命运）—действие（行为）—истина（真理）"等。同时，对于每一个主题概念，课题组的研究呈现给我们的往往是相辅相成、互相对立、相互作用的概念对，如"начало（始）"与"конец（终）"、"космос（宇宙）"与"хаос（混沌）"、"истина（真理）"与"ложь（谎言）"、"добро（善）"与"зло（恶）"、"прекрасное（美）"与"безобразное（丑）"、"ассерция（肯定）/негация（否定）"等。循着三位一体、二元对立这两条思维主线，我们能够大致把握课题组概念分析实践的总体脉络。事实上，正是概念之间的这种"三合一""两相对立"的复杂联系交错杂合在一起，才构成了俄罗斯民族世界观相关概念的复杂网络，决定着俄语语言世界图景的基本面貌。从对具体概念的分析来看，课题组始终坚持立体式、全方位的分析原则，即一方面立足于包括语音、构词、词汇、词法、句法、篇章等在内的各个语言层面，全面揭示世界观相关概念在语言中的系统体现；另一方面完整呈现每一个概念场的概念要素，系统把握概念场的场性结构和相关成素（如同义序列、反义序列）的语言表现。这种分析秉承从意义到形式的研究路线，以广度与深度、描写与阐释、历时与共时相结合为特色，为我们提供了概念分析的经典范例。

应该强调的是，课题组的这种概念分析的理论和实践对于汉语研究具
有非常重要的启示意义。事实上，在课题组的研究中已经有一些汉语言文
化研究的实例，如格里戈里耶娃的《东方的命运观念》①、卡拉佩季扬茨的
《古代中国哲学家的命运理论》②、安东尼扬的《汉语成语中的"个体"概
念（"身"这一词位的聚合联系）》③、索恩采娃的《古代中国哲学中的
"始"概念》④、任雪梅的《数量范畴及其在俄语和汉语中的表达》⑤ 等。
尤其值得一提的是，课题组学术活动的积极参与者谭傲霜发表了多篇分析
汉语言文化概念的论文：《否定和行为模式（关于现代汉语中否定范畴的类
型化）》⑥、《根据成语来重组中国人关于命运的观念》⑦、《关于汉语语言
世界图景中的时间模式》⑧、《汉语概念"灵魂"，或者关于被遗忘的"灵
魂"的历史》⑨、《儒家伦理理想的模式》⑩、《中庸之道的心智性》⑪、《汉

①　Григорьян Е. Л.，"Значение ответственности в синтаксическом представлении"，
Логический анализ языка. Языки этики，М.：Языки русской культуры，2000，c.98–109.

②　Карапетьянц А. М.，"Концепция судьбы у древнекитайских философов"，*Логический ана-
лиз языка. Понятие судьбы в контексте разных культур*，М.：Наука，1994，c.84–91.

③　Антонян К. В.，"Понятие личности в китайских фразеологизмах（парадигматические
связи лексемы SHEN）"，*Логический анализ языка. Образ человека в культуре и языке*，М.：Инд-
рик，1999，c.303–311.

④　Солнцева Н. В.，"Понятия «Начало» в древнекитайской философии"，*Логический
анализ языка. Семантика начала и конца*，М.：Индрик，2002，c. 639–643.

⑤　Жэнь Сюэмэй，"Категория количества и ее выражение в русском языке с китайским"，
Логический анализ языка. Квантификативный аспект языка，М.：Индрик，2005，c.243–253.

⑥　Тань Аошуан，"Отрицание и модель действия（К типологии категории отрицания в со-
временном китайском языке）"，*Логический анализ языка. Модели действия*，М.：Наука，1992，
c.158–164.

⑦　Тань Аошуан，"Реконструкция представлений китайцев о судьбе по фразеологизмам"，
Логический анализ языка. Понятие судьбы в контексте разных культур，М.：Наука，1994，
c.157–161.

⑧　Тань Аошуан，"О модели времени в китайской языковой картине мира"，*Логический
анализ языка. Язык и время*，М.：Индрик，1997，c.96–106.

⑨　Тань Аошуан，"Китайский концепт души，или история о забытой душе"，*Логический
анализ языка. Образ человека в культуре и языке*，М.：Индрик，1999，c.295–302.

⑩　Тань Аошуан，"Модель этического идеала конфуцианцев"，*Логический анализ языка.
Языки этики*，М.：Индрик，2000，c.31–45.

⑪　Тань Аошуан，"Ментальность срединного пути"，*Логический анализ языка. Языки
этики*，М.：Языки русской культуры，2000，c.46–53.

字"乱"之谜——无序还是有序?》①、《汉语中关键美学词汇"美"的伴随意义》②、《汉语中的"游戏"与词汇"玩耍"》③。我们仅以其中谭傲霜在《儒家伦理理想的模式》一文中所作的分析为例来说明这种概念分析的方法对于研究汉语言文化概念的适用性。在这篇论文中，谭傲霜运用场性分析的方法对儒家学说中伦理词汇语义场的结构进行了非常富有创见的描写。作者以《现代汉语词典》（1984）和《现代汉语通用字典》（1987）中收录的包含有"仁、义、忠、孝、智、信"等核心概念的固定词组和成语为材料，构建了一个包含40多个单音节词汇的语义场。语义场中这些伦理词汇之间在词组中或者表现为程度不同的同义关系（如怜悯、恭敬、诚实、羞耻、廉洁等），或者表现为生成关系（如义勇、宽恕）、并举关系（如忠孝），或者表现为对照关系（如德才兼备、才智双全）。作者用线条形象地勾画出了该语义场各成分之间的基本语义关系。该语义场的基本成分是"仁、义、忠、孝、智"，语义场分为左右两个部分，每一部分都可分出三个次群。左侧部分处于中间的是"亲、爱、友、怜、悯、悲、善、仁、慈、和、良"，处于下方的是"厚、宽、贤、惠、恕"，处于上方的是"忍、让、谦、逊、恭、敬"。右侧部分处于中间的是表示不同类型忠诚的"忠、孝、真、勇、顺"，处于偏左一边的是"智、正、直、廉、洁、羞、耻"，处于上方偏右一边的是"虔、诚、信、实、朴"，最后的这一次群中的词不仅相互之间联系密切，而且能够通达最基本的概念，如经过"信"达到"义"，经过"实""诚"达到"忠"，经过"敬"达到"孝"（"敬"本身与"虔"和"诚"有直接联系），经过"厚"（"厚"本身与"朴"有直接联系）达到"仁"。语义场左右两个部分之间界线的下部表示的则是"道"所处的某种过渡区域，"道"右侧是"理"，"道"下侧偏左一些是"德"，该区域左侧部分是"情"，其

① Тань Аошуан, "Загадка иероглифа *luan* — беспорядок или порядок?", *Логический анализ языка. Космос и Хаос : Концептуальные поля порядка и беспорядка*, М.: Индрик, 2003, с. 499–503.

② Тань Аошуан, "Коннотация ключевого эстетического слова *MEI* в китайском языке", *Логический анализ языка. Языки эстетики : Концептуальные поля прекрасного и безобразного*, М.: Индрик, 2004, с.290–293.

③ Тань Аошуан, "«Игра» со словом «играть» в китайском языке", *Логический анализ языка. Концептуальные поля игры*, М.: Индрик, 2006, с.407–410.

中"理"与"德"、"理"与"情"之间的对立显示出儒家伦理观念的特点以及"仁"、"义"范畴的真实含义。谭傲霜认为，"德""情"与"仁"同处一侧，"理""智"与"义"同处另一侧，而真理的最高层级"道"与两侧均有联系。所有这些成分同处一个语义场本身证明了在儒家伦理学中存在两个基础，即情感和理性。同时，将"理"、"智"包含进儒家的伦理学说是与必须认识人和区分真假、善恶相关的，而且，"智"在某种意义上与"仁"是同义关系，如有"见仁见智"的说法。值得一提的是，包含道德方面及其物质体现两方面内容的儒家学说中另一个重要概念"礼"并没有进入该伦理语义场，孔子本人就倡导通过中庸之道来平衡"礼"与"仁"。

　　应该看到的是，由于课题组成员构成的松散性和学科背景的多样性，我们对课题组概念分析的理论特色和实践研究的把握未必全面，如词频统计、语言层级分析、问卷测评、典籍考证、民俗调查等方法也见于学者们的概念分析实践中，由于考虑到典型性原因和篇幅限制，我们并没有作系统研究。而且，由于所涉及的概念众多以及宏观把揽课题组整体研究这一研究任务的限制，对于具体的单个概念，我们并没有进行非常深入的探讨，事实上，对于 судьба（命运）、истина（真）、добро（善）、красота（美）、свобода/воля（自由/意志）等每一个世界观相关概念都应该作单独的深入分析①，这方面有待今后的进一步研究。同时，结合课题组的概念分析实践来系统分析汉语言文化中的核心概念（如仁、义、礼、智、信等）也是我们今后研究工作的一个重点方向。

---

　　①　首都师范大学杨秀杰的博士学位论文《语言文化学的观念范畴研究——俄罗斯"自由"观念析例》（北京外国语大学，2006）就是一个专门对 воля（意志）、свобода（自由）、вольность（放肆，放纵，自由）等表示"自由"意义的概念作层级分析的实例。

附录一

"语言的逻辑分析"课题组的论文集清单

1. *Пропозициональные предикаты в лингвистическом и логическом ас-пекте. Тезисы докладов конференции.* М. ： Наука, 1987.

2. *Прагматика и проблемы интенсиональности.* М. ： Наука, 1988.

3. *Референция и проблемы текстообразования.* М. ： Наука, 1988.

4. *Логический анализ языка. Знание и мнение.* М. ： Наука, 1988.

5. *Логический анализ языка. Проблемы интенсиональных и прагмати-ческих контекстов.* М. ： Наука, 1989.

6. *Логический анализ языка. Противоречивость и аномальность текс-та.* М. ： Наука, 1990.

7. *Концептуальный анализ：методы, результаты, перспективы. Тезисы докладов конференции.* М. ： Наука, 1990.

8. *Тождество и подобие, сравнение и идентификация.* М. ： Наука, 1990.

9. *Логический анализ языка. Культурные концепты.* М. ： Наука, 1991.

10. *Действие：Логические и лингвистические модели. Тезисы докладов конференции.* М. ： Наука, 1991.

11. *Логический анализ языка. Модели действия.* М. ： Наука, 1992.

12. *Логический анализ языка. Ментальные действия.* М. ： Наука, 1993.

13. *Логический анализ языка. Язык речевых действий.* М. ： Наука, 1994.

14. *Понятие судьбы в контексте разных культур.* М. ： Наука, 1994.

15. *Логический анализ языка. Истина и истинность в контексте раз-ных культур.* М. ： Наука, 1995.

16. *Логический анализ языка. Язык и время.* М. ： Индрик, 1997.

17. *Логический анализ языка. Образ человека в культуре и языке.* М. ： Индрик, 1999.

18. *Логический анализ языка. Языки динамического мира.* Дубна：Международный университет природы, общества и человека《Дубна》, 1999.

19. *Логический анализ языка. Языки пространств.* М.：Языки русской культуры, 2000.

20. *Логический анализ языка. Языки этики.* М.：Языки русской культуры, 2000.

21. *Логический анализ языка. Семантика начала и конца.* М.：Индрик, 2002.

22. *Логический анализ языка. Космос и Хаос：Концептуальные поля порядка и беспорядка.* М.：Индрик, 2003.

23. *Логический анализ языка. Избранное. 1988–1995.* М.：Индрик, 2003.

24. *Логический анализ языка. Языки эстетики：Концептуальные поля прекрасного и безобразного.* М.：Индрик, 2004.

25. *Логический анализ языка. Квантификативный аспект языка.* М.：Индрик, 2005.

26. *Логический анализ языка. Концептуальные поля игры.* М.：Индрик, 2006.

27. *Логический анализ языка. Языковые механизмы комизма.* М.：Индрик, 2007.

28. *Логический анализ языка. Между ложью и фантазией.* М.：Индрик, 2008.

29. *Логический анализ языка. Ассерция и негация.* М.：Индрик, 2009.

30. *Логический анализ языка. Моно-, диа-, полилог в разных языках и культурах.* М.：Индрик, 2010.

31. *Логический анализ языка. Лингвофутуризм. Взгляд языка в будущее.* М.：Индрик, 2011.

32. *Логический анализ языка. Адресация дискурса.* М.：Индрик, 2012.

33. *Логический анализ языка. Перевод художественных текстов в разные эпохи.* М.：Индрик, 2012.

34. *Логический анализ языка. Числовой код в разных языках и культурах.* М.：Леланд, 2014.

附录二

本书术语索引

附录三

中外人名对照表

汉译姓名	外文姓名
阿巴卡罗娃	Н. М. Абакарова
阿比耶娃	Н. А. Абиева
阿伯拉尔	P. Abelard
阿多杜罗夫	В. Е. Адодуров
阿格拉纳特	Т. Б. Агранат
阿克萨科夫 И. С.	И. С. Аксаков
阿克萨科夫 К. С.	К. С. Аксаков
阿利索娃	Т. Б. Алисова
阿列费连科	Н. Ф. Алефиренко
阿列克谢耶夫	С. А. Алексеев
阿鲁久诺娃	Н. Д. Арутюнова
阿马尔托洛斯	G. Hamartolos
阿佩尔	K. -O. Apel
阿普列相 В. Ю.	В. Ю. Апресян
阿普列相 Р. Г.	Р. Г. Апресян
阿普列相 Ю. Д.	Ю. Д. Апресян
阿斯科利多夫	С. А. Аскольдов
阿伊杜凯维奇	K. Ajdukiewicz
阿扎罗娃	Н. М. Азарова
埃恩	В. Ф. Эрн
艾耶尔	A. J. Ayer
安东尼扬	К. В. Антонян
安年科夫	П. В. Анненков
安施塔特	T. Anstatt

续表

汉译姓名	外文姓名
奥布霍夫	А. В. Обухов
奥古斯丁	F. Augustin
奥加廖夫	Н. П. Огарев
奥卡姆	W. Ockham
奥库贾娃	Б. Ш. Окуджава
奥热戈夫	С. И. Ожегов
奥斯特洛夫斯基	А. Н. Островский
奥斯汀	J. L. Austin
奥托	O. Rudolf
巴布什金	А. П. Бабушкин
巴尔塔萨	H. U. von Balthasar
巴尔特	R. Barthes
巴赫金	М. М. Бахтин
巴拉诺夫	А. Н. Баранов
巴拉滕斯基	Е. А. Баратынский
巴什克耶娃	В. В. Башкеева
柏拉图	Plato
贝蒂	E. Betti
贝克莱	G. Berkeley
贝纳基奥	R. Benacchio
本维尼斯特	E. Benveniste
彼得罗娃	З. Ю. Петрова
别尔嘉耶夫	Н. А. Бердяев
别雷	А. Белый
别列戈夫斯卡娅	Э. М. Береговская
别列斯特涅夫	Г. И. Берестнев
别林斯基	В. Г. Белинский
别洛娃	А. В. Белова
别兹列普金	Н. И. Безлепкин
波波夫	О. В. Попов
波波娃	З. П. Попова
波德列斯卡娅	В. И. Подлесская

续表

汉译姓名	外文姓名
波尔特诺夫	А. Н. Портнов
波尔托拉茨基	А. И. Полторацкий
波捷布尼亚	А. А. Потебня
波斯塔洛娃	В. И. Посталова
波斯托瓦洛娃	В. И. Постовалова
波塔延科	Н. А. Потаенко
勃洛克	А. А. Блок
博尔德列夫	Н. Н. Болдырев
博尔赫斯	J. L. Borges
博尔谢夫	В. Б. Борщев
博格丹诺夫	А. А. Богданов
博古斯拉夫斯基	И. М. Богуславский
博古斯拉夫斯卡娅	О. Ю. Богуславская
博卡多罗娃	Н. Ю. Бокадорова
博利沙科娃	Г. Н. Большакова
博鲁霍夫	Б. Л. Борухов
博罗维茨卡娅	Е. Н. Боровицкая
博特金	В. П. Боткин
布贝尔	M. Buber
布达诺夫	В. Г. Буданов
布尔加科夫 М. А.	М. А. Булгаков
布尔加科夫 С. Н.	С. Н. Булгаков
布格曼	A. Borgmann
布拉金娜	Н. Г. Брагина
布赖特	T. Bright
布雷金娜	Т. В. Булыгина
布利诺夫	А. Л. Блинов
布鲁诺	G. Bruno
布伦塔诺	F. Brentano
布罗茨基	И. А. Бродский
布斯拉耶夫	Ф. И. Буслаев
布伊达	Ю. В. Буйда

续表

汉译姓名	外文姓名
蔡特金	C. Zetkin
陈文鹤	Chan Van Ko
达利	В. И. Даль
达米特	M. Dummett
达维多夫	И. И. Давыдов
达西科	А. А. Дасько
戴维森	D. Davidson
但丁	A. Dante
德拉加林娜—乔尔娜娅	Е. Г. Драгалина-Чёрная
德里达	J. Derrida
德米特罗夫斯卡娅	М. А. Дмитровская
德宁豪斯	S. Dönninghaus
狄奥尼修斯	Dionysius
狄尔泰	W. Dilthey
笛卡尔	R. Descartes
蒂尔曼	Ю. Д. Тильман
杜斯特—安德森	P. V. Durst-Andersen
多布鲁申娜	Н. Р. Добрушина
多布罗沃利斯基	Д. О. Добровольский
多岑科	Е. Л. Доценко
厄姆森	J. O. Urmson
法捷耶娃	Н. А. Фатеева
菲利波夫	В. О. Филиппов
菲利片科	М. В. Филипенко
费多托夫	Г. П. Федотов
弗多维琴科	А. В. Вдовиченко
弗赖登贝格	О. М. Фрейденберг
弗兰克	С. Л. Франк
弗雷格	F. L. G. Frege
弗里德	М. Е. Фрид
弗鲁姆金娜	Р. М. Фрумкина
弗洛连斯基	П. А. Флоренский

续表

汉译姓名	外文姓名
福尔图纳托夫	Ф. Ф. Фортунатов
福柯	M. Foucault
伽达默尔	H. -G. Gadamer
伽利略	G. Galilei
盖申娜	О. В. Гайшина
甘扎	Р. М. Ганжа
戈兰	В. П. Горан
格拉德科娃	А. Н. Гладкова
格拉诺夫斯基	Т. Н. Грановский
格拉西莫娃	И. А. Герасимова
格赖斯	H. P. Grice
格里博耶多夫	А. С. Грибоедов
格里戈里耶夫	В. П. Григорьев
格里戈里耶娃	Т. П. Григорьева
格里戈良	Е. Л. Григорьян
格里年科	Г. В. Гриненко
格列克	А. Г. Грек
格列奇	Н. И. Греч
格林采尔	Н. П. Гринцер
格洛温斯卡娅	М. Я. Гловинская
格热戈尔奇科娃	R. Grzegorczykowa
格沃兹杰茨卡娅	Н. Ю. Гвоздецкая
古尔斯卡娅	Ю. А. Гурская
古列维奇 А. Я.	А. Я. Гуревич
古列维奇 В. В.	В. В. Гуревич
古米廖夫	Н. С. Гумилев
哈贝马斯	J. Habermas
哈尔姆斯	Д. И. Хармс
哈尔琴科娃	Л. И. Харченкова
哈克	A. Hacker
哈里斯	J. Harris
海德格尔	M. Heidegger

续表

汉译姓名	外文姓名
汉森—勒弗	A. Hansen-Löve
赫尔巴特	J. F. Herbart
赫尔岑	А. И. Герцен
赫拉克里特	Heraclitus
赫列布尼科夫	В. Хлебников
赫鲁晓夫	Н. С. Хрущев
赫伊津哈	J. Huizinga
黑格尔	G. W. F. Hegel
亨普尔	C. G. Hempel
洪堡特	B. von W. Humboldt
侯赛因诺夫	А. А. Гусейнов
胡塞尔	E. Husserl
霍尔德	F. Holder
霍米亚科夫	А. С. Хомяков
基里连科	Е. И. Кириленко
基列耶夫斯基 И. В.	И. В. Киреевский
基列耶夫斯基 П. В.	П. В. Киреевский
吉克	А. В. Гик
吉罗—韦伯	M. Guiraud-Weber
加尔金	М. А. Галкин
加夫里洛娃 В. И.	В. И. Гаврилова
加夫里洛娃 М. В.	М. В. Гаврилова
加京斯卡娅	Н. В. Гатинская
加克	В. Г. Гак
加利丘克	О. В. Гальчук
加斯帕罗夫	М. Л. Гаспаров
杰米扬科夫	В. З. Демьянков
杰明娜	Л. А. Демина
杰穆茨卡娅	А. В. Демуцкая
捷利娅	В. Н. Телия
捷斯捷列茨	Я. Г. Тестелец
金丁	С. И. Гиндин

续表

汉译姓名	外文姓名
津科夫斯基	В. В. Зеньковский
久马尔谢	С. Ш. Дюмарсе
卡茨内尔松	С. Д. Кацнельсон
卡尔加申	И. А. Каргашин
卡尔纳普	R. Carnap
卡拉库茨卡娅	Е. Л. Калакуцкая
卡拉姆津	Н. М. Карамзин
卡拉—穆尔扎	Е. С. Кара-Мурза
卡拉佩季扬茨	А. М. Карапетьянц
卡拉西克	В. И. Карасик
卡劳洛夫	Ю. Н. Караулов
卡特科夫	М. Н. Катков
卡韦林	К. Д. Кавелин
卡西尔	E. Cassirer
卡谢维奇	В. Б. Касевич
卡扎克维奇	О. А. Казакевич
坎捷米尔	А. Д. Кантемир
康德	I. Kant
科贝特	W. Cobbett
科博泽娃	И. М. Кобозева
科尔—查欣	I. Kor-Chahine
科尔什	Е. Ф. Корш
科夫绍娃	М. Л. Ковшова
科夫图诺娃	И. И. Ковтунова
科贾索夫	С. В. Кодзасов
科捷利尼科娃	Н. Е. Котельникова
科津采夫	А. Г. Козинцев
科京	М. Л. Котин
科列索夫	В. В. Колесов
科洛佳日娜娅	Л. И. Колодяжная
科秋宾斯基	М. М. Коцюбинский
科舍廖夫 А. Д.	А. Д. Кошелев

汉译姓名	外文姓名
科舍廖夫 А. И.	А. И. Кошелев
科斯托马罗夫	В. Г. Костомаров
克拉斯内赫	В. В. Красных
克拉苏欣	К. Г. Красухин
克赖德林	Г. Е. Крейдлин
克雷洛夫 И. А.	И. А. Крылов
克雷洛夫 С. А.	С. А. Крылов
克雷洛娃	Т. В. Крылова
克里普克	S. Kripke
克柳切夫斯基	В. О. Ключевский
克龙高兹	М. А. Кронгауз
克罗—格尔维亚	E. F. Quero-Gervilla
克尼亚泽夫	Ю. П. Князев
孔德	A. Comte
库布里亚科娃	Е. С. Кубрякова
库德里亚夫采夫—普拉东诺夫	В. Д. Кудрявцев-Платонов
库库什金娜	Е. Ю. Кукушкина
库色	H. Kusse
库斯托娃	Г. И. Кустова
库兹明	М. А. Кузмин
库兹涅佐娃	Ю. Л. Кузнецова
蒯因	W. V. O. Quine
昆提良	M. F. Quintilianus
拉德比利	Т. Б. Радбиль
拉法耶娃	А. В. Рафаева
拉戈津娜	И. Ф. Рагозина
拉济耶夫斯卡娅	Т. В. Радзиевская
拉康	J. Lacan
拉科夫	G. Lakoff
拉尼奥	J. Lagneau
拉热娃	Е. И. Ражева
拉桑	E. Lassan

汉译姓名	外文姓名
拉斯普京	В. Г. Распутин
拉特迈尔	R. Rathmayr
拉希林娜	Е. В. Рахилина
拉祖特金娜	Е. М. Лазуткина
莱布尼兹	G. W. von Leibniz
莱蒙诺索夫	М. В. Ломоносов
莱温—施泰因曼	A. Levin-Steinmann
莱文—图尔诺夫措娃	J. van Leeuwen-Turnovcová
赖尔	G. Ryle
赖特	G. H. von Wright
赖欣巴赫	H. Reichenbach
劳费尔	Н. И. Лауфер
勒泰	T. Reuther
雷列耶夫	К. Ф. Рылеев
李秀贤	Lee Soo-Hyun
里亚布采娃	Н. К. Рябцева
里亚古佐娃	Л. Н. Рягузова
利哈乔夫	Д. С. Лихачев
利胡德 I.	I. Likhud
利胡德 S.	S. Likhud
利科	P. Ricoeur
利特温	Ф. А. Литвин
利亚蓬	М. В. Ляпон
利亚平	С. Х. Ляпин
列昂季耶娃 А. Л.	А. Л. Леонтьева
列昂季耶娃 Н. Н.	Н. Н. Леонтьева
列别杰娃	Л. Б. Лебедева
列费夫尔	В. А. Лефевр
列夫津娜	О. Г. Ревзина
列维茨基	А. Э. Левицкий
列维—斯特劳斯	C. Lévi-Strauss
列温	Ю. И. Левин

续表

汉译姓名	外文姓名
列翁京娜	И. Б. Левонтина
刘易斯	D. K. Lewis
鲁道夫	H. W. Ludolf
罗蒂	R. Rorty
罗津娜	Р. И. Розина
罗马什科	С. А. Ромашко
罗姆	А. И. Ромм
罗然斯基	Ф. И. Рожанский
罗素	B. Russell
罗扎诺夫	В. В. Розанов
洛博达	С. Н. Лобода
洛吉诺娃	И. М. Логинова
洛克	J. Locke
洛伦泽尔	A. Lorenzer
洛斯基	Н. О. Лосский
洛特曼	Ю. М. Лотман
洛谢夫	А. Ф. Лосев
马蒂	A. Marty
马丁内	A. Martinet
马尔	В. Я. Марр
马尔捷米亚诺夫	Ю. С. Мартемьянов
马克西莫夫	Л. В. Максимов
马克耶娃	И. И. Макеева
马勒伯朗士	N. Malebranche
马利诺维奇 М. В.	М. В. Малинович
马利诺维奇 Ю. М.	Ю. М. Малинович
马斯洛娃	В. А. Маслова
马特韦延科	В. А. Матвеенко
马雅可夫斯基	В. В. Маяковский
迈农	A. von Meinong
迈萨克	Т. А. Майсак
曼德尔施塔姆	О. Э. Мандельштам

续表

汉译姓名	外文姓名
梅德	Н. Г. Мед
梅利尼科夫—佩切尔斯基	П. И. Мельников-Печерский
梅利丘克	И. А. Мельчук
梅洛—庞蒂	M. Merleou-Ponty
梅奇科夫斯卡娅	Н. Б. Мечковская
米哈伊洛娃	Т. А. Михайлова
米赫耶夫 М. И.	М. И. Михеев
米赫耶夫 М. Ю.	М. Ю. Михеев
米卡埃良	I. Mikaelian
米特罗凡诺娃	О. А. Митрофанова
密尔	J. S. Mill
摩尔	G. E. Moore
莫里亚克	F. Mauriac
莫列夫	Л. Н. Морев
莫罗霍夫斯基	А. Н. Мороховский
莫罗佐夫 В. В.	В. В. Морозов
莫罗佐夫 И. А.	И. А. Морозов
莫斯卡廖娃	Е. В. Москалева
默里	L. Murray
穆拉文科	Е. В. Муравенко
穆斯塔约基	A. Mustajoki
纳博科夫	В. В. Набоков
尼尔森	B. Nilsson
尼基京娜	С. Е. Никитина
涅黛诺娃	И. В. Недайнова
涅克拉索夫	Н. П. Некрасов
涅列京娜	С. С. Неретина
涅罗兹纳克	В. Н. Нерознак
努里耶夫	В. А. Нуриев
帕杜切娃	Е. В. Падучева
帕尔季	Б. Х. Парти
帕尔斯	R. de Piles

汉译姓名	外文姓名
帕纳耶夫	И. И. Панаев
帕诺娃	Л. Г. Панова
帕申娜	А. В. Пашина
帕斯捷尔纳克	Б. Л. Пастернак
帕斯卡	B. Paskal
帕维列尼斯	Р. И. Павиленис
帕亚尔	D. Paillard
潘琴科	Н. Н. Панченко
培根	F. Bacon
佩尔措夫	Н. В. Перцов
佩尔措娃	Н. Н. Перцова
佩列韦尔泽夫	К. А. Переверзев
佩尼科夫斯基	А. Б. Пеньковский
皮奥特罗夫斯基	М. Б. Пиотровский
皮欧派尔	L. Pöppel
皮亚杰	J. P. Piajet
皮亚诺	G. Peano
普拉东诺夫	А. П. Платонов
普里戈夫	Д. А. Пригов
普里霍季科	Е. В. Приходько
普里什温	М. М. Пришвин
普伦吉扬	В. А. Плунгян
普罗霍罗夫	Ю. Е. Прохоров
普罗科波维奇	Ф. Прокопович
普罗斯库林	С. Г. Проскурин
普罗佐罗娃	Л. А. Прозорова
普特南	H. Putnam
普希金	В. Л. Пушкин
齐梅尔林格 A. B.	А. В. Циммерлинг
齐梅尔林格 B. И.	В. И. Циммерлинг
齐维扬	Т. В. Цивьян
乔尔娜娅	Е. Г. Черная

汉译姓名	外文姓名
乔姆斯基	A. N. Chomsky
切尔奈科	Л. О. Чернейко
丘巴良	Т. Ю. Чубарян
丘齐	A. Church
秋切夫	Ф. И. Тютчев
屈谢尔贝克尔	В. К. Кюхельбекер
日丹诺娃	Л. А. Жданова
茹科夫斯基	В. А. Жуковский
茹林斯基	А. Н. Журинский
若夫纳罗维奇	А. В. Жовнарович
若洛博夫	О. Ф. Жолобов
萨冈	F. Sagan
萨哈罗娃	О. В. Сахарова
萨赫诺	С. Л. Сахно
萨马林	Ю. Ф. Самарин
萨莫欣	М. В. Самохин
萨特	J. -P. Sartre
塞尔	J. Searle
塞利纳	L. -F. Celine
沙赫—阿齐佐娃	Т. К. Шах-Азизова
沙赫马托夫	А. А. Шахматов
沙霍夫斯基	В. И. Шаховский
沙皮尔	М. И. Шапир
沙什科夫	Ю. А. Шашков
沙图诺夫斯基	И. Б. Шатуновский
莎士比亚	W. Shakespeare
绍尔	О. А. Шор
舍舒诺娃	С. В. Шешунова
舍斯塔科娃	Л. Л. Шестакова
舍斯托夫	Л. И. Шестов
什梅廖夫	А. Д. Шмелев
什梅廖娃	Е. Я. Шмелева

续表

汉译姓名	外文姓名
施莱尔马赫	F. Schleiermacher
施赖德尔	Ю. А. Шрейдер
施佩特	Г. Г. Шпет
施瓦茨科普夫	Б. С. Шварцкопф
石里克	M. Schlicklisten
斯宾格勒	O. A. G. Spengler
斯宾诺莎	B. Spinoza
斯捷尔宁	И. А. Стернин
斯捷潘诺夫	Ю. С. Степанов
斯捷蓬	Ф. А. Степун
斯列兹涅夫斯基	И. И. Срезневский
斯米尔诺娃	Е. Д. Смирнова
斯莫利亚罗娃	Т. И. Смолярова
斯皮里多诺娃	Н. Ф. Спиридонова
斯特劳森	P. F. Strawson
斯特列尔科夫	В. И. Стрелков
斯托洛维奇	Л. П. Столович
苏格拉底	Socrates
苏霍韦尔霍夫	А. В. Суховерхов
苏卡连科	Н. И. Сукаленко
苏兰	Т. И. Суран
苏马罗科夫	А. П. Сумароков
所罗门尼克	А. Б. Соломоник
索恩采娃	Н. В. Солнцева
索尔仁尼琴	А. И. Солженицын
索科洛娃	А. А. Соколова
索洛古勃	Ф. К. Сологуб
索洛维约夫	В. С. Соловьев
索斯兰德	А. И. Сосланд
索绪尔	F. de Saussure
塔尔斯基	A. Tarski
塔赫塔罗娃	С. С. Тахтарова

续表

汉译姓名	外文姓名
塔季谢夫	В. Н. Татищев
塔拉索娃	И. А. Тарасова
特拉赫滕贝格	Л. А. Трахтенберг
特列季阿科夫斯基	В. К. Тредиаковский
特鲁巴丘夫	О. Н. Трубачев
特鲁别茨科伊	Н. С. Трубецкой
特鲁布	В. М. Труб
特罗菲莫娃	М. К. Трофимова
图克	H. Tooke
图罗夫斯基	В. В. Туровский
图罗夫斯卡娅	С. Н. Туровская
屠格涅夫	И. С. Тургенев
托波罗夫	В. Н. Топоров
托波罗娃	Т. В. Топорова
托尔金	J. R. R. Tolkien
托尔斯塔娅	С. М. Толстая
托尔斯泰 Л. Н.	Л. Н. Толстой
托尔斯泰 Н. И.	Н. И. Толстой
托洛茨基	Л. Д. Троцкий
托马斯	D. Thomas
托绍维奇	B. Tošović
陀思妥耶夫斯基	Ф. М. Достоевский
瓦卢耶夫	Д. А. Валуев
瓦西里耶夫	Н. А. Васильев
万德勒	Z. Vendler
韦杰诺娃	Е. Г. Веденова
韦利梅佐娃	Е. В. Вельмезова
韦列夏金	Е. М. Верещагин
韦日比茨卡	A. Wierzbicka
维尔金斯	J. Wilkins
维柯	G. B. Vico
维诺格拉多夫	В. В. Виноградов

续表

汉译姓名	外文姓名
维诺格拉多娃	Л. Н. Виноградова
维特根斯坦	L. Wittgenstein
维亚泽姆斯基	П. А. Вяземский
魏斯	D. Weiss
温金娜	Т. И. Вендина
沃尔夫	B. L. Whorf
沃尔卡乔夫	С. Г. Воркачев
沃尔科夫	В. В. Волков
沃罗比耶娃	О. П. Воробьева
沃罗比约夫	В. В. Воробьев
沃斯托科夫	А. Х. Востоков
沃伊什维洛	Е. К. Войшвилло
沃兹涅先斯卡娅	М. М. Вознесенская
乌雷宾娜	Е. В. Улыбина
乌雷松	Е. В. Урысон
乌萨乔夫	М. И. Усачев
乌沙科夫	Д. Н. Ушаков
乌斯片斯基	В. А. Успенский
乌瓦罗夫	С. С. Уваров
西列茨基	В. И. Силецкий
西涅利尼科娃	Л. Н. Синельникова
西塞罗	M. T. Cicero
希林斯基—希赫马托夫	С. А. Ширинский-Шихматов
希什科夫	А. С. Шишков
夏皮尔	V. C. Chappen
谢戈廖娃	Л. И. Щеголева
谢利维奥尔斯托娃	О. Н. Селиверстова
谢列布连尼科夫	Б. А. Серебренников
谢列兹尼奥夫	М. Г. Селезнев
谢苗诺娃 С. Г.	С. Г. Семенова
谢苗诺娃 С. Ю.	С. Ю. Семенова
欣梯卡	J. Hintikka

续表

汉译姓名	外文姓名
休谟	D. Hume
修昔底德	Thucydides
雅各布森	Р. О. Якобсон
雅科布	Л. Г. Якоб
雅科夫列娃	Е. С. Яковлева
雅科文科	Е. Б. Яковенко
亚里士多德	Aristotle
亚诺维奇	И. С. Янович
亚申娜	Е. А. Яшина
亚沃尔斯卡娅	Г. М. Яворская
扬科	Т. Е. Янко
叶尔马科娃	О. П. Ермакова
叶尔姆斯列夫	L. Hjelmslev
叶夫列伊诺夫	Н. Н. Евреинов
叶杰列娃	Ю. А. Еделева
叶梅茨	А. В. Емец
伊萨基扬	И. Л. Исаакян
伊特金	И. Б. Иткин
伊万诺夫 В. Б.	В. Б. Иванов
伊万诺夫 Вс. Вяч.	Вс. Вяч. Иванов
伊万诺夫 Вяч. Вс.	Вяч. Вс. Иванов
伊万诺夫 Вяч. Ив.	Вяч. Ив. Иванов
伊万诺夫 Г. В.	Г. В. Иванов
尤内斯库	E. Ionesco
约安涅相	Е. Р. Иоанесян
约翰逊	M. Johnson
赞库勒	H. J. Sandkuhler
泽罗夫	М. К. Зеров
泽姆斯卡娅	Е. А. Земская
泽姆斯科娃	И. П. Земскова
扎博洛茨基	Н. А. Заболоцкий
扎夫涅罗维奇	А. В. Жавнерович

汉译姓名	外文姓名
扎哈里内	Д. В. Захарьиный
扎利兹尼亚克	А. А. Зализняк
扎瓦茨卡娅	Е. В. Завадская
朱斯提—菲奇	F. Giusti-Fici
兹雷德涅娃	Н. В. Злыднева
祖斯曼	В. Г. Зусман
佐尔金	А. А. Золкин

参考文献

［1］ Агаркова Н. Э., "Исследование концепта MONEY в языковой картине мира", *Когнитивный анализ слова*, Иркутск: ИГЭА, 2000, с.87–103.

［2］ Антонян К. В., "Понятие личности в китайских фразеологизмах (парадигматические связи лексемы SHEN)", *Логический анализ языка. Образ человека в культуре и языке*, М.: Индрик, 1999, с. 303–311.

［3］ Арутюнова Н.Д., *Предложение и его смысл*, М.: Наука, 1976.

［4］ Арутюнова Н.Д., "Глагол ВИДЕТЬ в функции предиката пропозициональной установки", *Пропозициональные предикаты в лингвистическом и логическом аспекте. Тезисы докладов конференции*, М.: Наука, 1987, с.10–13.

［5］ Арутюнова Н.Д., "От редактора", *Референция и проблемы текстообразования*, М.: Наука, 1988а, с.3–4.

［6］ Арутюнова Н.Д., "Образ (опыт концептуального анализа)", *Референция и проблемы текстообразования*, М.: Наука, 1988б, с. 117–129.

［7］ Арутюнова Н. Д., *Типы языковых значений : Оценка. Событие. Факт*, М.: Наука, 1988в.

［8］ Арутюнова Н.Д., "«ПОЛАГАТЬ» и «ВИДЕТЬ» (К проблеме смешанных пропозициональных установок)", *Логический анализ языка. Проблемы интенсиональных и прагматических контекстов*, М.: Наука, 1989, с.7–30.

［9］ Арутюнова Н. Д., "Феномен второй реплики, или о пользе

спора", *Логический анализ языка. Противоречивость и аномальность текста*, М.: Наука, 1990а, с.175-189.

[10] Арутюнова Н.Д., "Тождество и подобие (заметки о взаимодействии концептов)", *Тождество и подобие, сравнение и идентификация*, М.: Наука, 1990б, с.7-32.

[11] Арутюнова Н.Д., "От редактора", *Логический анализ языка. Культурные концепты*, М.: Наука, 1991а, с.3-4.

[12] Арутюнова Н.Д., "Истина: фон и коннотации", *Логический анализ языка. Культурные концепты*, М.: Наука, 1991б, с.21-30.

[13] Арутюнова Н.Д., "От редактора", *Логический анализ языка. Модели действия*, М.: Наука, 1992а, с.3-4.

[14] Арутюнова Н.Д., "Язык цели", *Логический анализ языка. Модели действия*, М.: Наука, 1992б, с.14-23.

[15] Арутюнова Н.Д., "Введение", *Логический анализ языка. Ментальные действия*, М.: Наука, 1993а, с.3-6.

[16] Арутюнова Н.Д., "Вторичные истинностные оценки: ПРАВИЛЬНО, ВЕРНО", *Логический анализ языка. Ментальные действия*, М.: Наука, 1993б, с.67-78.

[17] Арутюнова Н.Д., "От редактора", *Логический анализ языка. Язык речевых действий*, М.: Наука, 1994а, с.3-5.

[18] Арутюнова Н.Д., "Молчание: контексты употребления", *Логический анализ языка. Язык речевых действий*, М.: Наука, 1994б, с. 106-117.

[19] Арутюнова Н.Д., "От редактора", *Логический анализ языка. Понятие судьбы в контексте разных культур*, М.: Наука, 1994в, с. 3-4.

[20] Арутюнова Н.Д., "Истина и судьба", *Логический анализ языка. Понятие судьбы в контексте разных культур*, М.: Наука, 1994, с.302-315.

[21] Арутюнова Н.Д., "От редактора", *Логический анализ языка. Истина и истинность в контексте разных культур*, М.: Наука, 1995а, с.3-6.

［22］Арутюнова Н.Д., "Истина и этика", *Логический анализ языка.Истина и истинность в контексте разных культур*, М.: Наука, 1995б, с.7-23.

［23］Арутюнова Н.Д., "Послесловие.Неопределённость признака в русском дискурсе", *Логический анализ языка.Истина и истинность в контексте разных культур*, М.: Наука, 1995в, с.182-188.

［24］Арутюнова Н.Д., "От редактора", *Логический анализ языка.Язык и время*, М.: Индрик, 1997а, с.5-16.

［25］Арутюнова Н.Д., "Время: модели и метафоры", *Логический анализ языка.Язык и время*, М.: Индрик, 1997б, с.51-61.

［26］Арутюнова Н.Д., "О новом, первом и последнем", *Логический анализ языка.Язык и время*, М.: Индрик, 1997в, с.170-200.

［27］Арутюнова Н.Д., *Язык и мир человека*, М.: Языки русской культуры, 1998.

［28］Арутюнова Н.Д., "Введение", *Логический анализ языка.Образ человека в культуре и языке*, М.: Индрик, 1999а, с.3-10.

［29］Арутюнова Н.Д., "Понятия стыда и совести в текстах Достоевского", *Логический анализ языка.Образ человека в культуре и языке*, М.: Индрик, 1999б, с.320-345.

［30］Арутюнова Н.Д., "Путь по дороге и бездорожью", *Логический анализ языка.Языки динамического мира*, Дубна: Международный университет природы, общества и человека «Дубна», 1999в, с. 3-17.

［31］Арутюнова Н.Д., "Два эскиза к «геометрии» Достоевского", *Логический анализ языка.Языки пространств*, М.: Языки русской культуры, 2000а, с.368-384.

［32］Арутюнова Н.Д., "О стыде и совести", *Логический анализ языка.Языки этики*, М.: Языки русской культуры, 2000б, с.54-78.

［33］Арутюнова Н.Д., "Наивные размышления о наивной картине мира", *Язык о языке*, М.: Языки русской культуры, 2000в, с. 7-19.

［34］Арутюнова Н.Д., "Вступление.В целом о целом.Время и пространство в концептуализации действительности", *Логический анализ языка. Семантика начала и конца*, М.: Индрик, 2002а, с.3-18.

[35] Арутюнова Н.Д., "Всё про всё (по текстам Ф.М.Достоевского)", *Логический анализ языка. Семантика начала и конца*, М.: Индрик, 2002б, с.363-400.

[36] Арутюнова Н.Д., "О движении, заблуждении и восхождении", *Логический анализ языка. Космос и Хаос : Концептуальные поля порядка и беспорядка*, М.: Индрик, 2003а, с.3-10.

[37] Арутюнова Н.Д., "Воля и свобода", *Логический анализ языка. Космос и Хаос : Концептуальные поля порядка и беспорядка*, М.: Индрик, 2003б, с.73-99.

[38] Арутюнова Н.Д, "О работе группы «Логический анализ языка» Института языкознания РАН", *Логический анализ языка. Избранное. 1988- 1995* (Под ред.Н.Д.Арутюновой и Н.Ф.Спиридоновой), М.: Индрик, 2003в, с.7-23.

[39] Арутюнова Н.Д., "Язык цели", *Логический анализ языка. Избранное. 1988- 1995* (Под ред.Н.Д.Арутюновой и Н.Ф.Спиридоновой), М.: Индрик, 2003г, с.386-396.

[40] Арутюнова Н.Д., "Истина. Добро. Красота: взаимодействие концептов", *Логический анализ языка. Языки эстетики : Концептуальные поля прекрасного и безобразного*, М.: Индрик, 2004, с.5-29.

[41] Арутюнова Н.Д., "Проблема числа", *Логический анализ языка. Квантификативный аспект языка*, М.: Индрик, 2005, с.5-21.

[42] Арутюнова Н.Д., "Виды игровых действий", *Логический анализ языка. Концептуальные поля игры*, М.: Индрик, 2006, с.5-16.

[43] Баранов А.Н., Добровольский Д.О., "«Начало» и «конец» в русской идиоматике", *Логический анализ языка. Семантика начала и конца*, М.: Индрик, 2002, с.27-35.

[44] Бахтин М. М., *Эстетика словесного творчества*, М.: Искусство, 1979.

[45] Безлепкин Н.И., *Философия языка в России : К истории русской*

лингвофилософии, СПб.：Искусство-СПБ, 2001.

［46］Бенвенист Э., *Общая лингвистика*, М.：Прогресс, 1974.

［47］Березин Ф. М., *История лингвистических учений*, М.：Высшая школа, 1984.

［48］Борухов Б.Л., "«Зеркальная» метафора в истории культуры", *Логический анализ языка. Культурные концепты*, М.：Наука, 1991, с.109-116.

［49］Булыгина Т.В., Шмелев А.Д., "Концепт долга в поле долженствования", *Логический анализ языка. Культурные концепты*, М.：Наука, 1991, с.14-21.

［50］Вежбицкая А., *Семантические универсалии и описание языков*, Пер.с англ. А. Д. Шмелева, Под ред. Т. В. Булыгиной, М.：Языки русской культуры, 1999.

［51］Вежбицкая А., *Понимание культур через посредство ключевых слов*, М.：Языки славянской культуры, 2001.

［52］Верещагин Е. М., "Об относительности мирской этической нормы", *Логический анализ языка. Языки этики*, М.：Языки русской культуры, 2000, с.235-245.

［53］Волков В. В, Суран Т. И., "Концепция судьбы как встречи, вины, заслуги и воздаяния у М. А. Булгакова, Иешуа и Воланд в судьбах героев «Мастер и Маргарита»", *Логический анализ языка. Понятие судьбы в контексте разных культур*, М.：Наука, 1994, с.291-297.

［54］Воркачев С.Г., *Счастье как лингвокультурный концепт*, М.：Гнозис, 2004.

［55］Гаврилова В. И., "Семантика «начала» в спектре значений глаголов открыть/открыться, раскрыть/раскрыться", *Логический анализ языка. Семантика начала и конца*, М.：Индрик, 2002, с. 195-210.

［56］Гаврилова В.И. "Павел Флоренский о «красоте» как составляющей духовной жизни христианина", *Логический анализ языка. Языки эстетики：Концептуальные поля прекрасного и безобразного*, М.：

Индрик, 2004, с.53-63.

[57] Гайдукова В. "К вопросу о логическом анализе языка", http://www.relga.rsu.ru/n45 /rus45.htm.

[58] Гак В. Г., "Номинация действия", *Логический анализ языка. Модели действия*, М.: Наука, 1992, с.77-84.

[59] Гак В.Г., "Пространство мысли (опыт систематизации слов ментального поля)", *Логический анализ языка. Ментальные действия*, М.: Наука, 1993, с.22-29.

[60] Гак В.Г., "Пространство времени", *Логический анализ языка. Язык и время*, М.: Индрик, 1997, с.122-130.

[61] Гак В.Г., "Пространство вне пространства", *Логический анализ языка. Языки пространств*, М.: Языки русской культуры, 2000, с.127-134.

[62] Гак В.Г., "Семантическое поле конца", *Логический анализ языка. Семантика начала и конца*, М.: Индрик, 2002, с.50-55.

[63] Григорьева Т.П., "Идея судьбы на востоке", *Логический анализ языка. Понятие судьбы в контексте разных культур*, М.: Наука, 1994, с.98-109.

[64] Григорьян Е. Л., "Значение ответственности в синтаксическом представлении", *Логический анализ языка. Языки этики*, М.: Языки русской культуры, 2000, с.98-109.

[65] Гринцер Н.П., "Греческая ἀλήθεια: очевидность слова и тайна значения", *Логический анализ языка. Культурные концепты*, М.: Наука, 1991, с.38-44.

[66] Гринцер Н.П., "Грамматика судьбы (фрагмент теории Стои)", *Логический анализ языка. Понятие судьбы в контексте разных культур*, М.: Наука, 1994, с.19-25.

[67] Демуцкая А.В., "Сопоставление языковых картин мира в русском и английском языках на примере моделирования внутренних свойств человека через внешность", *Логический анализ языка. Языки эстетики : Концептуальные поля прекрасного и безобразного*, М.: Индрик, 2004, с.162-168.

［68］Жэнь Сюэмэй，"Категория количества и ее выражение в русском языке с китайским"，*Логический анализ языка.Квантификативный аспект языка*，М.：Индрик，2005，с.243-253.

［69］Зализняк Анна А.，"Метафора движения в концептуализации интеллектуальной деятельности"，*Логический анализ языка.Языки динамического мира*，Дубна：Международный университет природы，общества и человека «Дубна»，1999，с.312-320.

［70］Зализняк Анна А.，"Счастье и наслаждение в русской языковой картине мира"，*Ключевые идеи русской языковой картины мира*，М.：Языки славянской культуры，2005，с.154-174.

［71］Зализняк Анна А.，Левонтина И.Б.，"Отражение «национального характера» в лексике русского языка"，*Ключевые идеи русской языковой картины мира*，М.：Языки славянской культуры，2005，с. 307-335.

［72］Зализняк Анна А.，Левонтина И.Б.，Шмелев А.Д.，"От редактора"，*Ключевые идеи русской языковой картины мира*，М.：Языки славянской культуры，2005，с.9-13.

［73］Зализняк Анна А.，Шмелев А.Д.，"Время суток и виды деятельности"，*Логический анализ языка. Язык и время*，М.：Индрик，1997，с.229-240.

［74］Зализняк Анна А.，Шмелев А.Д.，"Компактность vs.рассеяние в метафорическом пространстве русского языка"，*Логический анализ языка.Космос и Хаос ：Концептуальные поля порядка и беспорядка*，М.：Индрик，2003，с.345-355.

［75］Земскова И.П.，"Концептуальное поле порядка"，*Логический анализ языка. Языки динамического мира*，Дубна：Международный университет природы，общества и человека «Дубна»，1999，с. 321-329.

［76］Карапетьянц А.М.，"Концепция судьбы у древнекитайских философов"，*Логический анализ языка.Понятие судьбы в контексте разных культур*，М.：Наука，1994，с.84-91.

［77］Карасик В.И.，"Культурные доминанты в языке"，*Языковая лич-*

ность : *культурные концепты*, Волгоград-Архангельск: Перемена, 1996, с.3–16.

[78] Карасик В.И., *Языковой круг* : *личность* , *концепты* , *дискурс*, М.: Гнозис, 2004.

[79] Кобозева И.М., "«Смысл» и «Значение» в «наивной семиотике»", *Логический анализ языка. Культурные концепты*, М.: Наука, 1991, с.183–186.

[80] Колесов В.В., *Философия русского слова*, СПб.: ЮНА., 2002.

[81] "Конференция «Концептуальный анализ: методы, результаты, перспективы»", *Известия АН. Серия литературы и языка*, 1991, 50 (2): 183–185.

[82] Кошелев А.Д., "К эксплицитному описанию концепта «свобода»", *Логический анализ языка. Культурные концепты*, М.: Наука, 1991, с.61–64.

[83] Красухин К.Г., "Три модели индоевропейского времени на материале лексики и грамматики", *Логический анализ языка. Язык и время*, М.: Индрик, 1997, с.62–77.

[84] Крейдлин Г.Е., "К проблеме языкового анализа концептов «цель» vs.«предназначение»", *Логический анализ языка. Модели действия*, М.: Наука, 1992, с.23–30.

[85] Крейдлин Г.Е., "Время сквозь призму временных предлогов", *Логический анализ языка. Язык и время*, М.: Индрик, 1997, с. 139–151.

[86] Крейдлин Г.Е., Самохин М.В. "Слухи, сплетни, молва — гармония и беспорядок", *Логический анализ языка. Космос и Хаос* : *Концептуальные поля порядка и беспорядка*, М.: Индрик, 2003, с. 117–157.

[87] Кубрякова Е.С., "Об одном фрагменте концептуального анализа слова память", *Логический анализ языка. Культурные концепты*, М.: Наука, 1991, с.85–91.

[88] Левонтина И.Б., Шмелев А.Д., "Малоизученные единицы со значением незаданности критериев выбора в русском языке", *Логиче-*

ский анализ языка. Квантификативный аспект языка, М.: Индрик, 2005, с.638-651.

[89] Матвеенко В. А., "Красота мира в древнерусских религиозных контекстах", *Логический анализ языка. Языки эстетики: Концептуальные поля прекрасного и безобразного*, М.: Индрик, 2004, с.64-78.

[90] Неретина С.С., *Концептуализм Абеляра*, М.: Гнозис, 1994.

[91] Никитина С. Е., "О концептуальном анализе в народной культуре", *Логический анализ языка. Культурные концепты*, М.: Наука, 1991, с.117-123.

[92] Нильссон Б., "Человек и мужчина — о классах, индивидах и инстанциях.К постановке проблемы (на материале русского и шведского языков)", *Логический анализ языка. Образ человека в культуре и языке*, М.: Индрик, 1999, с.99-104.

[93] Падучева Е.В., "Глаголы действия: толкование и сочетаемость", *Логический анализ языка. Модели действия*, М.: Наука, 1992, с. 69-77.

[94] Падучева Е.В., "Давно и долго", *Логический анализ языка. Язык и время*, М.: Индрик, 1997, с.253-266.

[95] Падучева Е.В., *Высказывание и его соотнесённость с действительностью*, Издание третье, стереотипное, М.: Едиториал УРСС, 2002.

[96] Панова Л. Г., "Слово Бог и его значения: от иерархии небесной — к иерархиям земным", *Логический анализ языка. Космос и Хаос: Концептуальные поля порядка и беспорядка*, М.: Индрик, 2003, с.405-414.

[97] Пеньковский А.Б., "Радость и удовольствие в представлении русского языка", *Логический анализ языка. Культурные концепты*, М.: Наука, 1991, с.148-155.

[98] Петрова В.В. "Язык и логическая теория", *Новое в зарубежной лингвистике, Вып. XVIII, Логический анализ естественного языка*, М.: Прогресс, 1986, с.5-23.

[99] Плугян В. А., "К описанию африканской «наивной картины мира»", *Логический анализ языка. Культурные концепты*, М.: Наука, 1991, с.155–160.

[100] Попова З. Д., Стернин И. А., *Очерки по когнитивной лингвистике*, Воронеж: Истоки, 2001.

[101] Посталова В. И., "Судьба как ключевое слово культуры и его толкование А. Ф. Лосевым (фрагмент типологии миропонима-ний)", *Логический анализ языка : Понятие судьбы в контексте разных культур*, М.: Наука, 1994, с.207–214.

[102] Посталова В.И., "Бог, ангельский мир, человек в религиозной философии А.Ф.Лосева", *Логический анализ языка : Образ чело-века в культуре и языке*, М.: Индрик, 1999, с.407–418.

[103] Постовалова В. И., "Истина, добро и красота в учении о божественных именах Дионисия Ареопагита", *Логический анализ языка. Языки эстетики : Концептуальные поля прекрасного и безобразного*, М.: Индрик, 2004, с.79–110.

[104] Постовалова В.И., "Имя и число в философии языка А.Ф.Лосе-ва", *Логический анализ языка : Квантификативный аспект язы-ка*, М.: Индрик, 2005, с.66–92.

[105] Проскурин С.Г., Мифопоэтический мотив «мирового дерева» в древнеанглийском языке и англосаксонской культуре, *Логический анализ языка. Культурные концепты*, М.: Наука, 1991, с. 124–129.

[106] Радзиевская Т.В., "Слово судьба в современных контекстах", *Логический анализ языка. Культурные концепты*, М.: Наука, 1991, с.64–72.

[107] Рафаева А.В., "Конечное и бесконечное в творчестве А.Ф.Лосе-ва", *Логический анализ языка : Семантика начала и конца*, М.: Индрик, 2002, с.633–638.

[108] Рябцева Н. К., "«Вопрос»: прототипическое значение концепта", *Логический анализ языка.Культурные концепты*, М.: Наука, 1991, с.72–77.

［109］Сахно С. Л.，"Уроки рока：опыт реконструкции «языка судьбы»"，*Логический анализ языка. Понятие судьбы в контексте разных культур*，М.：Наука，1994，с.238-246.

［110］Солнцева Н.В.，"Понятия «Начало» в древнекитайской философии"，*Логический анализ языка. Семантика начала и конца*，М.：Индрик，2002，с. 639-643.

［111］Спиридонова Н.Ф.，"Глухой забор，или бег с препятствиями"，*Логический анализ языка. Языки динамического мира*，Дубна：Международный университет природы，общества и человека «Дубна»，1999，с.138-147.

［112］Степанов Ю. С.，*В трехмерном пространстве языка. Семиотические проблемы лингвистики，философии，искусства*，М.：Наука，1985.

［113］Степанов Ю. С.，"Коцепт «причина» и два подхода к концептуальному анализу языка — логический и сублогический"，*Логический анализ языка. Культурные концепты*，М.：Наука，1991，с.5-14.

［114］Степанов Ю.С.，*Константы：словарь русской культуры. Издание 2-е，исправленное и дополненное*，М.：Академический Проект，2001.

［115］Степанов Ю.С.，Проскурин С.Г.，"Концепт «действие» в контексте мировой культуры"，*Логический анализ языка. Модели действия*，М.：Наука，1992，с.5-14.

［116］Сукаленко Н.И.，"Сопоставление портретов человека в трех культурных ареалах：славянском，ближневосточном и дальневосточном"，*Логический анализ языка. Языки эстетики：Концептуальные поля прекрасного и безобразного*，М.：Индрик，2004，с. 458-470.

［117］Тань Аошуан，"Предложение тождества и акт отождествления（на материале китайского языка）"，*Тождество и подобие，сравнение и идентификация*，М.：Наука，1990，с.69-83.

［118］Тань Аошуан，"Отрицание и модель действия（К типологии категории отрицания в современном китайском языке）"，*Логиче-*

ский анализ языка. Модели действия, М.: Наука, 1992, с. 158−164.

[119] Тань Аошуан, "Реконструкция представлений китайцев о судьбе по фразеологизмам", *Логический анализ языка. Понятие судьбы в контексте разных культур*, М.: Наука, 1994, с.157−161.

[120] Тань Аошуан, "О модели времени в китайской языковой картине мира", *Логический анализ языка. Язык и время*, М.: Индрик, 1997, с.96−106.

[121] Тань Аошуан, "Китайский концепт души, или история о забытой душе", *Логический анализ языка. Образ человека в культуре и языке*, М.: Индрик, 1999, с.295−302.

[122] Тань Аошуан, "Модель этического идеала конфуцианцев", *Логический анализ языка. Языки этики*, М.: Индрик, 2000, с. 31−45.

[123] Тань Аошуан, "Ментальность срединного пути", *Логический анализ языка. Языки этики*, М.: Языки русской культуры, 2000, с.46−53.

[124] Тань Аошуан, "Загадка иероглифа *luan* — беспорядок или порядок?", *Логический анализ языка. Космос и Хаос : Концептуальные поля порядка и беспорядка*, М.: Индрик, 2003, с.499−503.

[125] Тань Аошуан, "Коннотация ключевого эстетического слова *MEI* в китайском языке", *Логический анализ языка. Языки эстетики : Концептуальные поля прекрасного и безобразного*, М.: Индрик, 2004, с.290−293.

[126] Тань Аошуан, «Игра» со словом «играть» в китайском языке, *Логический анализ языка. Концептуальные поля игры*, М.: Индрик, 2006, с.407−410.

[127] Тарасова И.А., "Концептуальное поле «прекрасное» в идеосфере Г.Иванова", *Логический анализ языка. Языки эстетики : Концептуальные поля прекрасного и безобразного*, М.: Индрик, 2004, с.388−396.

[128] Толстая С.М., "Время как инструмент магии: компрессия и рас-

тягивание времени в славянской народной традиции", *Логический анализ языка. Язык и время*, М. : Индрик, 1997, с.28–35.

［129］ Топоров В.Н., "Судьба и случай", *Логический анализ языка. Понятие судьбы в контексте разных культур*. М. : Наука, 1994, с. 38–75.

［130］ Топоров Т. В., "Древнегерманские представления о праве и правде", *Логический анализ языка. Истина и истинность в контексте разных культур*, М. : Наука, 1995, с.52–55.

［131］ Тошович Б., "Глагол в треугольнике «движение — покой — отношение»", *Логический анализ языка. Языки динамического мира*, Дубна: Международный университет природы, общества и человека «Дубна», 1999, с.224–231.

［132］ Труб В.М., "О семантической структуре предикатов поисковой деятельности", *Логический анализ языка. Языки динамического мира*, Дубна: Международный университет природы, общества и человека «Дубна», 1999, с.148–157.

［133］ Урысон Е.В., "Дух и душа: к реконструкции архаичных представлений о человеке", *Логический анализ языка. Образ человека в культуре и языке*, М. : Индрик, 1999, с.11–25.

［134］ Филипенко М.В., "О совместимости начал и концов, или Сочетаемость глагольной приставки *вы-* и предлога *в*", *Логический анализ языка. Семантика начала и конца*. М. : Индрик, 2002, с. 252–266.

［135］ Фрид М. Е., "Синтаксические свойства симметричных прилагательных и их взаимодействие с кванторными словами", *Логический анализ языка. Квантификативный аспект языка*, М. : Индрик, 2005, с.495–510.

［136］ Харченкова Л.И., Шашков Ю.А., "Облик человека в зеркале русского и испанского языков", *Логический анализ языка. Образ человека в культуре и языке*, М. : Индрик, 1999, с.312–319.

［137］ Ху Шисюн, "Душа стилистики: об одном этическом принципе стилистики", *Логический анализ языка. Языки эстетики : Конце-*

птуальные поля прекрасного и безобразного, М.: Индрик, 2004, с.294-302.

[138] Чебанов С.В., Мартыненко Г.Я., *Семиотика описательных текстов*, СПб.: Издательство С.-Петербургского университета, 1999.

[139] Шатуновский И. Б., "«Правда», «истина», «искренность», «правильность» и «ложь» как показатели соответствия/несоответствия содержания предложения мысли и действительности", *Логический анализ языка. Культурные концепты*, М.: Наука, 1991, с.31-38.

[140] Шмелев А. Д., "Метафора судьбы: предопределение или свобода?", *Логический анализ языка. Понятие судьбы в контексте разных культур*, М.: Наука, 1994, с.227-231.

[141] Шмелев А.Д., "Могут ли слова языка быть ключом к пониманию культуры?", *Понимание культур через посредство ключевых слов*, М.: Языки славянской культуры, 2001, с.7-11.

[142] Шмелев А.Д., "Можно ли понять русскую культуру через ключевые слова русского языка?", *Ключевые идеи русской языковой картины мира*, М.: Языки славянской культуры, 2005, с.17-24.

[143] Шмелева Е.Я., "От некрасивого, уродливого, безобразного — к прекрасному", *Логический анализ языка. Языки эстетики : Концептуальные поля прекрасного и безобразного*, М.: Индрик, 2004, с.597-602.

[144] Яворская Г.М., "«Время» и «случай»: фрагмент семантического поля времени в славянских языках", *Логический анализ языка. Язык и время*, М.: Индрик, 1997, с.44-50.

[145] Яковенко Е.Б., "Сердце, душа, дух в английской и немецкой языковых картинах мира (опыт реконструкции концептов)", *Логический анализ языка. Образ человека в культуре и языке*, М.: Индрик, 1999, с.39-51.

[146] Яковлева Е.С., "Время и пора в оппозиции линейного и циклического времени", *Логический анализ языка. Культурные концепты*,

М.：Наука，1991，c.45-51.

[147] Ярцева В.Н.，*Большой энциклопедический словарь. Языкознание*，М.：Научное издательство «Большая Российская энциклопедия»，1998.

[148] 车铭洲：《现代西方语言哲学》，四川人民出版社 1989 年版。

[149] 陈波：《逻辑哲学》，北京大学出版社 2005 年版。

[150] 陈嘉映：《语言哲学》，北京大学出版社 2003 年版。

[151] 陈杨、郑润权：《论索洛维约夫的万物统一哲学》，《辽宁工程技术大学学报》（社会科学版）2006 年第 5 期。

[152] 陈勇：《论经验主义和理性主义之争——关于西方语言学研究中的认识论》，《外语学刊》2003 年第 3 期。

[153] ［德］恩斯特·贝勒尔：《尼采、海德格尔与德里达》，李朝晖译，社会科学文献出版社 2001 年版。

[154] 格雷马斯：《论意义——符号学论文集》（上下册），吴泓缈、冯学俊译，百花文艺出版社 2004 年版。

[155] 韩林合：《〈逻辑哲学论〉研究》，商务印书馆 2000 年版。

[156] ［德］汉斯—格奥尔格·加达默尔：《哲学解释学》，夏镇平、宋建平译，上海译文出版社 2004 年版。

[157] ［德］汉斯—格奥尔格·加达默尔：《真理与方法：哲学诠释学的基本特征》（上下卷），洪汉鼎译，上海译文出版社 2004 年版。

[158] 华劭：《语言经纬》，商务印书馆 2003 年版。

[159] 黄斌：《语言逻辑哲学——难题与解析》，重庆出版社 1999 年版。

[160] 姜雅明：《对"концепт"的解读与分析》，《中国俄语教学》2007 年第 1 期。

[161] 郎天万、蒋勇：《概念结构与语篇分析》，《四川外语学院学报》1999 年第 2 期。

[162] 李建盛：《理解事件与文本意义》，上海译文出版社 2002 年版。

[163] 李幼蒸：《理论符号学导论》，社会科学文献出版社 1999 年版。

[164] 刘娟：《俄罗斯语言学概念理论的研究对象》，《吉林省教育学院学报》2005 年第 4 期。

[165] 刘娟：《试论концепт作为语言学的研究对象》，《吉林省教育学院学报》2006 年第 11 期。

[166] 刘润清：《西方语言学流派》，外语教学与研究出版社 1995 年版。

[167] 刘旭光：《海德格尔与美学》，上海三联书店 2004 年版。

[168] 罗宾斯：《简明语言学史》，中国社会科学出版社 1997 年版。

[169] ［美］马蒂尼奇：《语言哲学》，牟博、杨音莱、韩林合等译，商务印书馆 1998 年版。

[170] ［英］迈克尔·达米特：《分析哲学的起源》，王路译，上海译文出版社 2005 年版。

[171] ［法］米哈伊尔·苏波特尼克，《言语行为哲学——语言的精神衬托与日常性》，天津人民出版社 2003 年版。

[172] ［法］米歇尔·福柯：《词与物——人文科学考古学》，上海三联书店 2002 年版。

[173] ［俄］普罗霍罗夫，A.M.：《苏联百科词典》，丁祖永等译，中国大百科全书出版社 1986 年版。

[174] 隋然：《语言认知理论研究中的概念现象问题》，《外语学刊》2004 年第 4 期。

[175] 隋然：《俄罗斯早期语言哲学的形成与发展》，《中国俄语教学》2006 年第 1 期。

[176] 涂纪亮：《语言哲学名著选辑（英美部分）》，生活·读书·新知三联书店 1988 年版。

[177] 涂纪亮：《英美语言哲学》，中国社会科学出版社 1993 年版。

[178] 涂纪亮：《现代欧洲大陆语言哲学》，中国社会科学出版社 1994 年版。

[179] 涂纪亮：《现代西方语言哲学比较研究》，中国社会科学出版社 1996 年版。

[180] 涂纪亮：《维特根斯坦后期哲学思想研究》，江苏人民出版社 2005 年版。

[181] 王健平：《语言哲学》，中共中央党校出版社 2003 年版。

[182] 吴国华、彭文钊：《论语言世界图景作为语言学的研究对象》，《外语与外语教学》2003 年第 2 期。

[183] 萧净宇：《斯拉夫派与俄罗斯语言哲学的发展》，《俄罗斯文艺》2006 年第 2 期。

[184] ［希］亚里士多德：《范畴篇·解释篇》，方书春译，商务印书馆 1997 年版。

［185］杨秀杰：《语言文化学的观念范畴研究——俄罗斯"自由"观念析例》，博士学位论文，北京外国语大学，2006 年。

［186］杨玉成：《奥斯汀：语言现象学与哲学》，商务印书馆 2002 年版。

［187］［美］泽诺·万德勒：《哲学中的语言学》，陈嘉映译，华夏出版社 2002 年版。

［188］张庆熊、周林东、徐英瑾：《二十世纪英美哲学》，人民出版社 2005 年版。

［189］张艳杰：《"问题"的观念分析》，《外语学刊》2003 年第 3 期。

［190］张喆、赵国栋：《"概念"刍议》，《解放军外国语学院学报》2006 年第 4 期。

［191］赵敦华：《西方哲学简史》，北京大学出版社 2001 年版。

［192］赵艳：《观念分析的语言学维度》，《外语学刊》2005 年第 4 期。

［193］《中国大百科全书》总编辑委员会哲学编辑委员会：《中国大百科全书·哲学卷》，中国大百科全书出版社 1987 年版。

［194］周斌武、张国梁：《语言与现代逻辑》，复旦大学出版社 1996 年版。

［195］周昌忠：《西方现代语言哲学》，上海人民出版社 1988 年版。

后　记

　　笔者于 2005 年 5 月进入黑龙江大学外国语言文学博士后科研流动站从事研究工作，合作导师为国家级教学名师、俄罗斯普希金奖章获得者、黑龙江大学俄罗斯语言文学与文化研究中心张家骅教授。博士后研究课题为张家骅教授所承担的教育部人文社会科学重点研究基地重大项目"西方语言哲学与俄罗斯当代语言学"（项目批准号：05JJD740181）的子课题"'语言的逻辑分析'课题组的概念分析：理论与实践——俄罗斯当代语言学研究中的西方语言哲学思想举隅"。研究期间，面对课题组的众多学者、数百篇论文和繁杂的主题，我不得不终日行走在寻找线索的路途中，不敢有丝毫懈怠，每每有一点点心得都会欣喜不已。体会了身兼数职的劳累和困顿，承受了挑灯夜战的苦楚和辛酸，终于在 2007 年 10 月完成出站报告，并于同年 11 月顺利通过出站答辩。本书即是在出站报告的基础上加工整理、修改完善而成的。本书的部分内容曾作为独立论文在《解放军外国语学院学报》（2007 年第 6 期、2011 年第 3 期）、《外语研究》（2011 年第 1 期）、《外语与外语教学》（2011 年第 4 期）等 CSSCI 来源期刊发表。

　　在本书即将付梓之际，回想在语言哲学领域的艰难探索，心中不禁感慨万千；回望曾经给予真诚帮助的老师，心中充满感激。感谢合作导师张家骅教授的充分信任和悉心指导，选定题目、收集资料、确定思路以及修改报告的整个过程都倾注着导师的心血和智慧。导师开阔的学术视野、深邃的学术思想和严谨的治学态度至今仍无时无刻不在引领着我、鞭策着我。

　　感谢出站报告会答辩委员李锡胤、华劭、李勤、王铭玉、陈国亭等教授付出的辛勤劳动和给予的中肯意见。感谢黑龙江大学邓军、郑述谱、薛恩奎、孙淑芳、黄忠廉、李洪儒、白文昌等教授的热心帮助。感谢黑龙江大学俄罗斯语言文学与文化研究中心各位老师的倾情关照。感谢信息工程大学洛阳外国语学院孙汉军、郑友昌、王松亭、易绵竹、樊明明、崔卫、熊友奇等教授的无私关爱。感谢父母的操劳、感谢妻子的陪伴、感谢儿子的成长，家人永远是我前行的不竭动力。感谢中国社会科学出版社及本书责任编辑任明先生的大力支持，感谢教育部社会科学司的资助！

　　新的征程，新的起点，我将努力前行，心怀着感激，闻着学术的芳香。

信息工程大学洛阳外国语学院　陈勇

2017 年 10 月 26 日